소리 없는 쿠데타

**Silent Coup: How Corporations Overthrew Democracy, First Edition
by Claire Provost and Matt Kennard**

© Claire Provost and Matt Kennard, 2023
All rights reserved.
This Korean edition is published by SOSO Ltd. in 2025 by arrangement with
Bloomsbury Publishing Plc. through Hobak Agency.

이 책은 호박 에이전시(Hobak Agency)를 통한 저작권자와의 독점 계약으로
(주)소소 소소의책에서 출간되었습니다.
저작권법에 의해 한국 내에서 보호를 받는 저작물이므로
무단전재와 복제를 금합니다.

소리 없는

쿠데타

SILENT COUP

**글로벌 기업 제국은
어떻게 민주주의를
무너뜨리는가**

클레어 프로보스트 · 매트 켄나드 지음
윤종은 옮김

획기적인 책이다. 저자들은 직접 세계를 여행하고 사람들을 만나며 기업과 부패한 사업가들이 배후에서 부당한 압력을 행사할 때 우리의 투표가 얼마나 무의미해지는지를 적나라하게 밝힌다. 널리 읽혀야 할 책이다.

이 책은 우리가 아무런 행동도 하지 않을 때 어떤 미래가 펼쳐질지 보여준다. 이론이 아닌 현실에 관한 책이며, 진정한 탐사보도란 어떤 문제를 다루어야 하는지를 명료하고 흥미진진하며 이해하기 쉬운 방식으로 풀어낸다. 우리가 꼭 알아야 할 내용을 담은 책이다.

벤저민 제파니아(영국 작가)

이 책은 기업이 어떻게 민주적 의사 결정을 무시하며 우리가 집단으로서 가진 힘을 빼앗는지 보여준다. 저자들은 인상적이면서도 중요한 탐사보도를 수행해 기업의 권력이 어디서, 어떻게, 왜 민주주의를 탈취했는지 폭로한다. 우리가 민주주의를 되찾고 공동의 미래를 보장할 수 있을 만큼 강력한 국제 운동을 조직하려면 세계를 주름잡는 기업의 힘을 이해해야 한다.

제레미 코빈(영국의 정치인)

전에 없던 혁신적인 틀을 제시해 세상이 왜 다름 아닌 지금과 같은 모습이 되었는지 이해하도록 돕는 놀라운 책이다. 이 책을 읽으면 왜 언론이 우리 시대에 가장 중요한 이야기를 외면하는지, 탐욕스러운 기업과 정부, 사법기관, 국제기구들이 어떻게 전 세계의 시민사회를 체계적으로 무너뜨리는지 알 수 있다. 저자들은 공직사회 전반의 위선을 폭로함으로써 균열을 일으키며, 충격적이고도 기괴한 진실을 낱낱이 밝혀 서구 사회에서 투표란 권력을 눈에 잘 띄지 않게 감추는 겉치레일 뿐임을 입증한다. 올해 단 한 권의 책을 읽는다면, 이 책을 선택해야 한다.

스티븐 돈지거(미국의 인권변호사)

이 책은 각지의 공동체들이 세계 어디서나 무소불위의 권력을 휘두르는 거대 기업에 용감히 맞서는 현장을 들여다볼 수 있도록 창을 열어준다. 이러한 충돌은 매우 중대한 사건이지만 전 세계 여론의 관심을 받지 못하고 있으므로 이 책을 읽는 일 자체가 귀중한 저항 행위가 될 것이다.

야니스 바루파키스(그리스의 경제학자이자 정치인)

철저한 현장 조사를 바탕으로 광범위한 문제를 탐구하는 이 책은 '딴 세상에 있기라도 한 듯 감시의 눈을 벗어나' 있으면서도 '현실에 지대한 영향을 끼치는' 세계를 파헤친다. 그 세계는 통제를 받지 않고 아무런 책임을 지지 않으면서도 막강한 권력을 휘두르는 추악한 세계다. 그리고 그 세계는 투자자-국가 소송을 지원하는 법률 제도, 엘리트 계층과 투자자를 지원하는 복잡한 기업 복지제도 등 선한 일을 하는 것처럼 보이는 정교한 장치로 늘 정체를 숨긴다. 이 책은 이처럼 눈에 보이지 않는 현실 세계의 실상을 적나라하게 파헤친다.

노엄 촘스키(미국의 언어학자이자 철학자)

탐사보도란 무엇인지를 보여주는 탁월한 책으로, 기업이 어떤 방식으로 세상을 지배하는지를 설명한다. 기업들은 눈에 보이지 않는 법정에서 주권을 가진 민주 정부를 고소해 헌법과 헌법이 보장하는 민주적 권리를 무너뜨리며, 각종 법과 조약을 활용해 지구의 자원과 공공재를 사유화한다. 이제 막강한 힘을 가진 기업과 그들이 지배력을 확립하기 위해 만든 초국가적 제도가 주권을 가진 공동체와 국가를 대체하고 있으며, 그 결과 우리 시대는 기업 식 민주의의 시대가 되고 있다. 자유와 인권, 민주주의를 중요하게 생각하는 사람이라면 누구나 꼭 읽어야 할 책이다.

반다나 시바(인도의 환경·사회운동가)

이 책은 눈에 보이지 않는 문제를 폭로하며, 모범적인 현장 취재라는 점에서 그 가치를 더욱 높이 평가할 수 있다. 이 책은 민주주의의 진정한 적은 탐욕스러운 자본과 부패한 법이 비밀리에 체결한 동맹이라는 점을 잘 보여준다. 우리는 이 책이 보내는 경고에 귀를 기울여야 한다.

존 필거(오스트레일리아 출신의 언론인)

이 책은 대기업에 특혜를 주는 미심쩍은 법률 및 규제 제도와 새로운 정책을 흡입력 있게 묘사한 범죄 이야기다. 또한 이 책은 사람과 자연, 민주주의와 책임성이 맞이한 끔찍한 결과를 다룬 비극이며, 오늘날 세계 자본주의의 기능을 통찰한 흥미롭고 중요한 경제학 서적이다. 그러나 무엇보다도 이 책은 겉으로 무력해 보이는 사람들이 어떻게 더 바람직하고 정의로운 미래를 위해 이러한 흐름에 저항하는지를 다룬 희망적인 이야기다. 부디 이 책을 놓치지 않기를 바란다.

자야티 고시(인도 출신의 세계적인 경제학자)

선한 말썽꾼,
개빈 맥페이든에게

만남

뒤늦게 도착한 그 남자는 우스꽝스러울 만큼 단정치 못한 차림이었지만, 강단과 카리스마를 내풍겼다. 그 자리에 어울리지 않는 행색인데도 불편한 기색이 없었다. 그의 태도와 겉모습(형클어진 머리와 구겨진 셔츠, 대충 걸쳐 입은 검정 트위드 블레이저)은 독자의 마음을 쥐고 흔들 줄 아는 미국의 베테랑 탐사보도 기자를 상상할 때 떠오를 법한 이미지에 딱 맞았다.

그를 만난 곳은 런던 중심가의 작고 분주한 식당이었다. 사방이 검정 널빤지로 덮여 있고, 소박한 영국 음식을 내는 곳이었다. 평일 점심시간이었고, 식당은 근처 사무실에서 점심을 먹으러 나와 대화하느라 여념이 없는 사람들로 북적였다. 야심에 찬 젊은 기자들이 그들이 원하는 것을 잔뜩 가진 듯한 남자와 인생을 바꾸는 만남을 가질 장소로는 안성맞춤이었다. 그 남자는 탐사보도로 대단한 업적을 쌓았을 뿐 아니라 '말썽꾼'이자 가까운 친구인 동료들과 신념을 위해 모험에 뛰어들었다.

우리는 개빈 맥페이든 Gavin MacFadyen을 딱 한 번 만난 적이 있었다. 개빈은 중요하면서도 어려운 탐사보도를 지원하기 위해 2003년 런던에서 탐사보도센터Centre for Investigative Journalism, CIJ를 설립했고, 우리는 CIJ의 회원 면접에서 그를 처음 만났다. 하지만 우리는 개빈과 그의 이력에 관한 자료를 닥치는 대로 찾아 읽었다. 그는 런던에 오기 전 미국의 민권운동과 베트남 전쟁 반대 시위, 니카라과 혁명을 취재했으며, 최근에는 위키리크스와 줄리언 어산지를 적극 지지해 이름을 더욱 널리 알렸다. 우리는 개빈이 사는 세계, 즉 위험천만하고 파란만장하게 살아가는 인물들의 세계로 들어간다는 생각에 잔뜩 흥분했다. 그 세계에는 자신이 하는 일에 굳건한 믿음을 가지고 위험을 무릅쓰는 사람들이 있었다.

개빈은 내부 고발자와 권력의 횡포가 있는 곳으로 달려가는 기자들의 든든한 친구였다. CIJ 출신의 언론인 중에는 위키리크스의 편집자이자 줄리언 어산지의 가까운 조언자이며, 2013년 에드워드 스노든이 홍콩을 떠나도록 도운 새라 해리슨이 있었다. 펜타곤 페이퍼(베트남 전쟁의 실상을 담은 미국 국방부의 기밀문서 - 옮긴이)를 유출한 대니얼 엘즈버그와 러시아의 페미니스트 펑크 밴드 푸시 라이엇Pussy Riot은 개빈을 도와 전 세계의 내부 고발자들을 변호하는 커리지 재단Courage Foundation에 조언을 했다.

개빈은 이라크 전쟁과 아프가니스탄 전쟁에 관한 기밀 자료를 위키리크스에 유출한 미국 육군 정보분석병 첼시 매닝을 열렬히 옹호하기도 했다. 매닝이 유출한 파일 중에는 미군 병사들이 무장하지 않은 민간인 10여 명을 학살하고(희생자들 중에는 로이터 통신의 기자 두 명이 있었다) 즐거워하는 모습을 담은 영상이 있었다. 이 일로 매닝은 어마어마한 대가를 치렀다. 그는 2010년부터 7년간 옥살이를 했고, 때로는 감옥에서 자살하지 않도록 특별 감시를 받았으며, 유엔의 전문가들에 따르면 '잔인하고 비인간적이며 모멸적인' 환경에 갇혀 있었다.

개빈의 주위에는 그런 사람들이 있었다. 그들은 민주주의에서 대중의 정보접근권이 어떤 역할을 하는지 논할 때 추상적인 이론만 앞세우지 않았다. 개빈은 탐사보도에는 '불의와 무능, 잔혹한 행위와 비참한 현실을 향한 기자의 도덕적 분노'가 필요하다고 말했다. 그러면서도 그는 많은 언론인이 자신의 일을 '단순히 돈을 받는 직업'으로 여긴다고 지적했다. '언론인들은 권력자의 애완견 노릇을 하며 연줄을 만들고 저녁 만찬을 즐기는 데 관심이 있다. 힘없는 사람들에게 열렬히 목소리를 주고 싶어 하며 위선과 착취에 맞서 싸우는 사람은 안타깝게도 찾아보기 어렵다.' 그는 우리 사회에서 일반 대중이 권력층의 활동을 비판적으로 바라볼 수 있는 눈을 빼앗기면 어떤 결과가 벌어질지 우려했다. 개빈과 그의 동료들은 이 문제에 대처하기 위해 행동에 나섰다.

우리는 원하는 주제로 공익을 위한 탐사보도를 할 수 있도록 2년의 기간과 급여(여행 경비 포함)를 제공한다는 두루뭉술한 구인 광고에 지원했고, CIJ의 회원으로 뽑혀 개빈 밑에서 일하게 되었다.

면접에서 개빈은 흔히 할 법한 질문을 던지지 않았고, 우리의 이력이나 성과에도 관심을 보이지 않았다. 그 대신에 몇 가지의 시나리오를 제시했다. "이런 정보를 받았다고 생각해보세요. '산업폐기물 처리장 인근 지역에서 암 발생률이 높아졌다.' 그곳에서 실제로 무슨 일이 벌어지는지 어떻게 알아낼 건가요?"

개빈은 싱긋 웃으며 시나리오에 새 조건을 덧붙이는 식으로 변화구를 던지기도 했다. "이 문제를 파헤치는 중에 그동안 중요한 환경 영향 연구가 묻혀 있었고, 이제 연구의 저자들이 그 정보를 공개하고 싶어 한다는 사실을 알았다고 합시다. 하지만 연구자들은 세계 각지에 흩어져 있고, 이메일로 정보를 공유하길 꺼립니다. 어떻게 할 건가요?"

개빈은 1940년 1월 1일생으로, 처음 만났을 당시 일흔네 살이었다(우리보다 두 배는 더 많은 나이였다). 그는 BBC, 미국 PBS의 탐사보도 프로그램

「프런트라인」 등에서 네오나치의 폭력, 부정선거를 비롯한 다양한 주제로 50편이 넘는 다큐멘터리를 제작했다. 또 그는 오랫동안 할리우드에서 활동하며 배우와 제작자로 여러 작품에 이름을 올렸고, 마이클 만이 감독하고 러셀 크로가 유명한 기업 내부 고발자를 연기한 영화 「인사이더」의 제작에도 협력했다.

그렇게 평생에 걸쳐 화려한 경력을 쌓았는데도 개빈은 거만하거나 가식적인 인상을 풍기지 않았다. 경력이 긴 언론인은 종종 한참 어리거나 이제 막 일을 시작한 기자들을 무시하지만, 개빈에게 그런 자만심이나 속물근성이 없다는 사실은 금방 알 수 있었다. 그는 구직 면접치고는 너무 빨리 끝난 듯한 첫 면접에서 내내 너털웃음을 터뜨렸다.

우리는 CIJ의 회원으로 선발되었다는 소식을 듣고 감격했다. 자세한 사정은 알 수 없었지만, 탐사보도를 위한 조사는 '가능한 한 빨리' 시작해야 했다. 그날 우리가 런던 중심가의 식당에 모인 건 그 때문이었다. 개빈은 만나서 점심을 먹자고 제안했고, 우리는 그 자리에서 새로운 일에 대해 논의하리라 생각했다. 식당에서 그를 기다리는 동안 우리는 각자 준비해온 질문거리를 비교했다. 새 상사에게 준비성이 철저한 부하로 보이고 싶었기 때문이다.

하지만 식당에 도착한 개빈은 자리에 앉은 뒤 노트와 펜을 가리키며 씩 웃었다. "그런 건 한쪽에 치워둬."

개빈은 시시콜콜한 문제보다 중요한 질문을 곱씹어보기를 원했다. 우리는 어떤 문제를 조사하고 싶으며, 그 이유는 무엇인가? "원하는 건 뭐든 해도 되고 어디든 가도 괜찮아. 다만 시간을 소중히 써야 해." 개빈이 우리를 격려하고는 웃으며 덧붙였다. "자네들 둘이서 같이 일할 수도 있지. 그것도 재밌을 거야."

우리는 각자 면접에서 개빈을 만났어도 서로 얼굴을 보는 건 처음이었고, 곧 이 만남 자체가 모임의 목적임을 알아챘다. 이야기를 나누는 동안 우리는 눈앞에 앉아 있는 별난 인물이 노트에 적을 일도, 정해진 안건도 없는 이 색다른 회의를 세심하게 준비했음을 알 수 있었다. 우리 두 사람에게는 공통의 관심사가 정말 많았다. 이 만남이 우연일 리는 없었다.

클레어는 영국의 유력 신문 〈가디언〉에서 데이터 저널리스트로 일했다. 그녀는 그곳에서 국제 원조와 개발 자금 등을 다루면서 대기업이 어떻게 관련 예산으로 이윤을 챙기는지 조사했다. 클레어는 이 문제를 더 깊이 파고들고자 했다.

매트는 〈파이낸셜 타임스〉에서 일했고, 미군이 어떻게 네오나치와 갱단 조직원, 범죄자를 '테러와의 전쟁'에 동원했는지를 다룬 책을 썼다. 그리고 매트 역시 국제개발기구를 둘러싼 논쟁을 추적해왔으며, 민간기업에 투자하는 세계은행의 하부 기관을 다음 목표로 정했다. 클레어도 익히 알고 조사 대상으로 점찍어둔 기관이었다.

CIJ의 회원으로서 받을 지원에 대해서는 알아낸 것이 별로 없었지만, 이대로 모임을 끝내기가 아쉽다는 생각이 들었다. 이후로도 개빈을 만나고 나면 이렇게 설렘과 알쏭달쏭함이 뒤섞인 기분이 들곤 했다. 하지만 이제 한 가지는 분명해 보였다. 개빈은 여느 상사처럼 이래라저래라 지시를 내리는 사람이 아니었다. 그가 아이디어를 던지거나 방향을 제시할 수는 있지만, 이 기회를 최대한 활용하는 것은 우리의 몫이었다.

당시에는 알지 못했지만, 2014년 늦봄에 있었던 점심 모임을 계기로 우리는 수년간 여러 대륙을 넘나드는 협업을 시작했다. 우리는 여행 예산을 한 푼이라도 아끼고 쥐어 짜내려 애썼다. 제일 불편한 비행기를 타고, 제일 싼 호텔에 머물며, 될 수 있으면 같은 방향으로 가는 차를 얻어 탔다. 그리하여 우리는 역사적 자료를 샅샅이 살피는 동시에 유럽, 아프리카,

중동, 아시아, 아메리카 대륙의 25개국에서 조사를 벌일 수 있었다.[*]

우리의 발견은 개빈마저 놀라게 했다. 20세기 들어 유럽의 제국들이 무너지면서 세계를 지배하는 권력 구조가 재편되기 시작했다. 그런데 뒤이어 일어난 것은 민주주의의 승리가 아니라 민주주의의 근간을 흔드는 소리 없는 쿠데타였다. 전 세계에서 기업의 권력이 걷잡을 수 없이 커지고, 그에 저항하는 사람들에게서 기업을 보호하기 위해 새로운 인프라가 세워진 것이다. 우리는 세계 각지에서 저항에 앞장선 사람들을 만나며 이 장대한 쿠데타가 오늘날 어떤 결과를 가져왔는지 들었고, 여러 사료와 문서에서 쿠데타의 기원을 찾아냈다. 그 조사의 결과물이 바로 이 책이다. 이 책은 오늘날 자원을 배분하고 영토를 다스리며 사법제도와 사람들의 안전까지 좌우하는 초국적 기업 제국이 어떻게 부상했는지를 다룬 안내서다.

우리의 첫 번째 탐사는 뜻밖에 걸려온 전화 한 통으로 시작되었다. 우리는 이 전화를 계기로 널리 알려지지 않았지만 엄청난 힘을 가진 국제사법제도를 조사하기 시작했다. 거대 기업과 해외 투자자들은 이 제도를 활용해 각국 정부에 수십억 달러 규모의 소송을 제기한다. 우리는 세계 여러 나라에서 지역민들을 만나 이 제도가 공중보건과 환경을 지키고 더 공정하고 평등한 미래를 건설하려는 시도를 어떤 식으로 가로막거나 늦추며 때로는 뒤엎기까지 하는지 이야기를 들었다.

그런 다음에는 각자가 처음부터 조사하고자 했던 국제 원조·개발 제도로 눈을 돌렸고, 이 제도가 어떻게 기업의 확장을 돕는지(또는 곤경에 빠진 기업을 구제하는지) 알아냈다. 기업들은 국제사법·복지제도를 활용해 전 세계에서 이윤을 챙길 뿐 아니라 사회 전체를 쥐락펴락했다. 우리는 다

---

[*] 우리는 대부분의 조사를 함께했지만, 때로는 따로 취재나 인터뷰를 하기도 했다. 책에서는 편의상 모든 주어를 '우리'로 칭한다.

음 탐사에서 국가의 영토와 안보마저 점차 기업의 손에 넘어가는 현실을 조사하며 이 같은 추세를 다시 한 번 확인했다.

남아프리카공화국, 미얀마(또는 버마)를 비롯한 세계 각지에서 거대 기업과 부유한 엘리트 계층은 이러한 제도와 추세에 힘입어 민주주의를 무시한 채 자유롭게 행동했다. 그리고 우리는 여러 사료와 기록을 살피며 기업에 힘을 실어주는 제도들이 본래 의도대로 작동하고 있다는 사실을 밝혀냈다. 이러한 제도들은 세계를 재편하려는 야심 찬 장기 계획의 산물이었다.

이 이야기는 의회에서 불거지는 일개 스캔들과 비교할 수 없을 만큼 중대한 문제를 다룬다. 이것은 오늘날 실제로 권력을 쥐고 의사 결정을 좌우하는 세력이 누구인지에 관한 이야기다. 그 세력은 게임의 규칙을 만들며, 언제 예외를 적용하고 누가 책임을 질지 결정할 힘을 가지고 있다. 그리고 이것은 전 세계를 움직이는 기업 사법, 기업 복지, 기업 영토, 기업 군대에 관한 이야기다. 이 이야기에서 다루는 문제는 당신이 어디에 사는 누구이든 간에 당신의 삶에 영향을 끼친다.

이 프로젝트를 진행하는 동안 우리가 처음 만났던 런던만큼 조사의 거점으로 알맞은 곳은 없다는 생각이 들었다. 우리가 조사한 제도와 추세는 모두 비슷한 시기에 확장되었다. 제2차 세계대전 이후 약소국에서 독립운동이 일어나 영국을 비롯한 제국주의 세력의 오랜 지배를 위협하는 시기였다. 영국과 독일의 고위층을 위시한 유럽의 자본가 엘리트들은 자신의 안위를 지키고 기업의 이익을 보장할 새로운 인프라를 만들기 위해 한데 뭉쳤다. 이후 이들이 만든 인프라는 민주적 토론 없이 전 세계로 퍼져나가 민주주의의 근간을 뒤흔들기에 이르렀다.

이 이야기에는 세실 로즈나 마거릿 대처 같은 유명 인사도 등장하지만, 주인공은 대부분 이름이 알려지지 않은 사람들(초국적 기업 제국의 설계자와 기업의 영향력에 저항하는 지역 활동가들)이다. 이야기의 한쪽에는 변호사, 은행가, 경제학자, 영국의 비누 제작자와 아시아의 거대 재벌들이 있다. 그리고 반대쪽에는 개빈처럼 진지하면서도 쾌활함을 잃지 않는 태도로 저마다의 저항을 벌이는 사람들이 있다.

한 가지 중요한 것은 우리가 밝혀낸 문제가 누구에게도 알려지지 않은 비밀이 아니라는 점이다. 엘리트 계층은 이미 이 이야기를 어느 정도 알고 있다. 세계 각지에서 투쟁의 최전선에 선 평범한 사람들 역시 마찬가지다. 이들은 기업에 맞서 싸우는 동안 이 이야기의 전문가가 되었지만, 언론에서는 이들의 목소리를 거의 보도하지 않는다.

1

SILENT COUP

기업 사법

국가와 기업의 대결

뜻밖의 전화

개빈은 런던 남부 뉴크로스에 있는 골드스미스 대학의 미디어 연구동에 사무실을 마련해주었다. 전에는 창고로 사용한 창문 없는 방이었지만, 우리에게는 첫 사무실이었다. 우리는 방 한쪽에 저널리즘 교육자료가 담긴 상자를 차곡차곡 쌓아 앉을 자리를 만드는 등 즐거운 마음으로 뒤죽박죽인 공간을 열심히 정리했다. 벽에는 세계지도와 커다란 종이 몇 장을 붙여 머릿속에 떠오르는 생각을 정리하기 시작했다.

아무런 체계가 없는 상태에서 일을 시작하는 것은 설레는 동시에 사람을 미치게 했다. 개빈은 그가 우리 또래였던 1960년대에 예술학교를 운영했을 법한 방식으로 CIJ를 이끌었다. CIJ는 매일 정신없이 쏟아지는 뉴스에서 멀리 떨어져 지낼 수 있는 평화로운 피난처이자 굵직굵직한 질문을 던질 여유가 있는 곳이었다. 또한 CIJ는 모든 것이 자연스러운 공간이었다. 회의는 즐거웠고 정해진 의제가 없었으며, 개빈의 멋진 친구들이 자유롭게 그곳을 드나들었다.

CIJ의 회원으로서 받는 지원을 최대한 잘 활용하기로 마음먹은 우리는 업무 시간을 정해두고 매일 아침에 만나 함께할 만한 프로젝트를 브레인스토밍 방식으로 구상하기 시작했다. 그러는 중 뜻밖에 걸려온 전화한 통 덕분에 우리는 생각보다 일찍 여정을 떠나게 되었다.

"9월 15일, 엘살바도르 독립기념일이에요." 서둘러 종이와 펜을 찾는 사이 오타와에서 전화를 건 미라 카루나난단이 말했다. 미라는 '물 정의water justice' 운동을 벌이는 활동가로, 수년간 클레어와 연락을 주고받는 사이였다. 다행히도 그녀는 세계 각지에서 지역사회와 기업이 벌이는 장대한 투쟁이 뉴스로 보도되기 한참 전부터(언론이 여기에 관심을 보이는 일 자체가 드물기는 했지만) 그 문제를 잘 알고 있었다.

"직접 가고 싶었는데 말이에요." 미라가 아쉬워했다. 그녀의 설명에 따르면 엘살바도르의 수도 산살바도르 북부에서는 금광 개발로 인해 많은 논란이 벌어지고 있으며, 광산 인근의 작은 마을에서는 지역민과 환경운동가들이 9월 15일에 '저항 축제'를 벌이려 준비 중이었다. 주최 측은 금광 개발의 배후에 있는 회사가 세계은행의 하부 기관에 소송을 제기해 엘살바도르의 주권을 위협한다고 주장했다.

같은 날, 워싱턴 DC에서는 소송의 심리가 열릴 예정이었다. 소송을 제기한 회사는 엘살바도르 정부가 자신들이 찾은 금을 캐지 못하게 했다는 이유로 3억 달러가 넘는 손해배상을 요구했다. 이는 엘살바도르가 1년에 받는 국제 원조보다 큰 금액으로, 엘살바도르 같은 가난한 나라에는 엄청난 부담일 수밖에 없었다.

미라는 문제가 된 소송과 그 맥락을 자세히 설명해주었다. 엘살바도르에서 광산 개발에 반대하고 수자원을 보호하는 운동은 놀라운 성과를 내며 주류로 자리매김했고, 이제 승리를 눈앞에 두고 있었다. 엘살바도르에서는 광산 개발을 막는 새 법안들이 논의되고 있었으며, 미라는 엘살바도르가 세계 최초로 채굴을 전면 금지하는 국가가 되리라 생각했다.

"엘살바도르는 전 세계 광산 반대 운동의 수도예요." 그러나 현장에서 투쟁을 이끄는 사람들은 큰 위험을 무릅쓰고 있었다. 문제는 광산 회사가 제기한 소송만이 아니었다. 지역 활동가들은 살해 협박을 받았고, 실제로 몇 명이 목숨을 잃었다.

"세상에 이 이야기를 꼭 알려야 해요." 미라가 흥분과 걱정이 뒤섞인 목소리로 흥미진진한 이야기를 들려주며 우리를 독려했다. 그녀는 국제 사회의 면밀한 감시와 현장 목격자들의 증언이 있으면 사람들의 안전을 지키는 데 도움이 되리라 믿었다.

통화가 끝난 뒤, 우리는 엘살바도르로 가는 항공편을 검색했다. 그러고 나자 이번에는 개빈이 사무실을 불쑥 찾아왔다.

"와, 사무실 잘 꾸며놓았네."

우리는 개빈이 앉을 수 있도록 의자에 놓인 책 상자를 치웠고, 곧바로 엘살바도르 이야기를 들려주었다. 개빈이 활짝 웃으며 말했다. "좋아, 얼른 출발해. 하지만 그 전에 먼저 숙제부터 하고."

퍼시픽 림 대 엘살바도르

엘살바도르를 상대로 처음 국제법 소송을 제기한 회사는 캐나다 밴쿠버에 있는 퍼시픽 림Pacific Rim이었다. 알아보니 이 회사는 업계 용어로 '하급 광부'에 해당했다. 규모가 작고 새로운 광산을 찾는 데 집중하는 회사라는 뜻이었다. 엘살바도르 정부가 부당하게 채굴을 막는다고 주장한 금광은 그들이 찾은 광산 중 유일하게 사업성이 있는 곳인 듯했다.

우리는 세계은행 홈페이지에서 소송자료를 받아 인쇄했다. 수백 페이지에 달하는 소송자료는 가지고 다니기 무거울 정도였으며, 복잡한 법률 용어로 가득했다. 회사 측의 주장은 간단히 말해 엘살바도르 정부가 먼저 금을 찾도록 부추겨놓고, 막상 찾고 나니까 채굴을 막았다는 것이었다. 회사는 광물 탐사에 쓴 돈뿐만 아니라 채굴로 얻을 수 있는 '미래 수익'까지 배상받아야 한다고 주장했다.

엘살바도르 정부 측 변호사들은 회사가 채굴에 필요한 주요 환경 허가를 받지 못했고, 광산지대 안의 모든 토지에 대한 권리를 가지고 있다는 증거가 없다고 맞섰다. 지역에는 회사에 땅을 팔지 않으려 하는 농부가 많았다.

우리는 퍼시픽 림의 회장 토머스 C. 슈레이크가 심리에 제출한 진술서 덕분에 관련 사건을 시간 순으로 지세히 파악할 수 있었다. 진술서에 따르면 퍼시픽 림은 엘살바도르에서 탐사 허가권을 가지고 있는 업체를 인수한 뒤 2002년 엘살바도르로 이전했다. 한편 엘살바도르 정부는 1990년대 들어 참혹했던 12년간의 내전이 끝난 뒤, 외국계 기업을 국내에 유치하려 노력했다. 이를 위해 정부는 여러 국제조약을 맺었고, 1999년에는 새로운 투자법을 제정해 외국인 투자자가 정부와 분쟁을 벌이는 경우 국제재판소에 제소할 권리를 인정했다.

그러나 퍼시픽 림이 소송을 제기한 2009년에는 상황이 완전히 달라졌다. 미라가 말한 환경 운동은 이제 훨씬 큰 추진력을 얻고 있었다. 신임 대통령 마우리시오 푸네스는 국민의 뜻에 따라 새로운 채굴 허가권을 '행정적으로 동결'한다고 선언했다. 정부는 환경을 비롯한 각종 문제의 연구 결과를 기다리는 동안 채굴 허가권을 검토하고 승인하는 일을 무기한 연기했다. 환경 단체와 인권 단체들은 이 조치가 영구적인 채굴 금지로까지 이어지기를 바랐다.

그리고 3년 뒤인 2012년에는 오스트레일리아-캐나다계 다국적 기업이자 퍼시픽 림보다 규모가 훨씬 더 큰 광산 기업 오세아나골드 OceanaGold가 1,000만 달러 남짓한 금액에 퍼시픽 림을 인수했다. 오세아나골드는 엘살바도르 정부를 상대로 한 소송을 이어받았고, 승소하면 수억 달러를 챙길 수 있었다. 그러나 뜻밖에도 그들은 소송에 이겨 배상금을 받는 데 집중하지 않겠다는 뜻을 내비쳤다. 오히려 그들은 문제가 된 광산에서 '중요한 기회를 되살리는' 데 초점을 맞추었다. 오세아나골드의 홍보 책임자 샘 파주키는 회사가 '교착 상태에 빠진 허가권 문제를 협상으로 해결'하는 쪽을 '훨씬 선호한다'고 밝혔다. 그들은 현지 여론이 얼마나 나쁘든 간에 광산을 채굴하고자 했다.

우리는 이런 의문이 들었다. 그렇다면 소송은 엘살바도르 정부를 협상 테이블로 끌어내려는 수단이었을까? 빈곤 퇴치와 '공동의 번영'을 사명으로 내세운 세계은행은 한 기업이 무슨 일이 있어도 광산을 채굴하겠다는 뜻을 밝히며 가난한 나라를 막대한 배상금으로 위협하는 상황을 가만히 내버려둘까? 그리고 전 세계의 언론은 왜 이 분쟁을 자세히 다루지 않을까?

이 분쟁은 분명 국제적인 사건이었다. 캐나다 기업이 처음 소송을 제기한 뒤 오스트레일리아-캐나다계 다국적기업이 소송을 이어받았고, 워싱턴 DC에 있는 세계은행의 하부 기관에서 소송을 맡았으며, 재판부는 아르헨티나와 유럽의 엘리트 변호사들로 구성되었다. 그러나 전 세계의 주류 언론은 대부분 이 사건에 관심을 보이지 않았다.

우리는 저녁 늦게 산살바도르에 도착했다. 사방이 어두웠지만, 공항에서 택시를 타고 가는 중에 지금 지나는 길이 어디인지 궁금해졌다. 아마도 우리는 1980년 12월 2일 미국의 선교사들이 납치된 길을 지났을 것이다. 납치된 선교사 네 명은 성폭행을 당한 뒤 피살된 채 발견되었다.

참으로 끔찍한 만행이었다. 몇 년 뒤, 국가방위군 소속 군인 네 명이 살인 혐의로 유죄 판결을 받았다. 훗날 그들은 미국이 지원한 엘살바도르 군부의 명령을 따랐다고 감옥에서 진술했다.

다음 날 아침, 우리는 게스트하우스에서 나와 역사적으로 중요한 산살바도르의 중심가로 향했다. 그곳에는 메트로폴리탄 성당과 오스카 로메로 대주교의 무덤이 있었다. 사회적 불의에 목소리를 높인 로메로 주교는 내전 당시 미국이 지원하는 군부를 거침없이 비판했고, 결국 1980년에 피살당했다. 이후 유엔의 조사단은 친정부 성향의 '암살 부대'가 주교를 살해했다고 밝혔다. 메트로폴리탄 성당에서 거행된 장례식에서는 무장한 괴한들의 총격으로 놀란 조문객들이 우르르 밀려 넘어지면서 수십 명이 사망하는 일까지 벌어졌다. 로메로 주교가 피살되기 전 엘살바도르에서는 수많은 신자가 그를 헌신적으로 따랐는데, 여기에는 성당의 라디오 방송국에서 내보낸 일요 설교의 인기가 어느 정도 영향을 주었다. 설교에서 로메로 주교는 최근에 일어난 실종이나 고문, 살인 사건에 관한 정보를 전했고, 설교 방송은 대중에게 지금 무슨 일이 일어나는지를 알리는 중요한 소식통이 되었다.

우리는 주교의 무덤 앞에서 당시의 일을 떠올렸다. 오늘날 광산 회사가 하는 일을 주기적으로 감시하고 보고하는 활동가들 역시 주교와 비슷한 방식으로 위험을 무릅쓰고 있다는 생각이 들었다. 논란이 된 금광 인근 지역에서는 '라디오 빅토리아'라는 지역 방송국이 광산 회사의 계획과 그에 맞선 저항운동을 수년째 보도하고 있었다. 방송국 직원들은 전화나 방송국과 집 문틈으로 들어온 편지로 그들이 '제거 명단에 올랐다'는 익명의 협박을 받았다고 증언했다.

우리는 엘살바도르 내 광산 회사의 활동을 추적하고 채굴에 반대하는 사람들을 만나고자 했다. 엘살바도르에 와서 가장 먼저 반反광산국제 연대의 조정관 페드로 카베사스를 만나기로 한 것도 그 때문이었다. 우리는 게스트하우스에서 멀지 않은 작은 식당에서 그를 만났다. 페드로는 선글라스를 낀 채 그늘진 자리에 태평하게 앉아 맥주를 홀짝이며 우리를 맞았다. 하지만 막상 그의 입에서는 심각한 이야기가 흘러나왔다. 지역 활동가들이 습격을 받아 살해당하거나 다치고, 협박이나 괴롭힘을 당한다는 이야기였다.

그와 함께 페드로는 역사에 남을 엘살바도르의 대중운동 이야기도 들려주었다. 엘살바도르에서는 수자원을 보호하기 위해 금 채굴에 반대하는 대중운동이 한창이었다. 언론은 이러한 움직임에 큰 관심을 보이지 않았지만, 이는 널리 알려진 엘살바도르의 이미지와 확연히 다른 희망적인 이야기였다.

중앙아메리카에서 가장 작은 나라인 엘살바도르는 보통 폭력이나 조직범죄로 전 세계의 언론에 오르내렸다. 언론은 세계 최고 수준에 이르는 엘살바도르의 살인율, 충격적인 얼굴 문신으로 악명 높은 MS-13 등 갱단에 연루된 사람이 인구의 10퍼센트에 달하리라는 전망, 많은 사람이 폭력을 피해 위험을 무릅쓰고 미국을 비롯한 다른 나라로 떠나는 현실에 주목했다.

따라서 엘살바도르가 환경을 위해 채굴을 금지하는 데 앞장서는 국가라는 말은 현실과 동떨어진 이야기로 들릴 수 있었다. 페드로는 엘살바도르의 한 대학에서 의뢰한 여론조사 결과 대다수 국민이 광산 채굴에 반대했다는 자료를 보여주었다. 그는 경쟁 정당들의 정치인, 가톨릭교회와 대형 NGO 지도자들의 이름을 거론하며, 이들이 평상시에는 의견이 맞는 일이 거의 없지만 광산 개발에 반대하는 데는 모두 뜻을 같이했다고 말했다.

"언젠가는 정말로 일어날 일이라고 생각해요. 우리는 세계 최초로 광산 개발을 전면 금지하는 나라가 될 겁니다." 페드로가 웃으며 말했다.

페드로는 대통령이 지지하더라도 광산 개발을 빠르게 금지하기는 어려울 거라고 내다보았다. 세계은행의 하부 기관에 제기된 소송 때문에 몇 년간은 금지 조치가 미뤄질지도 모른다. 하지만 그는 포기할 생각이 없었다. "우리는 앞으로도 계속 싸울 겁니다."

금광에서 흘러나오는 유독 물질

대통령이 지지해도 쉽지 않을 거라니. 우리는 페드로의 이야기에 충격을 받았다. 한 나라 안에서 대통령만큼 영향력 있고 유능한 지원군이 또 어디 있겠는가.

하지만 페드로는 '그게 바로 우리가 맞서고 있는 권력'이라고 말했다. 광산 회사가 국제법 제도를 활용하면 정부의 확고한 의지마저 꺾을 만큼 막강한 힘을 누릴 수 있다는 뜻이었다.

우리가 산살바도르로 향하기 몇 달 전인 2014년 중반, 엘살바도르에서는 FMLN('파라분도 마르티 민족해방전선'의 약자로, 내전 중에 좌익 게릴라 단체로 활동하다가 내전이 끝난 뒤 엘살바도르의 주요 정당이 되었다 - 옮긴이)의 살바도르 산체스 세렌이 대통령으로 취임했다. 전직 교사이자 좌익 게릴라의 지휘관인 그는 광산 개발에 반대한다는 뜻을 분명히 밝혔다. "엘살바도르 땅 아래에는 금과 은 등 막대한 부가 묻혀 있다고들 말합니다." 세렌은 엘살바도르의 일간지 〈라 프렌사 그라피카La Prensa Gráfica〉와의 인터뷰에서 그렇게 언급하면서도 그 부를 캐내려 한다면 '우리의 삶이 망가질 것'이라고 경고했다.

또한 세렌은 나긋나긋한 말투로 2000년대 중반부터 라틴아메리카 전역에서 화두로 떠오른 '부엔 비비르buen vivir'(스페인어로 '좋은 삶') 개념을 선전했다. '부엔 비비르'는 민중과 공동체, 인간과 자연의 관계를 중심으로 진보를 평가하는 대안적 패러다임이었다. 여기에는 중요한 의미가 있었다. 세렌 행정부가 광산 개발에 반대한다는 것은 곧 지금까지와 다른 새로운 세상을 만들고 싶어 한다는 뜻이기 때문이었다.

그렇기에 우리는 환경부 차관 앙헬 이바라를 비롯한 세렌 행정부의 몇몇 관료와 인터뷰 약속을 잡고 기대에 부풀었다. 앙헬 이바라는 2014년까지 '엘살바도르 생태단위UNES'라는 환경 단체의 대표를 지냈다. 숙련된 외과의사이자 엘살바도르 루터 대학교의 학과장이기도 했던 그는 내전 중 FMLN에 합류했으나 내전이 끝난 뒤 당을 떠났다.

"며칠 전까지만 해도 공직에 진출할 생각이 없었습니다." 이바라는 세렌이 대선에서 승리한 직후 인터뷰에서 공직에 오른 건 계획에 없었던 일이라고 말했다. 그가 세렌 행정부에 합류한 이유는 대통령 당선인인 세렌이 '부엔 비비르 패러다임'을 포용하고 엘살바도르의 환경 위기를 해결하는 데 전념하겠다고 밝혔기 때문이다.

새로운 역할을 맡게 된 이바라는 사회운동가들과 함께 '환경적으로 지속 가능한 의제'를 수립하겠다고 약속했다. 또한 그는 겸손을 잊지 않고 겉치레를 피하겠다고 다짐하며 이렇게 말했다. "지금까지와 같은 방식으로 일하고 생활할 생각입니다. 옷 입는 방식도 바꾸지 않고 재킷을 걸치거나 넥타이도 매지 않을 겁니다."

우리는 환경부 건물에서 이바라를 만났다. 이바라의 사무실은 페인트를 새로 칠해 깔끔했지만 장식은 거의 없었다. 이제 막 이사를 와서 어떻게 꾸밀지 고민하다 내버려둔 공간 같았다. 이바라는 전에 약속한 대로 양복과 넥타이 대신 깃이 없는 반팔 셔츠를 입고 있었다. 그는 페드로 카베사스처럼 우리를 편안한 태도로 맞았지만, 자리에 앉자 진지한 이야기를 시작했다.

"엘살바도르는 라틴아메리카에서 가장 심각한 물 부족 국가입니다." 이바라가 힘주어 말했다. 하지만 그가 지지하는 새 법안을 설명하면서 그의 눈은 희망으로 빛났다. 산업보다 인간이 소비하는 물에 우선순위를 두는 법이었다. 이 법은 반광산 투쟁과 밀접하게 연관되어 있었다. 광산에서는 어마어마한 양의 물을 사용하기 때문이다.

이바라는 재산이나 권력에 상관없이 '누구나 물을 이용할 권리를 보장하려면 이 같은 법이 필요'하다고 설명했다. 그는 이 법이 사전에 '분쟁을 해결'하는 데도 도움을 줄 거라고 보았다.

우리가 만난 다른 정부 관료와 고문들 역시 희망과 우려를 동시에 내비쳤다. 그중 몇 명은 다른 회사들도 퍼시픽 림이 제기한 소송을 유심히 지켜보고 있을 것이며, 수백억 달러 규모의 소송을 고려할지 모른다고 우려했다. 그들은 지역 공동체와 더욱 긴밀히 협력해 지속 가능한 발전 방향을 찾는 과정에서 험난한 투쟁과 막대한 위험이 뒤따르리라 전망했다.

우리는 산살바도르의 한 카페에서 최근에 선거를 치른 FMLN의 환경 고문 루이스 로페스를 만났다. 그는 광산 회사가 국제법 제도를 활용해 지역사회와 지방정부 등 여러 차원에서 엘살바도르를 압박하고 있다고 말했다. 이바라와 마찬가지로 로페스는 전형적인 정치가처럼 보이지 않았다. 그는 긴 곱슬머리를 뒤로 묶고 수염을 깎지 않았으며, 꾸깃꾸깃 주름진 셔츠를 입고 소매를 팔꿈치까지 말아 올린 모습이었다.

로페스 역시 '부엔 비비르'를 지지했으며, 그 개념이 제시하는 긍정적·전체론적 미래상이 엘살바도르에 필요하다고 보았다. "우리는 어떻게 대처해야 할까요? 양보해야 할까요?" 그가 수사적인 질문을 던진 뒤 고개를 저었다. 양보는 좋은 선택지가 아니었다.

"더 많은 소송 위협이 뒤따를 겁니다. 하지만 맥락을 잘 따져봐야죠. 국민이 목숨을 잃는 것과 워싱턴에서 소송을 당하는 것 중 어느 쪽이 더 위험하겠어요?"

로페스를 만나기 전, 내전 이후 설립된 정부 기관인 국립인권옴부즈맨 사무소에서 야니라 코르테스를 만났다. 코르테스 역시 광산 개발을 둘러싼 갈등을 눈여겨보고 있었으며, 광산업이 환경에 미치는 악영향을 우려했다.

코르테스의 책상에는 서류 뭉치가 겹겹이 쌓여 있었다. 일에 지친 듯한 기색이었다. 그녀는 정부 기관이 광산 기업을 제대로 규제할 수 있을지 의심했다. "광산을 규제하더라도 수자원이 고갈되고 나면 아무 소용이 없어요."

코르테스는 엘살바도르가 심각한 물 위기에 시달리고 있다고 강조했다. 엘살바도르는 극심한 환경문제를 겪고 있었으며 홍수를 비롯한 자연재해에 매우 취약했다. 가령 엘살바도르는 라틴아메리카에서 산림 남벌이 가장 심했으며, 지표수의 90퍼센트 이상이 오염되어 있었다. 코르테스는 산살바도르 동쪽에 있는 산세바스티안 강을 예로 들었다. 산세바스티안 강은 과거의 금광 개발로 인해 수질이 크게 오염되었으며, 이에 따라 반광산 운동에서 산세바스티안 강의 사진을 담은 플래카드를 내걸곤 했다. 그 일대에서 일어난 일은 오늘날 반광산 투쟁에 결정적인 영향을 끼쳤다. 따라서 광산 개발이 환경을 파괴한다는 주장은 단순한 가정이 아니었다. 여기에는 분명한 증거가 있었다.

금광에서는 보통 사이안화물이나 수은 같은 유독성 물질을 사용해 금을 채굴한다. 엘살바도르에서는 광산을 개발하면 이미 오염된 필수 자원이 더욱 위태로워진다는 우려가 커지고, 광산을 채굴하더라도 그 혜택이 대중에게 돌아가지 않는다는 회의론이 확산되면서 광물자원을 땅속에 묻어두자는 목소리가 힘을 얻었다.

우리는 산세바스티안 강을 직접 보고 싶었고 운 좋게도 기회를 얻었다. 미라가 연결해준 국제 활동가들이 때마침 엘살바도르에 와서 옛 광산을 살펴보러 간다는 것이었다. 활동가들의 차를 얻어 타기 위해 새벽같이 일어나 동이 트자마자 주차장으로 향했다. 우리는 함께 작은 버스에 끼어 앉았다. 흥이 넘치는 일행이 없었다면 가는 내내 곯아떨어졌을 것이다.

이른 시간인데도 일행은 모두 쌩쌩했고, 우리와 이야기를 하고 싶어 했다. 버스 안에 언론인은 우리뿐이라서 우리가 왜 엘살바도르에 왔는지 궁금해하는 눈치였다. 우리는 반광산 투쟁을 취재하고 있으며, 광산 회사가 잘 알려지지 않았지만 매우 강력한 국제법 제도를 활용해 소송을 걸어 그 투쟁을 위협하는지 조사 중이라고 설명했다.

"퍼시픽 림이 ICSID에 제기한 소송 말이죠?" 일행 중 한 명이 묻자 다른 사람들이 고개를 끄덕였다. 그 순간 우리는 게스트하우스 직원, 택시 기사, 인터뷰 대상자를 비롯해 지금까지 엘살바도르에서 만난 모든 사람이 퍼시픽 림의 소송뿐만 아니라 그 소송을 담당하는 세계은행의 하부 기관인 국제투자분쟁해결센터ICSID를 알고 있다는 사실을 깨달았다. 엘살바도르 사람들은 ICSID를 먼 곳에서 자신들의 미래를 결정하는 대법원 같은 곳으로 묘사했다.

포장 상태가 좋지 않은 도로를 따라 느릿느릿 동쪽으로 향하는 동안 우리는 일행과 더 이야기를 나누었다. 그중에는 다른 라틴아메리카 국가에서 나날이 규모를 키우는 광산업에 맞서는 활동가들도 있었다. 그들은 엘살바도르의 반광산 운동을 지지하고 배우기 위해 왔다. 한 미국인 남성은 내전과 '피난처 운동'이 벌어진 시기를 포함해 오랫동안 엘살바도르를 드나들었다고 말했다. 피난처 운동이란 미국의 일부 교회가 폭력을 피해 온 난민들을 직접 지원한 운동을 말한다.

당시 미국 정부는 제보자에게 돈을 주고 비밀 요원을 고용해 오랫동안 수사를 벌이는 등 여러 방식으로 피난처 운동을 탄압했다. 1980년대 중반, 텍사스 주와 애리조나 주에서는 불법 이민을 조장한 혐의로 피난처 운동가들을 연달아 형사 기소하면서 큰 논란이 되었다.

엘살바도르의 활동가들은 산세바스티안 광산에 대해 자세히 알려 주었다. 광산을 운영한 기업은 미국 위스콘신 주의 커머스 골드Commerce Gold로, 2006년에 정부가 환경 허가를 취소하고 탐사 자격의 갱신을 중단할 때까지 채굴을 계속했다. 그들은 우리가 엘살바도르를 찾은 계기를 만든 퍼시픽 림보다 한발 앞서 같은 방식으로 정부의 조치에 맞섰다. 2009년, 커머스 골드는 ICSID에 엘살바도르 정부를 제소했고, 채굴을 막은 대가로 1억 달러가 넘는 배상금을 요구했다.

당시에도 광산 개발이 환경과 지역민의 건강을 파괴한다는 사실을 입증하는 자료가 점점 쌓이고 있었지만, ICSID의 재판부는 그러한 문제가 소송과 무관하다고 판단한 듯했다. 권한의 범위가 넓지 않았던 재판부는 엘살바도르 정부가 외국인 투자자로서 커머스 골드가 가진 '권리'를 침해했는지만 고려했다. 소송 결과는 커머스 골드의 생각대로 풀리지 않았다. 재판부는 ICSID의 관할권을 벗어났다는 이유로 소송을 기각했다. 그리하여 커머스 골드는 엘살바도르를 떠났지만, 우리는 그들이 남기고 간 흔적을 두 눈으로 확인했다.

목적지에 도착한 뒤 버스에서 내려 강을 따라 걸었다. 갖가지 도구와 둥근 통이 여기저기 널브러져 있었다. 활동가들은 버려진 물건들이 유독성 폐기물로 오염되었으리라 여겼다. 그들은 광산에서 나온 화학물질이 강물에 끼친 영향을 두고 우려가 끊이지 않는다고 설명했다. 정부가 2012년에 진행한 연구에 따르면 산세바스티안 강에서는 기준치의 아홉 배에 달하는 사이안화물과 1,000배에 달하는 철분이 검출되었다. 우리는 강을 가로지르는 다리 위에 서서 여자와 아이들이 뿌연 강물에서 빨래를 하고 몸을 씻는 모습을 한동안 지켜보았다.

독립기념일에 다시 독립을 위해 싸우다

퍼시픽 림은 카바냐스 주 중부의 광산 개발 계획에 '엘도라도'라는 그럴싸한 이름을 붙였다. 엘도라도는 황금으로 뒤덮인 상상의 도시로, 수많은 탐험가와 식민지 개척자가 엘도라도의 전설에 이끌려 라틴아메리카로 왔다. 지역 활동가들은 굉신 회사를 새로운 제국주의자로 간주했으며, 광산 개발 계획이 엘살바도르의 주권을 위협한다고 말했다.

우리는 미라의 제안대로 9월 15일에 엘도라도 광산 인근 지역을 찾아갔다. 그날은 ICSID에서 소송의 심리가 열리는 날이자 여러 중앙아메리카 국가가 1821년에 300여 년간의 스페인 식민 지배로부터 독립한 것을 기념하는 날이었다. 이는 우연의 일치가 아니었다. 엘살바도르 정부 측 변호사들은 상징성을 고려해 이 날짜를 제안했다. 변호사들 역시 광산 회사의 소송이 엘살바도르의 주권을 위협한다고 판단한 것이다.

산살바도르에서 북쪽으로 차를 타고 가는 동안 곳곳에서 악단이 연주를 하고 아이들이 거리를 행진하며 봉을 돌리는 모습이 눈에 들어왔다. 독립기념일 행사에서 볼 수 있는 전형적인 광경이었다. 목적지에 도착하자 광장 한가운데에 세워진 임시 무대가 보였다. 한쪽에서는 아이들이 놀고 있었지만, 광장에는 광산 회사를 내쫓고 정부가 광산 개발을 전면 금지할 것을 요구하는 현수막이 걸려 있었다. 음악 공연 중간중간에 무대에 올라온 연사들은 현수막에 적힌 메시지를 거듭 강조했다.

이것은 독립보다 저항을 기념하는 축제였다. 인근 지역에 사는 사람 모두가 이 행사를 위해 모인 듯했다. 우리는 파란색 방수천으로 만든 텐트 아래서 수백 명의 참가자 사이에 앉아 있다가 광장 주변을 돌아다녔다.

인근의 작은 공원에서 스물네 살의 농부 호세 볼모린을 만나 광산 개발에 대해 어떻게 생각하는지 들었다. "광산 회사 사람들은 광산을 개발하면 좋은 일이 있을 거라고만 말해요. 개발이 되면 일자리가 생긴다고요. 하지만 현실은 그렇지 않죠. 광산이 아무리 돈이 돼도 건강보다 중요하지는 않으니까요." 볼모린은 평생 병을 앓는다면 광산 회사가 약속한 '경제적 이익'이 대체 무슨 소용이겠느냐고 되물었다.

"우리는 계속 독립을 위해 싸워야 합니다." 그날 행사에서 만난 지역 활동가 엑토르 베리오스가 말했다. 그가 입은 검정 티셔츠에는 '채굴을 멈추고 생명을 지키자'라는 단순하면서도 강렬한 반광산 운동의 구호가 노란색 글씨로 새겨져 있었다.

베리오스는 광산 기업들이 축제의 메시지를 듣고 이곳을 떠나길 바란다고 했다. 그는 채굴에 반대하는 사람들과 자신이 어떤 폭력을 당했는지 이야기했다. "내전 중에도 지금처럼 살해당할까 겁나지는 않았어요." 베리오스와 그의 아내는 수차례 살해 위협을 받았다. 한번은 무장한 남자들이 두 사람에게 약물을 주입한 뒤 집을 뒤져 반광산 운동 관련 자료를 훔쳐가기도 했다.

베리오스의 등 뒤로 2009년 6월 18일에 실종된 지역 활동가 마르셀로 리베라의 벽화가 보였다. 퍼시픽 림이 엘살바도르 정부를 상대로 소송을 제기한 지 사흘 뒤의 일이었다. 몇 주 뒤, 리베라의 벌거벗은 시신이 우물에서 발견되었다. 시신에는 고문의 흔적이 남아 있었다. 그는 구타를 당했고 손톱이 뽑혔으며, 기도가 부러져 있었다.

인터뷰에서 사람들은 리베라를 자주 언급했다. 그의 죽음이 워낙 끔찍하기도 했지만, 사람들은 수사 당국이 그 사건과 반광산 운동의 연관성을 충분히 조사하지 않았다고 믿었다.

국립인권옴부즈맨 사무소에서 만난 야니라 코르테스는 '채굴이 시작되면서 갈등도 함께 시작되었다'고 확신했다.

코르테스의 사무소에서도 수사 당국이 '이 같은 범죄를 계획하고 실행한 사람이 누군지 밝히기 위해 모든 조치를 취하지도, 조사 수단을 총동원하지도 않았다'고 비판하는 성명을 냈다. 성명은 또 폭력의 위협이 계속되고 있으며, '피해 가족을 위한 보호 조치와 포괄적인 보상이 부족하다'고 지적했다.

엘도라도 광산을 둘러싼 소송은 2016년 말에 이르러서야 끝이 났다. ICSID의 재판부는 결국 엘살바도르 정부의 손을 들어주었고, 광산 회사(당시에는 오세아나골드)가 엘살바도르 정부에 800만 달러를 지급해 소송비용을 일부(전부가 아니라) 부담하라고 명령했다. 하지만 이것으로 모든 문제가 해결되지는 않았으며, 활동가들은 소송 결과를 완벽한 승리라기보다 다행스러운 일 정도로 받아들였다.

엘살바도르 정부는 변호 비용으로 1,200만 달러를 내야 했고, 오세아나골드가 지급할 금액을 제외하고도 400만 달러를 부담해야 했다. 오세아나골드가 명령대로 엘살바도르 정부에 소송비용을 지급하기까지는 1년이 더 걸렸으며, 오세아나골드는 소송이 시작되고 10년이 지난 2019년에야 엘살바도르 내의 자산을 매각하고 청산하는 작업을 마무리한 뒤 더는 엘살바도르에 투자할 계획이 없음을 인정했다.

이 소송에는 지역 공동체를 지원하고 환경을 보호하는 데 쓰일 수 있었던 막대한 시간과 에너지가 들어갔다. 그렇기는 해도 채굴을 전면 금지한다는 페드로 카베사스의 꿈은 마침내 현실이 되었다. 2017년 3월 엘살바도르 의회는 금을 비롯한 모든 금속 채굴을 금지하는 법안에 압도적인 찬성표를 던졌고, 이로써 엘살바도르는 세계 최초로 채굴을 전면 금지한 국가가 되었다.

우리는 이 사례를 조사하면서 기업이 각국 정부의 조치에 맞서기 위해 활용해온 투자자-국가 분쟁해결제도ISDS를 처음으로 접했다. 엘살바도르에서 우리는 이 제도가 어떤 식으로 국가를 압박해 자국의 환경과 국민을 보호하는 일을 가로막고 더 큰 비용을 치르게 하는지를 배웠다.

다음 목적지는 워싱턴 DC였다. 그곳에서 우리는 각종 사료를 조사해 ISDS가 전 세계로 확대된 과정을 추적했으며, 이 제도가 국가의 주권과 민주주의를 위협하리라는 무시무시한 경고가 이미 오래전에 제기되었다는 사실을 확인할 수 있었다.

2 세계은행이 만든 법원

통제 불능의 국제조약

런던으로 돌아오는 길에 우리는 워싱턴 DC에 48시간 동안 머물기로 했다. 그곳에는 광산 회사와 엘살바도르 정부 간의 소송을 담당한 ICSID가 있었다.

친구네 집 소파에서 선잠을 잔 뒤, 우리는 K스트리트에서 아침을 맞았다. 정재계의 로비스트가 모인 곳으로 악명 높은 K스트리트는 권력 남용의 대명사로 자리매김했다. K스트리트의 고객 중에는 평판을 세탁하기 위해 매년 수백만 달러를 쓰는 거대 기업과 독재 정권도 있었다.

퍼시픽 림 역시 K스트리트에서 로비 전문가를 고용했다. 미국 내의 로비 활동을 공개한 자료에 따르면 퍼시픽 림은 2009년부터 2014년까지 크로웰 앤 모링이라는 로펌에 30만 달러 이상을 지급했다. 이 로펌은 퍼시픽 림의 이익과 '엘도라도 광산 개발'을 대변하기 위해 백악관에서 회합을 마련하는 등 미국 정부를 상대로 로비를 벌였다. 또 다른 로비 회사인 오토 라이히 어소시에이츠도 '외교관계에 영향을 끼치는 투자 분쟁'에서 퍼시픽 림을 대변하기 위해 의회와 국무부 관계자들을 만났다. 이 회사는 조지 W. 부시 행정부에서 베네수엘라 대사를 지낸 오토 라이히가 설립한 곳이었다.

우리는 반대로 광산 회사에 맞서 엘살바도르 정부를 대변한 변호사 루이스 파라다를 만나기 위해 K스트리트를 찾았다. 그는 우리가 처음으로 만난 ISDS 전문 변호사였다.

우리는 파라다의 사무실이 있는 큰 건물의 로비에서 안내를 받고 엘리베이터를 탔다. 엘리베이터가 올라가는 동안 노트를 꺼내 준비해온 질문을 확인했다. 우리는 파라다가 정신없이 바쁠 거라고 생각했다. 그는 미국 육군사관학교와 조지타운 대학교 로스쿨을 졸업하는 등 화려한 학력을 자랑했고, 몇몇 유명 로펌에서 10년 넘게 일했으며, 지금은 전 세계에서 투자자-국가 소송을 전문으로 다루는 소수의 변호사 중 한 명이 되었다. 따라서 우리는 그가 분명 대화할 짬을 내기 어려울 거라고 짐작했다.

우리는 파라다를 만나 엘살바도르 정부가 당한 소송의 내막과 엘살바도르 독립기념일에 열린 심리에 대한 설명을 듣고자 했다. 그리고 ISDS가 철저한 검증 없이 각국에 막대한 영향력을 끼치는 제도로 발전한 과정을 이 분야의 전문가로서 어떻게 보는지도 알고 싶었다.

엘리베이터가 멈추고 문이 열렸을 때, 우리는 만남을 학수고대했다는 듯 마중 나온 파라다를 보고 깜짝 놀랐다. 파라다를 따라 복도를 지나 유리벽으로 된 사무실에 앉자 그가 먼저 질문하기 시작했다. 그는 엘살바도르에서 현지 주민들이 무슨 이야기를 했는지, 광산 인근 마을에서 열린 '저항 축제'는 어땠는지 궁금해했다.

우리는 축제 현장뿐 아니라 수도 산살바도르와 채굴로 오염된 산세바스티안 강 주변 지역에서 알게 된 것들을 이야기했다. 우리가 만난 지역 농부와 활동가, 환경운동가, 프란체스코회 수도사, 정치인들은 약속이나 한 듯 같은 문제를 지적했다. 채굴 회사가 제기한 소송이 엘살바도르의 독립성과 미래를 결정할 능력을 위협한다는 것이었다. 사람들은 막대한 배상금을 내는 것만 걱정하지 않았다. 그들은 채굴을 금지하고 엘살바도르의 물 위기를 해결할 법안의 통과가 늦어질까 우려했다.

이제 우리가 질문할 차례였다. 소송을 판결하는 데 왜 이렇게 오랜 시간이 걸리는가? 이 소송은 엘살바도르의 주권을 위협한다고 해도 과언이 아니지 않은가? 이 소송은 보기 드문 사례인가?

파라다는 의자에 앉은 채 몸을 앞으로 내밀며 단호하게 말했다. "이 제도는 통제를 벗어났어요." 그는 손짓을 섞어가며 투자자-국가 소송이 1990년대 이후 폭발적으로 증가한 과정을 설명했다. ISDS는 수십 년 전에 만들어졌지만 자리를 잡고 성장하기까지 어느 정도 시간이 걸렸다. 파라다는 다국적기업과 투자자가 정부를 제소할 권한을 보장하는 투자조약과 법, 계약이 급증한 것을 ISDS가 성장한 원인으로 꼽았다.

파라다는 1990년대에 법조계로 진출해 투자자-국가 소송을 직접 다룬 만큼 ISDS의 역사를 훤히 꿰고 있었다. 그는 프랑스의 거대 유틸리티 기업 비방디Vivendi가 아르헨티나 정부를 상대로 제기한 소송에서 처음으로 정부 측 변호를 맡았다. 파라다는 이 소송이 벌어진 배경을 설명해주었다. 당시 아르헨티나의 투쿠만 주에서는 수도 민영화에 반대하는 민중 봉기가 일어났고, 이에 지방정부가 나서서 지역 주민에게 부과하는 수도와 하수 처리 서비스 가격을 제한했다. 그러자 상하수도 사업을 위탁 운영해온 비방디는 이 조치에 반대해 아르헨티나 정부를 제소했다. 첫 번째 소송은 기각되었지만, 비방디는 이의를 제기하고 재차 소송을 걸어 1억 500만 달러에 달하는 배상금을 받아냈다.

이후 파라다에게는 일이 끊이지 않았다. 회사와 국가를 가리지 않고 대변하는 변호사들과 달리 그는 국가를 변호하는 쪽을 택했다. 그리고 파라다는 이 분야의 소송이 늘어날수록 불편함을 느꼈다. 그는 퍼시픽 림이 제기한 소송은 일어나서는 안 되는 일이라고 주장했다. 그의 말을 빌리자면, 이 소송은 사실상 '외국인 투자자가 (한 국가의) 법을 준수하지 않고 오히려 정부가 법을 바꾸도록 강요할 수 있는지'를 시험하는 사건이었다.

파라다는 우리가 소송 기록에서 읽은 정부 측 변론을 되풀이했다. 회사는 채굴에 필요한 허가를 받지 못했으며, 광산지대 전체를 소유하고 있다는 증거조차 없었다. 따라서 설령 정부가 채굴을 막지 않더라도 여러 법적 요건이 충족되지 않으므로 채굴을 진행하지는 못할 것이었다. 또한 회사가 엘살바도르 법원을 거치지 않은 채 곧장 ICSID에 소송을 제기한다고 해서 채굴에 필요한 법적 요건을 면제받아서는 안 된다.

파라다의 설명에 따르면 ISDS의 지지자들과 이를 보장하는 국제조약은 이 제도가 투자자에게 공정한 대우를 약속함으로써 개발도상국에 대한 투자를 촉진할 수 있다고 주장한다. 하지만 파라다의 생각은 달랐다. "(ISDS는) 좋은 의도로 만들어졌지만 실제로는 전혀 다른 방향으로 작동했고, 이제는 통제되지 않는 지경에 이르렀습니다."

"저는 국가가 이런 국제조약으로 얻는 것보다 잃는 것이 더 크다고 생각합니다. 만약 제가 한 나라의 대통령이라면 ISDS를 받아들이는 일이 달갑지 않을 거예요."

그러나 ISDS는 일단 받아들이고 나면 벗어나기가 어렵다. 이 제도를 명시한 조약은 보통 '일몰조항'을 넣는데, 이는 조약이 파기되더라도 해당 조항은 정해진 기한이 될 때까지 수년 혹은 수십 년간 효력을 발휘한다는 뜻이다. 따라서 일몰조항의 효력이 끝나기 전에 무턱대고 조약을 파기하려 하다가는 투자자들에게 무더기로 소송을 당할 위험이 있다.

그는 잠시 이야기를 멈추고 우리에게 생각할 시간을 주었다. 엘살바도르에서 우리를 놀라게 한 의문이 다시 고개를 들었다. 대통령이나 국회도 이 제도를 막을 수 없다는 말이 사실일까?

파라다는 ISDS를 폐지하려면 전 세계의 많은 나라가 확고한 의지로 합의에 나서야 할 것이라고 했다. 한 나라의 힘만으로 이 제도를 무너뜨리기는 어려웠다.

파라다는 정부 편에 서기는 했어도 투자자-국가 소송으로 돈을 버는 엘리트 변호사였다. 그렇기에 우리는 자신이 몸담은 분야가 사라져야 한다고 굳게 믿는 그를 보며 신선한 충격을 받았다. 파라다의 주장대로 ISDS가 폐지된다면 일감이 없어지지 않을까? 우리는 파라다가 엘살바도르 정부를 열렬히 변호하리라 생각했지만, 제도 자체의 정당성에 의문을 제기할 줄은 몰랐다.

"광범위한 합의는커녕 정치적 의지를 가진(ISDS에 맞서려는) 나라조차 많지 않아요. 그래도 희망을 버리지는 말아야죠." 그가 안타까워하며 말했다.

기록보관소로

다시 K스트리트로 나온 우리는 모퉁이를 돌아 10분 거리에 있는 세계은행 본부로 향했다. 도시의 여러 구획에 걸쳐 있는 거대한 건물 단지였다. 본부 건물 어딘가에는 광산 회사가 엘살바도르 정부를 상대로 제기한 소송을 맡은 ICSID가 있을 터였다.

ICSID는 홈페이지에서 자신들을 '국제적 투자 분쟁 해결에 전념하는 세계 최고 기관'으로 소개하며 '전 세계에서 벌어지는 투자자-국가 소송을 대부분 처리'한다고 설명했다. 소개문에서는 또 ICSID가 '믿을 수 있는 분쟁 해결 절차를 제공'해 외국인 투자를 촉진함으로써 '빈곤 퇴치라는 (세계은행의) 전체 목표에 기여한다'고 주장했다. 파라다가 말한 지지자들의 논리와 다르지 않은 이야기였다.

우리는 광산 회사가 금 채굴을 막았다는 이유로 수백만 달러 규모의 손해배상을 청구해 엘살바도르 정부를 위협한 장소를 직접 보고 싶었다. ICSID라는 기관 자체를 더 자세히 알고 싶기도 했다. 그리고 우리는 ICSID의 기록보관소를 조사해 ISDS가 '좋은 의도'에서 출발했지만 이후 '다른 방향으로' 작동했다는 파라다의 설명이 사실인지 확인할 생각이었다.

세계은행 건물에 들어가 기록보관소를 열람하려면 방문 허가와 예약이 필요했기에 우리는 여정을 떠나기 몇 주 전부터 준비를 해두었다. 일부 자료와 편지, 사진은 기록보관소를 직접 방문해야만 열람할 수 있었다.

보관소에 가니 직원 한 명이 우리를 기다리고 있었다. 직원은 우리가 열람실 밖에 있는 물품보관함에 소지품 넣는 모습을 지켜본 뒤 열람실 좌석으로 안내했다. 직원이 필기에 필요한 연필과 종이, 사진을 만질 때 착용해야 하는 장갑을 주었다. 화장실에 다녀올 때도 방명록에 이름을 써야 했다.

열람실은 오후 4시 정각에 문을 닫았다. 원하는 자료를 찾으려면 서둘러야 했다. 우리는 점심도 거른 채 문서를 뒤지기 시작했다.

사료가 담긴 종이 상자는 한 번에 하나씩만 열람할 수 있었다. 각 상자에는 긴 코드가 적힌 표식이 붙어 있었다. 직원은 우리가 상자에서 언제 어떤 자료를 꺼냈고, 자료를 정확히 제자리에 돌려놓았는지 기록하도록 카드를 주었다.

겉보기에는 모든 것이 놀라울 만큼 체계적으로 정리되어 있었다. 하지만 ICSID를 설립할 당시의 대화나 제안을 담은 기록은 도무지 찾을 수가 없었다. ICSID 설립을 놓고 회의가 열리지 않았을 리는 없었다. 누가 그 기관을 만들자고 했을까? 그들은 누구와 이야기했을까? 반대하는 사람은 없었을까? 다른 것보다, 관련 기록은 대체 어디에 있을까?

우리는 세계은행의 초기 총재들이 남긴 기록물 상자를 요청했다. 그들이 선물을 받고 감사를 표하는 편지나 이 대륙 저 대륙으로 출장과 회담을 다닐 때 자기 물건을 배송해주는 직원에게 보내는 편지 사본은 있었지만, 상자를 하나하나 뒤져도 우리가 원하는 자료는 나오지 않았다.

실망한 기색을 알아챈 직원이 자리로 다가왔다. "찾고 있는 자료에 대해 알려주시면 도와드릴 수 있을지 몰라요."

우리가 설명하자 직원은 당황한 듯 얼떨떨한 표정을 지었다. ICSID의 자료를 찾는 방문객을 처음 보는 듯했다. 직원은 우리가 찾는 자료가 보관소에 있는지 확신하지 못했고, ICSID 사무실에 가면 별도의 기록실이 있을 것이라고 말했다. 그곳에선 원하는 자료를 찾을 수 있을까?

우리는 ICSID 사무실이 어디냐는 물음에 직원이 또 한 번 당황한 표정을 짓는 것을 보고 놀랐다. "어디 있는지 아실 줄 알았어요."

직원은 컴퓨터로 확인하더니 전화를 걸어 몇 가지 질문을 하고 답을 전해주었다. 우리가 찾는 자료 중 일부가 그곳에 있으며, 사무실에 가면 그 자료를 인쇄한 책을 볼 수 있다고 했다. 직원이 사무실 주소를 알려주었다.

직원에게 고맙다는 인사를 하고 열람실을 나와 밖에 있는 물품보관함에서 물건을 찾았다. 벽에 걸린 시계를 보니 어느덧 정오가 한참 지나 있었다. 그래도 직원이 도와준 덕분에 엉뚱한 장소에서 온종일 시간을 보내는 일은 피할 수 있었다.

ICSID 사무실은 세계은행의 J동에 있었다. 기록보관소가 있는 펜실베이니아 애비뉴의 본관에서 길을 하나 건너면 나오는 건물이었다. 우리는 일단 J동에 도착하면 길을 물어 정확한 위치를 찾을 수 있으리라 생각했다. 하지만 J동의 로비와 복도에서 말을 건 사람들 역시 의아한 표정을 짓기는 매한가지였다.

그중 몇 명은 ICSID라는 이름조차 처음 듣는지 우리에게 되묻기도 했다. 그러나 어렵사리 찾고 보니 ICSID 사무실은 건물 별관의 한 층 전체를 떡하니 차지하고 있었다. ICSID는 잘 알려지지 않은 기관이지만, 규모는 전혀 작아 보이지 않았다.

유리문 안으로 들어가 보관소에서 통화한 직원을 만났다. 직원은 친절하게도 즉석에서 사무실 전체를 돌며 자료실과 회의실 등을 안내해주었다. 직원은 그중에서도 몇몇 자리를 가리키며 ICSID에서 빠르게 성장하는 부서라고 강조했다. "사무실이 처음부터 이렇게 크지는 않았어요."

통계를 보면 ICSID가 얼마나 빠르게 성장했는지 한눈에 알 수 있었다. 파라다가 손짓을 해가며 설명한 대로 ICSID가 맡은 소송의 수는 급격히 늘어나고 있었다. ICSID는 2014년 중반까지 총 500여 건의 소송을 처리했는데, 그중 대다수가 1990년대 말 이후에 제기된 것이었다. (2021년 말 기준 ICSID가 맡은 총 소송 건수는 900여 건으로 늘어났으며, 2021년 한 해 동안 ICSID는 주 평균 한 건이 넘는 소송을 처리했다.)

라틴아메리카는 가장 많은 소송을 당한 지역으로, 전체 소송 중 약 3분의 1이 라틴아메리카 국가를 대상으로 제기되었다. 하지만 소송은 전 세계 어느 지역이든 가리지 않고 일어났다. 지역별 소송 건수를 나타낸 원형 차트를 보면 아프리카, 아시아, 유럽, 북아메리카 역시 한몫씩 차지하는 것을 확인할 수 있었다.

대다수 소송은 역시나 널리 알려지지 않았으며, 국가끼리 체결하는 '양자투자협정BIT'에 따라 제기되었다(조사를 진행할수록 우리가 익혀야 할 약어도 늘어났다). 광산이나 원유, 천연가스를 개발하는 회사와 투자자들이 가장 많은 소송을 제기했지만 농업, 운송 등 다른 산업 분야에서도 분쟁이 있었다.

우리는 사무실을 한 바퀴 둘러본 뒤 직원이 있던 자리로 돌아가 ICSID의 설립 이후에 나온 역사적 자료를 엮었다는 책을 어디서 볼 수 있는지 물었다. 직원은 고개를 끄덕인 뒤 자료실로 들어가더니 무거워 보이는 상자 하나를 들고 나왔다. 직원이 상자 뚜껑을 슬쩍 열어 남색 표지의 두꺼운 책 더미를 보여주었다. "여분이 있으니 구매하실 수도 있어요."

이러한 자료를 찾아 세계은행 본사까지 오기는 했지만, 사본을 집으로 가져가 꼼꼼히 살필 수 있으리라곤 생각지도 못했다. 당장 지갑을 꺼내려는데 직원이 손을 저었다. 직원은 머니오더(우체국, 편의점 등에서 발행하는 자기앞수표의 일종 - 옮긴이)로만 구매할 수 있다며, 길을 따라가면 나오는 가게를 추천했다. 한 시간 내로 돌아오기만 하면 책을 손에 넣을 수 있었다. 우리가 넘어야 할 마지막 난관이었다.

우리는 서둘러 건물을 나와 직원이 추천한 가게를 찾아갔다. 그런 다음 건물로 돌아와 보안 검색대에 방문객 출입증을 후다닥 내민 뒤 계단을 뛰어올랐고, 업무 시간이 끝나기 10분 전에 사무실에 도착했다. 마침내 우리는 의기양양한 기분으로 세계은행 건물을 나왔고, 택시를 잡아탄 뒤 전리품을 사이에 두고 감상했다. 상자에는 ICSID의 역사를 담은 수천 쪽짜리의 크고 무거운 책들이 담겨 있었다. 집으로 가는 길은 멀지만, 그만큼 이 자료를 파헤칠 시간이 생긴 셈이었다.

'도쿄에서 나온 반대'를 무릅쓰고

우리는 기내용 가방에 책 상자를 눌러 담고 런던행 비행기를 탔다. 밤새 비행하는 동안에도 잠을 자지 않고 좌석 위에 달린 전등을 켜둔 채 최대한 많은 페이지를 훑어보았다.

비행기가 대서양을 건너는 동안 우리는 몇몇 개발도상국이 처음부터 ISDS를 의심하고 반대했다는 사실을 알게 되었다. 이 나라들은 수십 년 전에 이미 오늘날의 엘살바도르 정부와 마찬가지로 이 제도가 자국의 주권을 위협한다고 지적했다. ISDS가 좋은 의도에서 탄생했지만 점차 통제를 벗어났다는 파라다의 설명과 상충되는 대목이었다.

책에는 ICSID를 설립하기 전에 각 지역에서 열린 회의를 요약한 기록이 나와 있었다. 1964년 2월, 칠레 산티아고에서는 라틴아메리카 20개국의 세계은행 대표가 모여 회의를 열었다.

회의 기록에 따르면 아르헨티나 대표는 '협약ICSID 초안에 깔린 원칙을 도저히 받아들이기 어려우며…… 국가의 주권을 훼손하는 제도를 투자 환경을 개선하는 방법으로 인정할 수는 없다'고 주장했다. 또한 브라질 대표는 이 제도가 '완전 평등의 원칙을 어기고 외국인 투자자에게 법적 특권을 부여할 것'이라는 의구심이 든다고 발언했다.

몇 달 뒤에는 아시아에서도 지역 회의가 열렸다. 이 자리에서 인도 대표는 ICSID 협약 초안이 투자자의 의무에 관해서는 일언반구도 없이 투자자에게 범위가 불분명한 권리를 부여한다고 지적했다. 그는 충분한 논의 없이 설립 계획을 밀어붙이는 상황에도 우려를 표했다. 기록에 따르면 '인도 대표는 세계은행이 협약ICSID의 최종안을 채택하고 각국 정부에 권고하기 전에 더 많은 나라가 참여하는 포럼을 여는 방안을 고려해 달라고 요청했다'. 그런가 하면 태국 대표는 '자신이 밝힌 견해는 최종적

인 것이 아니며, 어떤 식으로든 태국 정부가 내린 결론으로 여겨져서는
안 된다'고 강조했다.

1964년 9월 도쿄에서 열린 세계은행 연례 회의에서는 21개국(라틴아메
리카 19개국과 필리핀, 이라크)이 ICSID를 설립하자는 제안에 반대표를 던졌다.

칠레 대표는 이들이 제안에 반대하는 이유를 다음과 같이 설명했다.

새 제도는 외국인이라는 이유로 투자자에게 법원을 거치지 않고 영토
밖에서 주권 국가를 제소하는 권리를 부여할 것입니다. 이 같은 조항은
국내에서 인정되는 법 원칙에 반하며, 사실상 외국인 투자자에게 특권
을 부여해 자국민의 지위를 격하할 것입니다.

이 일은 관계자들 사이에서 '도쿄에서 나온 반대'로 알려졌다. 그러
나 세계은행은 반대 의견에 아랑곳하지 않고 계획을 밀어붙였다. 당시의
논의에 참여한 독일계 미국인 법학자 안드레아스 로웬펠드는 훗날 이렇
게 언급했다. '이는 세계은행이 거센 반대에도 주요 결의안을 밀어붙인
첫 사례였을 것이다.'

엘살바도르에서 다음 목적지인 남아프리카공화국에 이르기까지 우
리는 이 일과 관련하여 또 다른 이야기를 들었다. ISDS에 가입한 정부 관
료들은 자신이 무슨 일을 벌이는지 몰랐으리라는 이야기였다. 관료들은
ISDS와 국제조약, 국제재판소에 권력을 양도하면 자국의 주권이 위태로
워지리라는 점을 미처 몰랐을 가능성이 있었다.

그러나 우리가 비행기에서 읽은 자료에는 이러한 위험을 걱정하
는 목소리가 명확히 기록되어 있었다. 몇몇 국가의 관료들은 처음부터
이 문제를 인지했고, 자신들의 우려를 분명히 밝혔다. 일부 개발도상국
은 자국의 주권을 지키기 위해 뜻을 모아 세계은행의 제안에 반대했다.

ISDS는 이 같은 우려를 무시한 채 세워진 제도였다.

돈벌이 수단으로 전락하다

런던으로 돌아온 뒤, 우리는 지금까지 ICSID에 제기된 모든 투자자-국가 소송을 스프레드시트로 정리했다. ICSID는 도쿄 회의가 열린 지 2년 뒤인 1966년에 공식 출범했다. 우리는 이 스프레드시트를 바탕으로 시기와 지역, 산업별 동향을 분석했다.

하지만 그러는 와중에도 머릿속에는 줄곧 몇 가지 의문이 맴돌았다. 정부와 선출직 공직자들은 정말로 우리의 생각보다 이 문제에 책임이 없을까? 왜 우리는 일찍이 이 제도에 관해 들어본 적이 없을까? 진보적인 정부조차 기후변화에 맞서거나 노동자의 권리를 보호하기 위해 더 적극적인 조치를 취하지 못하는 이유가 이러한 국제법 제도 탓일까?

그날 오후, 우리는 CIJ의 복도에서 우연히 개빈을 만나 지금까지의 조사 결과를 이야기하고 다음 단계에 관한 조언을 구했다.

우리는 엘살바도르 활동가들의 주장(광산 회사의 소송이 국가의 주권을 위협한다는 주장)과 50여 년 전 개발도상국들이 ICSID 설립에 반대하면서 내세운 주장이 놀랍도록 비슷하다는 점을 설명했다. 개빈은 우리가 ICSID의 역사를 담은 책을 입수한 과정을 들으며 킥킥 웃었지만, 책의 내용을 듣자 사뭇 진지한 얼굴로 바뀌었다.

개빈은 우리가 엘살바도르에서 한 인터뷰들을 보면 이 모든 일이 왜 중요한지 알 수 있다고 말했고, ICSID 사무실에서 가져온 책과 파라다와의 대화에 특히 관심을 보였다. 그는 내부의 정보원을 중시했기에 놀라운 반응은 아니었다.

이어 개빈은 우리가 현지에서 어떤 말을 듣고 어떤 말을 듣지 못했는지 생각해보라고 조언했다. 우리는 그와 이야기를 나누며 엘살바도르 정부가 당한 소송이 한 가지 중요한 점에서 매우 특이한 사례임을 알아챘다. 바로 그 소송이 엘살바도르 국민의 지대한 관심을 받았다는 점이다. 세계은행의 직원들조차 ICSID라는 이름을 듣고는 어리둥절한 표정이었지만, 엘살바도르에서 만난 사람들은 모두가 그 기관을 (스페인어 약어인 'CIADI'라는 이름으로) 알고 있었다.

하지만 엘살바도르와 달리 소송을 당한 정부 쪽에서 문제를 조용히 처리하려 한다면 어떻게 될까? 시민과 납세자가 알지 못하는 사이에 비공개로 해결된 분쟁이 얼마나 많을까?

우리는 개빈의 사무실에서 세 가지의 조언을 얻었다. 첫째, 세부적인 문제를 깊이 파고들더라도 ISDS가 민주주의에 어떤 영향을 끼치며 어떻게 민주주의를 무력화하는지에 관한 본능적인 의문을 놓치지 않도록 주의할 것. 둘째, 일반에 공개된 정보가 훨씬 적은 사례, 즉 정부가 분쟁 사실을 널리 알리지 않은 채 방어에 나선 사례를 조사할 것. 셋째, 핵심 역할을 하는 주체가 누구인지 알아낼 수 있도록 '돈을 따라갈 것'.

개빈은 이를 실천하려면 파라다와 계속 연락을 주고받고 최대한 많은 내부 정보원(사람이든 문서든)을 찾는 데 시간을 쏟아야 한다고 권했다. 우리는 다시 창문 없는 사무실로 돌아와 투자자-국가 소송을 전문으로 다루는 로펌의 웹사이트와 발행물(현재와 미래의 고객을 위한 보도 자료와 뉴스레터, 브리핑, 홍보자료 등)을 분석했다.

투자자와 국가 분쟁에서는 잠재적 배상금과 각종 비용을 포함해 어마어마한 돈이 움직이며, 이에 따라 ISDS를 활용해 정부를 제소하는 일은 큰돈이 되는 사업으로 자리매김했다. 그 결과 ISDS를 중심으로 거대한 법률 산업이 성장했으며, 이 분야의 종사자들은 정기 회의와 수상식을 열고 업계의 소식을 알리는 간행물을 내는 등 그럴싸한 모양새를 갖추었다. 이 분야에서 일하는 엘리트 컨설턴트들은 외국인 투자자와 다국적기업이 '가장 유리한' 조약과 ISDS를 활용할 수 있는 방향으로 해외 사업을 조직하도록 도왔다.

런던의 로펌 킹 앤 우드 맬리슨스의 안드레이 야코블레프는 이렇게 말했다. "이 분야는 이제 소수만 아는 비밀이 아니에요. 규모가 크든 작든 런던에 있는 로펌은 다들 투자 중재를 맡을 수 있다고 말할 겁니다."

투자자-국가 소송은 보통 세 명의 전문 중재인으로 구성된 재판부가 담당했다. 우리는 온라인에서 유엔의 기업과 인권 분야 특별대표를 지낸 존 러기의 대화록을 찾았는데, 그는 중재인들이 '인권 의무에는 털끝만큼도 신경 쓰지 않는 계약직 변호사'라고 꼬집었다.

우리는 중재인들이 어떤 사람인지 자세히 알아보기 위해 ICSID의 소송 기록 수백 건을 조사했다. 중재인은 대부분 유럽이나 북아메리카 출신으로서 전직 정부 관료나 전·현직 기업 고문, 변호사 등이었다. 가령 중재인들 중에는 유엔 대사와 거대 광산 기업 리오 틴토Rio Tinto를 비롯한 여러 기업의 이사를 지낸 캐나다 출신의 변호사, 조지 부시 행정부에서 국제 무역과 투자를 담당한 고위 관료, 수많은 소송의 근거가 된 북미자유무역협정NAFTA 협상에서 멕시코 정부의 입장을 대변한 변호사가 있었다.

파라다는 이와 관련해 또 하나의 놀라운 사실을 이야기했다. 투자자-국가 소송이 점차 '자산'의 일종으로 여겨지고 있다는 것이었다. 이제 금융업자들은 전문적으로 소송에 투자해 최종 배상금의 일부를 챙기기에 이르렀다.

파라다는 소송의 수가 급증한 건 이 같은 추세와 연관되어 있으리라 추측했다. "이런 변화가 일어나지 않아도 될 많은 소송을 부추긴다고 봅니다."

투자자-국가 분쟁에서 국가 측이 자신을 방어하도록 법적으로 지원하는 제도는 찾아볼 수 없었다. 그에 반해 이제는 로펌뿐 아니라 이른바 '제3자 자금 제공자third-party funder'도 국가를 제소하는 일을 사업으로 삼기 시작하면서 기업들은 비용을 부담하지 않고도 소송을 제기할 수 있게 되었다. 국가를 상대로 한 소송이 해당 분쟁과 무관한 사람들의 돈벌이 수단으로 전락한 것이다.

대표적인 제3자 자금 제공자인 버퍼드 캐피털Burford Capital은 자신들이 '투자 조약 중재에 각별한 강점'이 있다고 홍보했다. 그들은 파라다의 추측을 입증하듯 '심리가 열리는 소송과 기각되는 소송' 간에 차이를 만들어낼 수 있다고 주장했다. 버퍼드 캐피털은 런던 남부의 크로이든과 맨해튼에 사무소를 두고 있었다.

한 예로 버퍼드 캐피털은 영국의 에너지 기업 루어렉Rurelec의 소송을 지원했다. 루어렉은 ICSID가 아니라 네덜란드의 헤이그에 있는 상설중재법원에 볼리비아 정부를 제소했다(ICSID가 모든 투자자-국가 소송을 전담하지는 않는다). 그들은 2010년 볼리비아 정부가 자국 최대의 전력 회사인 과라카치Guaracachi를 국유화하자 1억 5,000만 달러에 달하는 손해배상을 청구했다. 루어렉은 과라카치의 대주주였지만, 영국령 버진아일랜드에 설립한 지주회사의 미국 자회사를 이용해 50퍼센트를 간신히 넘는 지분(50.001퍼센트)을 간접적으로 보유하고 있었다. 하지만 그들은 볼리비아가 미국, 영국과 맺은 투자 조약에 따라 이러한 지분 구조를 근거로 손해배상을 청구할 수 있었다. 2014년, 재판부는 볼리비아 정부가 루어렉에 2,900만 달러를 배상하라고 명령했다.

버퍼드 캐피털은 이 소송에서 자신들이 맡은 역할을 자랑하는 보도 자료를 내고 소송으로 1,100만 달러의 순이익을 거두었다고 발표했다. 또한 그들은 이 사례가 제3자 자금 제공이 단순히 법률 비용을 지원하는 수준을 넘어서서 '기업의 전략적 목표를 달성하도록' 도움을 줄 수 있음을 보여준다고 주장했다.

'루어렉에 필요한 것은 변호사에게 지급할 돈이 아니라 운용할 자본이었다.' 버퍼드 캐피털의 설명이다. 버퍼드 캐피털은 루어렉이 분쟁 중에도 사업을 확장할 수 있도록 1,500만 달러를 빌려주었고, 루어렉은 볼리비아 정부에 제기한 소송을 담보 자산으로 이용했다. 이로써 루어렉은 '소송의 가치'를 '현금화'할 수 있었다.

런던에서 활동하는 또 다른 금융업자 역시 '자금 지원이 없었다면 많은 소송이 일어나지 않았을 것'이라고 보았다.

우리는 이러한 사례에서 한 가지 패턴을 발견했다. 투자자-국가 소송에 끼어든 금융업자와 로펌은 대부분 우리가 살고 있는 런던에 사무소를 두고 있었지만, 마치 딴 세상에 있기라도 한 듯 감시의 눈을 벗어나 있었다. 하지만 우리는 엘살바도르에서 시간을 보내는 동안 그들이 벌이는 전문용어 투성이의 미심쩍은 거래가 현실에 지대한 영향을 끼친다는 사실을 알게 되었다.

3

투자자들을 위한 비밀 보험

남아프리카공화국은 과연 승소한 것일까?

몇몇 로펌은 투자자-국가 소송에서 기업이 '레버리지'를 얻을 수 있다고 노골적으로 홍보했다.

예를 들어 미국의 로펌 케이앤엘 게이츠는 고객에게 보낸 브리핑 자료에서 정부와 교섭할 때 소송을 걸겠다는 위협을 '협상 도구'로 쓸 수 있다고 에둘러 말했다. 영국의 로펌 클라이드 앤 코는 소송으로 인해 '나쁜 평판을 받을 가능성'을 국가와 분쟁이 있을 때 '레버리지'로 활용할 수 있다고 주장했다.

우리가 엘살바도르에서 목격한 현실과 맞아떨어지는 이야기였다. 엘살바도르 정부를 상대로 한 소송은 결국 정부 정책과 채굴에 필요한 법적 요건을 거부하기 위한 도구로 보였다. 하지만 소송이 해결되려면 앞으로 몇 년이 걸릴지 알 수 없기에 우리는 이미 결론이 난 분쟁으로 눈을 돌렸다. 우선 ICSID에 제기된 소송을 정리한 데이터베이스에서

'완료' 표시를 한 항목을 추려냈다. 그중 한 사례가 눈길을 사로잡았다. 2006년 남아프리카공화국에서 광산업 투자자들이 제기한 '포레스티 대 남아프리카공화국' 소송이었다.

이 소송은 3년 반 만에 비교적 빨리 마무리되었다. 2010년, 재판부는 투자자들의 주장에 '재소송을 불허하는 기각 결정'을 내렸다. 국가의 승리로 끝이 난 것처럼 보이는 사례였다. 우리는 이 일을 가장 잘 알고 있을 현지인들을 만나 당시의 쟁점과 소송 결과에 영향을 끼친 것이 무엇이었는지 자세히 듣고자 했다.

한 달 뒤, 우리는 남아프리카공화국의 광산업 중심지인 요하네스버그로 향했다. 비행기를 타고 가는 동안 미리 찾아둔 소송자료를 검토했다. 아파르트헤이트를 실시한 정권이 무너지고 얼마 지나지 않아 남아프리카공화국이 이탈리아(1997년), 룩셈부르크·벨기에(1998년)와 맺은 투자협정을 인용한 자료였다. 당시는 남아프리카공화국에 대변혁의 시기였으며, 이때 일어난 변화는 공식 문서로도 쉽게 확인할 수 있다. 1994년, 남아프리카공화국에서는 석방된 넬슨 만델라가 대통령에 당선되었다. 그리고 1996년 남아프리카공화국은 인종이나 성별 같은 특성을 근거로 한 차별을 불법으로 규정한다는 점에서 가장 진보적이라고 평가받는 새 헌법을 공포했다.

ICSID의 소송 기록에는 이탈리아 카라라 지방의 사업가 집안인 포레스티 가문과 콘티 가문 사람들, 룩셈부르크의 기업 핀스톤을 비롯한 청구인 명단이 나와 있었다.

하지만 전 세계의 언론은 이 소송에도 별다른 관심을 보이지 않았다. 사건에 관해 알면 알수록 이해하기 어려운 일이었다. 이 분쟁은 세계사에 한 획을 그은 사건과 무관하지 않았다. 포레스티 대 남아프리카공화국 소송은 아파르트헤이트 이후 새 정책을 도입해 인종차별을 바로잡으려 한 정부의 시도를 가로막았다.

투자자들이 ICSID에 소송을 제기하기 몇 년 전, 남아프리카공화국에서는 새로운 광물·석유자원 개발법을 시행했다. 정부는 새로운 광업헌장을 공포하고 이 법을 시행해 기업들이 아파르트헤이트로 고통받은 시민과 협력하도록 요구하고 불평등을 해소하고자 했다.

새로운 법은 기존의 채굴권을 전부 취소해 광산을 계속 운영하려는 기업이 채굴권을 다시 신청하도록 했으며, 광산 회사 지분의 26퍼센트 이상을 흑인이 보유하도록 의무화했다. 이탈리아의 기업가들은 이러한 조치에 반발해 소송을 제기했다.

부유한 유럽의 투자자들이 아파르트헤이트를 바로잡으려는 정책에 반대해 국제재판소에 소송을 제기했는데도 언론이 이를 대대적으로 보도하거나 대중이 규탄에 나서지 않았다는 사실이 도무지 믿기지 않았다. 투자자들은 ISDS를 활용해 흑인 경제력 강화 정책이 '부당'하며 남아프리카공화국 정부가 사실상 투자금을 '몰수했다'고 주장했지만, 전 세계의 언론에서는 이를 반박하는 목소리가 거의 나오지 않았다. 소송 청구인들은 남아프리카공화국 정부에 3억 5,000만 달러가 넘는 손해배상을 요구했다.

한편 남아프리카공화국 정부는 소송을 최대한 조용히 해결하려는 듯한 태도를 취했다. 그들은 엘살바도르 정부와 달리 이 소송이 자국의 주권을 위협한다고 공개적으로 비판하지 않았다. 하지만 분쟁 사실을 알게 된 몇몇 시민사회단체는 소송에 참여하게 해달라고 재판부에 청원했다. 그리하여 그들은 서면으로 의견을 제출하도록 허락을 받았지만, 심리에는 참석하지 못했다.

ICSID의 홈페이지에 게시된 방대한 문서에 따르면 투자자들은 소송을 취하해달라고 요청했으며, 재판부는 청구인 측에 남아프리카공화국 정부가 낼 법률 비용 일부를 부담하라고 명령했다. 당시 남아프리카공화국 정부가 낸 보도 자료는 이를 '성공적인 결과'로 평가하며 자축했다. 하지만 결과를 자세히 뜯어보면 성공이라고 보기 어려웠다.

투자자들은 전체 소송비용 중 수십만 달러만 지급하면 되었고, 나머지 수백만 달러는 남아프리카공화국 정부가 나랏돈으로 부담해야 했다. 그리고 분쟁이 끝나자마자 남아프리카공화국 정부는 투자자들에게 ISDS를 이용할 권한을 부여하는 국제조약을 재검토하고 취소하기 시작했다.

남아프리카공화국은 ISDS에서 벗어나려고 적극적으로 노력한 몇 안 되는 국가였다. 파라다는 이러한 시도가 필요하다면서도 그것이 얼마나 어려운지 설명했다. 남아프리카공화국 정부의 주장처럼 소송이 성공으로 끝났다면, 그들이 이처럼 어려운 과업에 착수할 이유가 있었을까?

마리카나의 묘비들

우리는 밤새 비행기를 타고 와 에티오피아의 아디스아바바를 경유하며 몇 시간을 보낸 후, 마침내 요하네스버그에 도착했다. 숙소로는 멜빌에 있는 작은 게스트하우스를 예약해두었다. '보헤미안 교외'라고도 불리는 멜빌은 요하네스버그 중심 상업지구의 서쪽에 있는 지역으로, 인기 있는 식당과 술집이 많았다.

남아프리카공화국에 머무는 동안 우리는 정부 고문, 이탈리아 투자자 측 변호사, 소송에 참여하려 한 몇몇 인권 단체와의 인터뷰로 빡빡한 일정을 소화해야 했다.

그러나 우리는 분쟁의 중심에 있었던 투자자들의 자산도 보고 싶었다. 문제는 정확히 어디로, 어떻게 가야 볼 수 있는지 모른다는 것이었다.

이탈리아 투자자들이 소유한 채석장과 공장에 대한 설명과 주소를 찾아내기는 했지만, '바리카나 북쪽에서 루스텐버그 북쪽으로 이어지는 20킬로미터 길이의 노두(암석이나 지층이 지표에 드러난 부분 – 옮긴이)' 같은 아리송한 설명과 '마리카나 메인 스트리트'라는 번지 없는 주소만 보고서는 찾아갈 도리가 없었다. 결국은 일단 차를 타고 인근 지역으로 가보기로 했다. 도착하면 표지판이나 길을 물어볼 만한 사람이 있으리라는 생각이었다.

게다가 마리카나 광산 지역에 가면 이탈리아 투자자들이 아니더라도 많은 광산 회사의 사업장이 모여 있는 광경을 볼 수 있을 것이었다. 마리카나는 세계적으로 손꼽히는 대규모 광산지대이자 남아프리카공화국 광산업의 부조리를 상징하는 곳이었다. 그곳을 직접 살펴볼 필요가 있었다.

게스트하우스를 나와 길목으로 나서자 나무 그늘에 세워진 택시 한 대가 보였다. 가까이 다가가자 운전사가 창문을 내렸다.

"타시겠어요?" 그가 웃으며 말했다.

우리는 차가 필요하지만 지금 당장은 아니며, 도시를 잠깐 돌아보려는 게 아니라 요하네스버그 북쪽으로 갈 계획이라고 설명했다. 그러려면 하루 종일 차를 타야 했다.

운전사는 잠시 망설이더니 협상을 시작했다. 우리는 그가 제시한 가격과 조건을 받아들이고 기분 좋게 게스트하우스로 돌아왔다. 가장 시급한 이동 수단 문제를 해결했다. 이제 다음 날 아침 해가 뜨기 전에 일어나기만 하면 되었다.

다음 날, 우리는 아직 캄캄할 때 도시 밖으로 나섰다. 운전사가 처음에 내건 조건을 다시 한 번 설명했다. 그날 저녁에는 중요한 약속이 있으니 해가 지기 전에 요하네스버그로 돌아와야 한다는 것이었다. 도시 밖을 나서자 운전사는 라디오를 켰고 마리카나라고 적힌 표지판이 보일 때까지 라디오를 들었다.

마리카나에 도착하니 그곳이 얼마나 광대한 땅인지 알 수 있었다. 금, 은을 비롯한 각종 광물을 캐는 채굴장이 온 사방에 펼쳐져 있었다. 마리카나는 요하네스버그에서 150킬로미터 남짓 떨어져 있었지만, 요하네스버그와는 전혀 다른 외딴 지역 같았다. 공기는 건조했고, 차를 타고 지나는 땅은 대체로 평평했다.

차창 밖으로 다국적 광산 기업들의 소유지를 표시하는 표지판이 보이기 시작했다. 왼쪽으로 세계 최대의 백금 생산업체인 앵글로 아메리칸 Anglo-American이 소유한 24킬로미터 너비의 광산을 스쳐 지나갔다. 〈포춘〉이 선정한 세계에서 열 번째로 큰 기업 글렌코어 엑스트라타 Glencore Xstrata의 간판과 그들이 소유한 거대한 석탄 광산이 보였다. 이어 2012년 론민 광산의 파업 노동자들이 살해당한 악명 높은 학살 사건 현장이 눈에 들어왔다.

가끔 대형 SUV가 울타리와 거대한 문으로 둘러싸인 광산지대로 들어가는 것을 제외하면 도로는 텅 비어 있었다. 마리카나 시내로 들어가는 길에는 골이 진 철판으로 지은 판잣집이 늘어서 있었다. 사람들은 모서리가 해진 방수포로 만든 그늘로 모여들었고, 작은 가판대와 노점상에서는 코카콜라와 환타를 팔았다. 곳곳에 치킨 가게와 사채업자 사무소, 커다란 빈민가가 늘어서 있었다.

마리카나 시내는 사막 한가운데에 불쑥 생겨난 광산 마을처럼 북적였다. KFC 체인점과 미소 짓는 샌더스 대령의 얼굴이 새겨진 치킨 통 모양의 간판이 눈에 들어왔다. 시내에는 상가 건물이 즐비했다. 우리가 찾는 곳의 모호한 위치와 주소, 이름을 적어둔 노트를 꺼내 들었다. 목적지는 ICSID에 남아프리카공화국 정부를 제소한 이탈리아 투자자들의 사업장이었다.

한 시간쯤 차를 타고 시내 전체와 광산 지역 일부를 둘러보았다. 가끔 길가에 차를 세우고 행인들에게 우리가 찾는 화강암 노두를 아는지 물었지만, 이렇다 할 성과가 없었다. 일단은 주소에 나와 있는 마리카나 메인 스트리트로 돌아가기로 했다. 적어도 목적지 중 한 곳은 그 거리에 있을 터였다. 여차하면 거리에 있는 건물을 전부 들러볼 생각이었다. 운전사가 정한 출발 시간까지는 아직 여유가 있었다.

마침내 단서를 찾아냈다. '미나코Minaco'라고 적힌 작고 단순한 흰색 표지판이 골목길 하나를 가리키고 있었다. 미나코는 소송 청구인 중 하나인 핀스톤 그룹이 소유한 화강암 가공 회사의 이름이었다. 홈페이지의 소개에 따르면 미나코는 '아프리카 남부 최대의 두꺼운 화강암판 제조업체'로, 국내외 시장에 '맞춤 제작한 기념물 부속품'을 공급했다. 홈페이지에는 회사의 자재가 들어간 아프리카의 은행들과 미국의 모르몬교 교회 사진이 올라와 있었다. 이 회사의 자재는 묘비를 만드는 데에도 쓰였다.

차를 타고 골목을 따라 막다른 곳까지 들어서니 공장이 하나 보였다. 운전사는 차 안에서 라디오를 들으며 기다리기로 했고, 우리는 위압감을 주는 철조망을 지나 공장 건물로 들어갔다.

공장은 토요일 오후인데도 쉬지 않았고, 관리자들은 자리를 비웠는지 직원 몇 명만 남아 있었다. 열 시간씩 교대근무를 하는 중에 잠시 담배를 피우며 쉬던 직원들은 의외로 공장의 근무 환경을 터놓고 이야기했다.

직원 한 명이 자신을 스물세 살의 음포 마시시라고 소개했다. 그는 기다렸다는 듯 공장 일이 고되고 관리자들은 가혹하다고 말했다. "급여도 형편없어요. 다들 아등바등 살고 있어요."

"하루에 열 시간씩 교대로 근무하고 매일 140랜드(약 9.65달러)를 받아요." 마시시는 마리카나의 생활비가 싸지 않으며, 자신과 대다수 동료 직원은 한 푼이라도 더 벌기 위해 주 6일 근무를 한다고 설명했다. 그의 지인 중에는 우리가 시내로 오는 길에 본 지역 사채업자들에게 빚을 진 사람이 많았다.

공장 노동자들은 푼돈이라도 벌기 위해 회사 측과도 싸워야 했다. 마시시의 말로는 최근 몇 년 사이에 공장의 근무 환경과 급여가 부쩍 나빠져 직원들이 두 달간 파업을 벌이다가 이제 막 일터로 복귀한 참이었다. "여기는 다른 회사들보다도 안 좋아요. 제 경험상 더 나쁜 것 같아요."

진짜 승자는 누구였을까?

남아프리카공화국 정부는 이탈리아 투자자들이 제기한 소송의 결과를 '성공'으로 평가했다. 하지만 마리카나의 주민들은 여전히 고단하게 살아가고 있었다. 우리는 공식 기록이 늘 이야기의 전모를 알려주지는 않는다는 사실을 두 눈으로 확인하고 있었다.

오히려 이 소송에서는 투자자 쪽이 훨씬 더 의미 있는 승리를 거두었다고 할 수 있었다. 그들은 ICSID에 소송을 취하해달라고 요청하는 한편, 남아프리카공화국 정부와 전례 없는 합의에 이르렀다. 남아프리카공화국 정부는 아파르트헤이트 이후 제정한 새 광산법 규정과 달리 소송을 건 투자자들이 광산 회사 지분의 26퍼센트가 아니라 5퍼센트만 흑인에게 넘기도록 허가했다.

당시 투자자 측 변호사였던 피터 레온은 소송 결과를 두고 자랑스레 말했다. "남아프리카공화국 정부가 새로운 광산업 제도를 시행한 이후로 이처럼 관대한 대우를 받은 광산 회사는 없었습니다." 그 역시 자신의 고객이 이겼다고 주장한 셈이다.

그렇다면 진짜 승자는 누구였을까? 요하네스버그 교외의 고급 주거

·상업지역 샌튼에 있는 피터 레온의 법률사무소 로비에서 그를 기다리는 동안 그런 의문이 들었다. 우리는 레온의 동료 조녀선 비란의 안내를 받아 말끔한 회의실로 들어선 뒤, 그에게도 같은 질문을 던졌다. 우리는 의례적인 물음은 제쳐두고 곧장 본론으로 들어갔다. 투자자들은 소송 결과를 어떻게 생각하는가? 그들은 바라던 것을 얻었는가?

비란은 힘차게 고개를 끄덕였다. "고객들은 소송 결과에 대단히 기뻐했습니다." 남아프리카공화국 정부의 발표가 소송 결과를 왜곡했다는 뜻이었다. 남아프리카공화국 정부는 재판소 밖에서 투자자들과 합의를 했으며, 그들이 반대한 흑인 경제력 강화 정책 규정을 완화해주었다. 왜 그랬을까? 비란은 정부가 다른 회사들이 비슷한 방식으로 반발할까 우려했다고 보았다. "정부는 문제의 소지를 없애고 싶어 했어요."

비란은 정부가 소송이 물밀듯 잇따르지 않게 하려고 조용히 합의했으리라 추측했다. "심리에서 불리한 결과가 나왔다면 정부 측에서는 '다 끝났어. 이제 소송이 줄줄이 이어질 거야'라고 생각했을 겁니다. 그러다 보니 기꺼이 합의에 나선 것이겠죠."

꽤 만족스러운 만남이었다. 비란의 설명은 일리가 있었고, 남아프리카공화국 정부가 보도 자료에서 말한 '성공'이 이야기의 전모는 아닐 거라는 의심을 확신으로 바꿔주었다.

남아프리카공화국 정부가 비슷한 소송이 잇따를까 우려한 것은 이해할 수 있었다. 하지만 비밀리에 소송을 진행하고 사람들이 오해할 만한 방식으로 결과를 왜곡한 일은 바람직하다고 보기 어려웠다. 또 공익을 위해 권력자가 감추려 하는 정보를 공개해야 하는 언론인으로서 세계의 언론이 이 소송을 자세히 다루지 않았다는 점도 계속 마음에 걸렸다.

택시를 타고 숙소가 있는 멜빌로 돌아와 막 문을 연 작은 식당으로 향했다. 샌드위치를 먹고 커피를 몇 잔씩 마시는 동안에도 머릿속은 소송 생각으로 복잡했다. 우리는 이제 겨우 투자자-국가 소송의 두 번째 사례를 조사하고 있었지만, 두 소송에는 매우 중요하면서도 잘 알려지지 않은 이야기와 엄청나게 많은 이해관계가 얽혀 있는 듯했다.

요하네스버그에서 만날 인물들 중에는 1979년 아파르트헤이트 와 중에 설립된 인권 단체 법률자원센터LRC의 변호사 제이슨 브릭힐이 있었다. 우리가 방문할 당시 수십 명의 변호사가 근무한 이 단체는 법을 이용해 집과 토지가 없는 빈곤층처럼 취약하고 소외된 사람들을 위한 정의를 실현한다는 확실한 사명을 내걸고 그에 걸맞은 활동을 하고 있었다.

LRC의 사무소는 브람 피셔의 이름을 딴 높은 콘크리트 건물에 있었다. 브람 피셔는 남아프리카공화국의 저명한 아프리카너(17세기 남아프리카 공화국 지역에 정착한 백인 집단 - 옮긴이) 출신 변호사로 넬슨 만델라를 비롯한 반 아파르트헤이트 운동가들을 변호했으며, 정부를 전복하려는 음모를 꾸몄다는 혐의로 기소되어 종신형을 선고받았다.

엘리베이터를 타고 위층으로 올라가자 예전 활동을 담은 포스터와 사진이 걸린 LRC의 본부가 나왔다. 브릭힐의 사무실로 찾아가보니 그는 컴퓨터 앞에 책을 펼쳐두고 책상 위로 몸을 숙인 채 열심히 일하고 있었다.

살짝 열려 있는 사무실 문을 두드리며 그를 불렀다. "제이슨 브릭힐?"

그는 서둘러 자리에서 일어나 우리를 기다리고 있었다며 반갑게 맞아주었다. 사무실에는 이미 우리가 앉을 의자 두 개를 준비해두었지만, 일에 몰두하느라 시간 가는 줄 몰랐던 것이다. "포레스티 소송을 조사하신다고요." 그가 이야기를 시작했다.

LRC는 소송에 대한 의견서를 제출하도록 해달라고 ICSID에 청원한 인권 단체 중 하나였다. 브릭힐이 이곳으로 오기 전에 있었던 일이지만,

그는 이 분쟁에 대해 잘 알고 있었다.

　우리는 흑인 경제력 강화법 적용을 면제받았다는 점에서 소송 결과를 고객의 승리로 간주한 투자자 측 변호사의 이야기를 전했다. 브릭힐도 정부가 다른 투자자들의 소송을 우려해 조용히 합의했다고 생각할까?

　브릭힐이 고개를 끄덕였다. 그 역시 합의에 응한 정부의 결정을 '규제 제도 전체를 온전히 지키고자 하나의 예외를 허용한…… 실리적 합의'로 보았다.

　"정부가 그런 식으로 실리주의적 태도를 취한 건 이해가 돼요." 또한 그는 이 소송이 국제투자협정의 위험성을 알렸다는 점에서 정부에 '경각심을 일깨운 중요한 사건'이었다고 평가했다.

　투자협정은 외국인 투자자에게 '국내법보다 훨씬 더 관대한 보호를 제공'한다. "그렇기에 외국인 투자자와 그들의 본국은 협정을 그대로 유지하는 쪽을 선호하죠." 반면에 개발도상국과 그 나라의 대중, 가난한 지역사회가 얻는 이익을 생각하면 투자협정은 수지맞는 거래라 보기 어렵다. 그리고 브릭힐이 무엇보다 우려한 것은 이 같은 조약이 '인권 의무'를 고려하지 않거나 '국가가 자국 헌법의 요구에 따라 규제와 재분배를 시행할 자유'를 침해한다는 점이었다.

　"이 제도에 개선의 여지가 전혀 없지는 않겠지만, 국제기구들이 내건 개발의제에 반한다고 봅니다."

　남아프리카공화국으로 가기 전, 우리는 투자협정이 이른바 '규제 위축'을 가져온다고 비판하며 그 증거를 연구하는 학자들과 이야기를 나누었다. 규제 위축이란 정부가 ISDS에 따른 소송을 유발할 수 있다는 우려 탓에 특정 정책을 추진하지 않거나 축소하는 일을 말한다.

　우리는 브릭힐에게 남아프리카공화국에서도 규제 위축이 나타났다는 증거가 있는지 물었다. "정부는 그 문제도 고려해서 결정을 내릴 겁니다. 정부가 정책을 결정하는 과정에서 정확히 어떤 일이 벌어지는지 알아내어 정량화하기는 어렵지만, 확실히 영향은 있을 거예요."

브릭힐은 우리가 앞서 들었던 또 다른 이야기를 되풀이했다. 1990년대 중반까지는 ISDS에 따라 제소당한 국가가 거의 없었다는 이야기였다. 브릭힐은 당시 정부 관료들이 국제투자협정을 체결해 이 제도에 힘을 실어줄 때는 장차 어떤 위험이 있을지 분명히 알기 어려웠으리라 보았다. 아파르트헤이트 이후 남아프리카공화국 정부는 투자협정을 '경제 전반에 걸쳐 영향을 끼칠 중대한 법적 약속이 아니라 외교적 친선을 나타내는 행위'로 인식하고 연달아 협정을 맺었으며, 그 결과 남아프리카공화국은 투자자들의 소송에 취약해졌다는 것이었다.

브릭힐에 따르면 당시 남아프리카공화국의 정부 관료들은 유럽에서 열린 여러 회의에 초청을 받았다. "회의에서는 남아프리카공화국의 경제와 무역의 방향을 놓고 온갖 논의가 벌어졌을 거예요. 거기에는 남아프리카공화국 정부가 투자협정을 체결하리라는 기대도 깔려 있었겠죠. 하지만 관료들은 자신들이 법적으로 어떤 약속을 하고 있는지 제대로 이해하지 못했을 겁니다."

여기에 천사는 없다

2010년 '포레스티 대 남아프리카공화국' 소송이 마무리되자 남아프리카공화국은 곧바로 외국인 투자자가 국제재판소에 국가를 제소할 수 있도록 사전에 허가하는 투자협정을 해지하기 시작했다. 당시 남아프리카공화국 정부는 세계은행과 ICSID가 약속한 대로 투자협정이 실제로 외국인 투자와 개발 수준을 높였는지 알아보기 위해 내부 연구를 시행했으며, 그 결과는 정부의 판단에 결정적인 영향을 끼쳤다.

놀랍게도 연구에서는 투자협정이 외국인 투자와 개발에 도움을 준다는 주장을 뒷받침할 확실한 근거를 찾지 못했다. 오히려 연구자들은 남아프리카공화국이 투자협정을 맺지 않은 나라(일본, 미국, 인도 등)에서 많은 외국인 투자를 받는다는 사실에 주목했다.

이는 중대한 발견이었다. 한 예로 브라질은 투자협정을 전혀 맺지 않은 몇 안 되는 나라였지만, 외국인 투자를 유치하는 데 큰 어려움을 겪지 않았다. ISDS의 지지자들은 브라질은 예외 사례일 뿐이므로 이를 판단의 근거로 삼아서는 안 된다고 주장했다. 그런데 이제 남아프리카공화국 정부까지 그들의 이야기에 흠집을 냈다.

"투자협정과 투자 유치 간에는 일정한 상관관계가 없었어요." 우리는 제네바에 있는 자비에 카림과 전화로 이야기를 나누었다. 카림은 남아프리카공화국 정부에서 무역 부문 관료로 일했고, 세계무역기구wTO의 남아프리카공화국 대표를 역임했다. 그는 확신에 찬 목소리로 말했다. "기업은 어떤 나라가 양자투자협정을 맺었는지 아닌지를 보고 그 나라에 와서 투자하지 않아요. 수익을 올릴 수 있는지를 보고 투자하죠."

카림은 이탈리아 투자자들이 제기한 소송이 남아프리카공화국 정부에 경종을 울렸다는 말이 사실이라고 확인해주었다. "우리가 우려한 점은 남아프리카공화국에서 민주적으로 합의한 법안을 국제재판소가 (중재인 세 명의 결정으로) 중재할 수 있고, 이 중재인단이 어떤 식으로든 법안에 문제를 제기할 위험이 있다는 것이었어요."

"정부의 조치에 이의를 제기하려는 투자자들이나 국제재판소는 투자협정을 매우 폭넓게 해석할 수 있기에 언젠가는 막대한 보상금을 내는 일이 벌어질 수밖에 없어요. 요컨대 투자협정은 혜택이 거의 없으면서 위험만 가져올 뿐이에요."

요하네스버그에 머무는 동안 우리는 남아프리카공화국 정부의 무역 부서에서 일한 또 다른 전직 관료 피터 드레이퍼를 녹음이 우거진 교외에서 만났다. 그의 자택 사무실에 달린 커다란 창으로 햇살이 비쳐 들어왔다. 드레이퍼는 책이 가득 쌓인 책상에 앉아 있었다. 그는 관료직에서 물러난 뒤에도 계속 컨설턴트로 일했으며, ISDS를 둘러싼 논쟁이 어떻게 전개되었고 오늘날 어떤 의의가 있는지를 꿰뚫고 있는 듯했다.

브릭힐과 마찬가지로 드레이퍼는 1990년대 들어 투자협정이 우후죽순으로 체결되었다고 설명했다. 그는 남아프리카공화국 정부가 '핵심적인 물음이나 중요한 정책적 자유를 보장하려는 노력 없이 밑지는 장사를 했다'고 꼬집었다. 아파르트헤이트를 폐지할 당시 정부는 새로운 법을 만들고 새 헌법을 시행하며 불평등을 바로잡는 조치를 취하기 위해 운신의 폭을 넓혀야 했다. 그런데도 정부는 이런 과제를 수행할 능력을 제한하는 협정을 맺으며 도리어 스스로를 옭아맸다.

그러나 드레이퍼는 이야기에 또 한 번 반전을 가져왔다. "우리 정부는 다른 아프리카 국가들과 투자협정을 협상하면서 유럽 국가들이 우리에게 강요한 것과 똑같은 조건을 강요했어요. 정부의 태도에는 이런 역설이 있었어요. 앞뒤가 안 맞는 일이었죠."

드레이퍼의 말은 남아프리카공화국 정부가 투자협정과 ISDS의 위력을 제대로 이해하고 있었음을 암시했다. 남아프리카공화국 정부가 자국 투자자와 기업이 활동하는 더 가난한 나라에 투자협정을 강요했다면 그렇게 보는 편이 타당했다.

대체 어떻게 된 것일까? 남아프리카공화국의 관료들은 속임수에 빠져 투자협정을 체결했다가 포레스티 소송으로 정신을 차렸을까? 아니면 그들은 조국을 어떤 방향으로 이끄는지 잘 알았기에 다른 나라에도 같은 제도를 강요했을까?

우리는 요하네스버그를 떠나기 전 비트바테르스란트 대학교 응용법률연구센터CALS의 소장이었던 보니 메이어스펠드를 만났다. CALS는 '포레스티 대 남아프리카공화국' 소송에 참관하고 참여하도록 청원했다가 거부당한 또 다른 인권 단체였다.

비트바테르스란트 대학은 과거 아파르트헤이트에 반대하는 시위가 끊이지 않은 곳이었다. 이 대학은 요하네스버그의 다른 여러 기관과 마찬가지로 광산업에 뿌리를 두고 있으며, 본래는 이른바 광산학교로 세워진 곳이었다.

우리는 택시를 타고 요하네스버그 중심가에서 넬슨 만델라 대교를 건너 브람폰테인 지역에 넓게 자리한 비트바테르스란트 대학의 서부 캠퍼스로 향했다.

캠퍼스에 도착해 CALS의 사무소를 찾았다. CALS는 '학문과 사회정의의 세계를 잇는' 시민사회 조직이자 법률 상담소로 자칭하는 단체였다. 메이어스펠드는 우리가 남아프리카공화국에서 조사한 모든 문제의 바탕에는 시급한 과제 하나가 깔려 있다고 강조했다. 그 과제란 모든 국가정책이 아파르트헤이트의 지속적인 해체를 지원하도록 보장하는 것이었다.

"경제적인 아파르트헤이트는 1994년 이후 오히려 더 공고해졌어요. 갈수록 흑인은 가난해지고 백인은 부유해졌죠. 흑인과 백인 사이에는 작은 변화가 있었을 뿐이에요."

메이어스펠드는 딱딱한 학자와는 거리가 먼 인물이었다. 그녀의 목소리에는 분노가 서려 있었다. "국제법은 보통 기업을 상대로 관할권을 가지지 않고, 기업의 인권 침해조차 문제 삼지 않아요. 그러면서도 정작 기업을 보호해⋯⋯ 이윤을 내도록 돕죠."

메이어스펠드는 우리가 조사하는 ISDS는 '투자 과정 중 한 단계', 즉 국가가 투자자의 성미를 거스르는 상황만 다루는 제도라고 지적하며 이렇게 되물었다. 그보다 앞서 '투자자가 이윤을 얻기 위해 국가 내부의 갈등에 개입하고 심각한 수준의 빈곤을 악용하는' 일은 어떻게 봐야 할까?

메이어스펠드는 기존의 투자협정을 재검토하고 취소하거나 재협상하기로 한 정부의 결정을 지지했다. 하지만 그녀는 이를 추진하는 과정에서 정부가 꼭 일치단결한 모습을 보이지는 않으리라 전망했다.

저는 반反빈곤 의제를 추진하기 위해 시민적·정치적 기본권을 얼마만큼 양보할 수 있는지를 놓고 논쟁과 내분이 잇따르는 경우를 많이 봤어요. 이 문제에 관해서는 한 가지 확고한 입장을 내세우기도 어렵죠. (……) 하지만 제가 우려하는 일은 정부가 결국에는 늘 승리하는 주장, 그러니까 우리에게는 자본과 소득이 필요하다는 주장에 설득당하는 거예요.

그러면서도 그녀는 이렇게 덧붙였다. "우리 역시 빈곤을 퇴치하는 천사가 아니에요. 남아프리카공화국의 은행과 금융기관은 갈수록 아프리카 전역에서 착취를 일삼으면서 같은 행위를 되풀이하고 있어요. 우리는 억압적인 투자 관행의 피해자이자 가해자입니다."

비행기를 타고 런던으로 돌아오는 내내 우리는 남아프리카공화국에서 알아낸 사실을 곱씹었다. ISDS는 외국인 투자자들이 현재나 미래의 이익을 위협하는 문제에 맞서도록 일종의 비밀 보험을 제공하는 듯했다. 어떤 나라가 인종 불평등을 해소하는 데 필요한 결정을 내리지 못한다면, 독립된 주권이 있다고 말할 수 있을까? 스스로 민주주의 국가라 칭할 수 있을까?

'숨겨진'
자본주의 대헌장

1957년 샌프란시스코

우리는 시사주간지 〈타임〉의 예전 기록에서 ISDS의 탄생과 관련된 흥미로운 자료를 찾아냈다. 1950년대 말, 〈타임〉을 창간한 헨리 루스는 국제산업개발회의IIDC라는 행사를 후원했다. 1957년 샌프란시스코에서 열린 이 행사에서 헤르만 압스라는 독일의 은행가는 ICSID가 설립되기 약 10년 전에 그와 같은 제도를 제안했다.

　〈타임〉은 삽화를 실은 8쪽 분량의 보충 기사에서 샌프란시스코 국제산업개발회의를 다루면서 '자본주의의 도전'이라는 제목을 붙였다. 우리는 이 상세한 기사 덕분에 회의 현장과 이 제도에 관심을 보인 사람들의 모습을 상상할 수 있었다. 기사는 회의 참석자들을 '재계와 정계의 고위 인사를 모은 국제 인명사전'에 비유하는 등 미사여구로 가득했다.

　'런던에서는 산업혁명에 자금을 댄 회사를 소유한 금융가들이, 베를린에서는 전쟁의 폐허를 딛고 유럽에서 가장 튼튼한 경제를 건설한 활기 넘치는 사업가들이 찾아왔다.' 기사는 이런 식의 묘사를 이어갔다. 회의에는 이탈리아의 거대 자동차 기업 피아트의 사장도 참석했다. 하지만 규모가 가장 큰 단체는 전자 회사 RCA와 리츠 크래커를 만드는 나비스코의 경영진을 비롯해 '202명의 미국 경영자로 구성된 대표단'이었다.

기사는 자본주의를 확장해 세계를 구원하는 것이야말로 이 회의의 사명이라는 듯 열띤 어조였다. '페어몬트 호텔의 화려한 골드룸에서 열린 첫 오찬에서 샌프란시스코 회의에 참석한 연사들은 세계 인구가 걷잡을 수 없이 증가하고 더 나은 삶을 향한 갈망으로 사람들의 기대치가 급격히 높아지는 현실을 차례로 설명했다.'

'서유럽과 미국의 연사들은 민족주의가 들끓는 신대륙에서 투자자를 보호해야 할 필요성을 강조했다.' '용감한 모험'이라는 단락의 한 구절이다. 이어 기사는 '반자본주의적 태도'라는 단락에서 다음과 같이 주장했다.

> 개발도상국에 대한 외국인 투자를 가로막는 최대의 장벽은 관세 규정이나 통화의 태환성을 통제하는 법이 아니다. 가장 큰 장벽은 누구보다 외국인 투자가 필요한 사람들의 마음과 감정에 있다. (……) 그들은 보통 외국인 투자를 19세기 방식의 식민주의와 동일시해 받아들이려 하지 않기 때문이다.

기사를 읽는 동안 회의 참석자들이 '페어몬트 호텔에서 온종일 빡빡하게 진행되는 공식 회의'를 마친 뒤, 오페라 극장에서 열린 파티에 참석해 게 요리와 캘리포니아산 화이트와인을 즐기며 친목을 다지는 모습이 머릿속에 그려졌다. 하지만 '사업가는 사업에서 가장 중요한 일은 사업임을 늘 명심한다'는 기사의 표현처럼 참석자들은 활발히 대화하며 새로운 기회를 모색했다. 그 예로 한 아시아 출신 대표는 대놓고 이렇게 말했다고 한다. "저는 미국의 광산 회사들에 구애하고자 이 자리에 왔습니다. 광산 회사에 우리나라의 개발 가능성을 확실히 알릴 생각입니다."

특별 국제 법원

〈타임〉의 기록에 따르면 1957년 샌프란시스코에서 열린 회의의 주인공은 도이체방크의 회장이자 다임러-벤츠, 루프트한자 같은 거대 기업의 이사인 헤르만 요제프 압스였다.

당시는 영화 「제일하우스 록」(엘비스 프레슬리가 주연한 뮤지컬 영화 - 옮긴이)이 막 개봉했고, 떠오르는 스티 엘비스 프레슬리가 시내에서 공연을 하는 때였다. 압스는 샌프란시스코 베이 에어리어에 머무는 동안 56세 생일을 맞았지만, 록 음악을 듣거나 생일 파티를 하러 그곳에 온 것이 아니었다. 〈타임〉의 표현을 빌리자면, 압스는 전 세계 민간투자자의 권리를 보장하고 지키기 위한 새로운 '자본주의 대헌장'을 주창하고자 각계 엘리트가 모이는 행사의 연단에 올랐다.

우리는 다부진 체격에 콧수염을 기른 은행가가 고급스러운 놉힐 지역에 있는 페어몬트 호텔로 성큼성큼 걸어 들어가는 모습을 떠올렸다. 페어몬트 호텔은 샌프란시스코의 상징인 금문교에서 도보로 멀지 않은 거리에 있으며, 지금까지도 도시의 최고급 호텔로 남아 있다. 거대한 대리석 기둥과 호화로운 로비를 갖춘 이 호텔은 1950년대에 서부 해안 지역이 자랑한 눈부신 부의 정점으로 꼽혔다. 그리고 1957년 10월의 한 주 동안 이곳은 세계에서 가장 유명한 은행가와 사업가, 정치인 500여 명이 모인 행사의 중심지가 되었다.

압스는 샌프란시스코에서 열린 회의에 참석할 당시 이미 세계 금융계에서 전설로 통했다. '압스는 1937년 36세의 나이에 도이체방크의 해외 부문 책임자로 임명되며 독일 은행계의 신동으로 인정받았다.' 훗날 〈타임〉은 압스를 그렇게 소개했고, 그가 어떻게 도이체방크의 회장뿐 아니라 25개 대기업의 이사 자리에 올랐으며 '주로 비행기 안에서 의사 결정을 내릴' 만큼 바쁘게 살았는지 묘사했다.

압스는 1901년 독일의 본에서 태어났다(본은 로마인들이 세운 독일 서부의 도시로 베토벤과 통신 회사 T-모바일, 제과 회사 하리보의 고향이다). 그는 자신의 아버지가 그랬듯 법학을 전공한 뒤 은행가의 길로 들어섰다. 먼저 유럽과 뉴욕에서 경력을 쌓은 그는 이후 베를린에 있는 은행에 입사해 순식간에 고위직에 올랐다. 그리고 얼마 뒤 독일에서는 히틀러가 정권을 잡고 파시스트 동맹국인 스페인을 지원하며 유럽을 점령할 계획을 세웠다.

압스는 나치 정권 아래서도 금융계에서 승승장구했지만, 나치의 몰락에도 그의 경력은 끝나지 않았다. 오히려 그는 새로운 분야에 진출해 국제적인 명성을 쌓았다. 도이체방크는 압스가 일할 당시 나치의 계좌를 관리했지만, 압스 자신은 나치에 가입한 적이 없었다. 제2차 세계대전이 끝난 후, 연합국의 탈나치화위원회는 압스가 나치에 적극 가담한 혐의가 없다고 판결했다. 이후 그는 도이체방크의 한 기관을 이끌고 마셜 플랜 아래서 독일 기업을 지원하는 일을 감독하며 중공업 지원에 집중했다.

1950년대에 압스는 연합국이 독일에 요구한 전후 배상 문제를 해결하는 데 기여했고, 그 공로로 독일 정부에서 훈장을 받았다. 1960년대에 미국의 거대 은행 체이스맨해튼 은행의 회장 데이비드 록펠러는 그를 '세계 최고의 은행가'로 일컬었다. 압스는 1994년 사망할 때까지 도이체방크를 떠나지 않고 이사와 명예회장으로 재직했다.

우리는 영국 일간지 〈인디펜던트〉의 과거 자료에서 압스를 '당대의 걸출한 독일 은행가'로 일컬은 부고를 찾았다. 영국 입스텐 지방의 남작이자 잉글랜드 은행의 이사를 지낸 에릭 롤이 쓴 글이었다. 롤은 압스가 세계은행의 민간투자 전문 기관인 국제금융공사와 각국 정부의 고문을 지냈다고 설명했다.

부고에서 롤은 압스를 두고 이렇게 농담하기도 했다. 압스가 죽어서 천국에 가니 천국은 재정 파탄으로 다 쓰러져가는 지경이었다. 이에 그는 서둘러 대천사들을 위한 계획을 세우고 하느님을 이사회 부의장으로 하는 천국주식회사를 수립한다(이는 압스가 사후 세계를 민영화하면서 하느님보다도 높은 직책을 맡았음을 암시한다).

앞서 인용한 〈타임〉에서는 샌프란시스코 국제산업개발회의가 열린 당시의 시대상을 곳곳에서 엿볼 수 있다. 당시는 미국과 소련이 냉전을 벌이고 개발도상국에서 반제국주의 운동이 번지는 때였다.

예를 들어 잡지에는 닷지Dodge의 자동차와 전동타자기 광고 사이에 소련의 우주 개발 계획을 우려하는 독자들의 편지가 실려 있었다. 그 밖에도 다른 기사들은 러시아의 기술혁신이 서방을 앞지르는지, 신생 독립국들이 어느 진영과 동맹을 맺을지에 관한 미국의 우려를 중점적으로 다루었다.

재계에서도 비슷한 우려가 커지고 있었다. 19세기와 20세기 초, 유럽을 위시한 각지의 엘리트 계층은 식민주의라는 강력한 통제 체제에 의존했다. 하지만 이제 식민주의는 금이 가고 있었으며, 각지에서 벌어지는 독립운동이 체제를 뒤흔들거나 허물어뜨리고 있었다.

〈타임〉의 표현을 빌리자면, 미국의 부통령으로 국제산업개발회의에 참석한 리처드 닉슨은 '미국이 보호주의로 돌아설까 걱정하는 세계 시민적 성향의 기업가들'을 달래는 중요한 연설을 했다. 그는 해외 수익에 적용하는 법인세 인하, 국제 원조 예산을 활용한 민간사업 지원, 해외 투자를 보호하는 새로운 국제조약과 기구 설립 등 미국 기업의 해외 투자를 획기적으로 늘리기 위한 전략과 목표를 제시했다.

그해 초, 닉슨은 또 다른 역사적 행사에 참석하고자 대서양을 건너 골드코스트(이후 국명을 '가나'로 바꾸었다)를 방문했다. 가나의 독립 이후 초대 총리에 오른 콰메 은크루마는 자정에 영국 국기를 내리고 가나의 새 국기를 다는 상징적인 행사를 준비했다. 은크루마는 영국이 지배했던 의회를 공식 폐쇄하는 자리에서 독립운동을 하다가 투옥되었을 때 썼던 죄수 모자를 쓰기도 했다.

기념식에는 마틴 루터 킹 주니어도 참석했다. 킹은 아크라에 머무는 동안 라디오 방송에 출연해 이렇게 말했다. "이번 행사와 새 국가의 탄생은 세계 각지의 억압받는 사람들에게 자극을 줄 겁니다. 이것은 전 세계에 반향을 일으킬 의미심장한 일입니다."

킹의 말대로였다. 가나의 독립은 아프리카 전역의 반식민주의 해방 투쟁에 전기를 마련한 사건이었다. 식민 통치 아래서 노다지를 캔(문자 그대로의 의미로든 비유적인 의미로든) 외국 기업과 투자자들은 발밑의 땅이 흔들리는 듯한 기분이었다. 신생 독립국들은 아프리카 전역에 있는 산업을 국유화할 가능성이 있었고, 외국인 투자자들은 상속받은 사업이나 특별 영업권, 광대한 토지를 언제 빼앗길지 몰랐다.

당시 세계은행 총재였던 유진 블랙은 국제산업개발회의의 연설에서 사람들은 민간기업을 필요악이 아니라 확실한 선으로 받아들여야 하며, 정부는 사업을 용인하는 것 이상의 역할을 해야 한다고 주장했다. "정부는 기업의 기여를 환영해야 하며 기업을 유치하고, 나아가 기업에 구애하기 위해 각별히 노력해야 합니다."

이어 연단에 오른 압스는 '서방 세계가 자국의 경제 발전을 위해 비

용을 대야 한다고 주장하는 일부 개발도상국의 공공연한 태도'를 비난
했다.

그는 개발도상국의 배상 요구는 고려할 가치가 없다고 일축하는 한
편, 이에 대응하기 위해 '외국인 투자자의 이익을 보호하는 대헌장'과 대
헌장을 위반하는 행위를 판결할 '특별 국제 중재 법원'을 만든다는 원대
한 계획을 제시했다. 〈타임〉은 이를 '이번 회의에서 가장 많은 박수를 받
은 구체적인 제안'이라고 평가했다.

말뿐이 아니라 행동으로

압스는 연설에서 몇몇 유명한 분쟁을 예로 들며 자신의 제안이 시의적절
한 이유를 설명했다. 그러나 우리가 생각하기에 압스의 이야기는 오히려
개발도상국이 외국인 투자자를 경계해야 하는 이유를 더 잘 보여주었다.
그가 언급한 모든 분쟁 사례에서는 부유한 국가가 자국 기업의 이익을
보호하기 위해 군사적으로 개입했기 때문이다.

압스는 먼저 1951년 이란 정부가 앵글로 이레니언 오일 컴퍼니Anglo-
Iranian Oil Company(이후 '브리티시 페트롤리움British Petroleum'으로 회사명을 바꿨다)가 소유한
유전을 국유화한 사건을 언급했다. 이 사건 이후 정부와 갈등을 빚은 이
란의 국왕은 망명을 떠났지만, CIA와 영국의 비밀정보국 MI6이 지원한
군부 쿠데타가 벌어지자 이란으로 돌아와 권력을 장악했다. 미국과 영국
은 한동안 쿠데타에 개입했다는 의혹을 부인했지만, 2013년 조지워싱턴
대학의 미국 국가안보문서관에서 CIA의 기밀 해제 문서를 공개하면서
사실로 확인되었다.

압스는 두 번째로 과테말라에서 벌어진 일을 예로 들었다. 과테말라

정부가 토지개혁을 실시해 유나이티드 프루트 컴퍼니United Fruit Company(지금은 '치키타Chiquita'로 회사명을 바꿨다)의 토지를 몰수한 사건이었다. 이 회사는 19세기 말부터 라틴아메리카 전역에서 대규모 농장을 운영하며 바나나를 비롯한 과일을 미국과 유럽으로 수출했다. 그런데 과테말라에서도 1954년 군부 쿠데타가 일어났다. 이번에도 CIA가 쿠데타에 관여했다(1990년대 말 기밀 해제된 자료에는 암살에 관한 지침도 나와 있었다).

압스가 세 번째로 언급한 사례는 1956년 이집트가 수에즈 운하 회사를 국유화한 사건이다. 이전까지 운하를 운영한 이 회사는 영국과 프랑스의 투자자들이 대부분의 지분을 가지고 있었다. 이집트가 이 회사를 국유화하자 무슨 일이 벌어졌을까? 영국과 프랑스, 이스라엘이 이집트를 침공해 정권을 무너뜨리려 한 수에즈 위기가 발생했다(이번에는 실패로 끝났다). 이 사건 역시 수십 년 뒤인 1990년대에 BBC가 파리 외곽에 있는 한 별장에서 세 침략국 대표가 작성한 비밀 전쟁 계획 사본을 입수하면서 전모가 밝혀졌다.

압스는 우리가 엘살바도르와 남아프리카공화국에서 조사한 투자자-국가 소송을 예고하는 듯한 발언도 했다. 그는 '국가가 기업이 필수 원자재를 이용하지 못하게 막거나 필요한 허가를 내주지 않는 등 외국 민간 자본의 권리에 간접적으로 간섭하는 일'을 비난했다. 이어 그는 '과도한 과세'를 '불공정한' 간섭의 또 다른 예로 언급하며, 자신의 제안이 이 같은 문제에 대응하도록 도움을 줄 것이라고 주장했다.

압스의 계획은 투자자들이 외국 정부에 직접 소송을 제기할 수 있도록 초국가적 법 제도를 만드는 것이었다. 이는 국제산업개발회의에서 나온 제안들 중 가장 원대하면서도 가장 큰 호평을 받은 제안이었다. 게다가 압스는 자신의 계획을 말뿐이 아니라 행동으로 옮기고 있었다.

'외국인 투자 보호 증진을 위한 독일 협회'라는 단체의 의장이었던 압스는 소속 변호사들이 이미 세부 계획을 세우고 있으며, 그해 말에는 그가 제안한 협약의 초안을 지지자들에게 선보일 수 있을 거라고 말했다. 압스가 캘리포니아를 찾은 건 자신의 구상을 전 세계에 알리는 홍보 활동의 일환이었다.

알고 보니 압스의 제안에는 몇 가지 선례가 있었다. 1864년, 나폴레옹 3세는 수에즈 운하 회사와 이집트 간의 중재 절차를 주재했다. 회사 측은 강제 노동을 동원했다는 이유로 이집트가 운하 건설 계획을 취소하자 배상을 요구했다. 중재를 위해 소집된 재판부는 계약의 '신성함'을 내세워 회사의 손을 들어주었고, 이집트에 막대한 위약금을 지급하도록 명했다. 2015년, 미국의 법학 교수 제이슨 야키는 '오랫동안 잊힌' 이 분쟁을 재검토하며 수에즈 운하 회사의 주장이 다음과 같은 물음을 던진다는 점에서 '놀랍도록 현대적인(어쩌면 시대를 조월한) 성격'을 띤다고 평가했다. '정부는 어떤 상황에서, 어떤 결과를 기대할 때 외국인의 투자가 가진 가치를 훼손하거나 파괴하면서까지 그들이 생각하는 공공선을 증진하기 위해 법을 바꿀 수 있는가?'

당시에는 제도적 기반 없이 임시방편에 따라 투자자와 국가의 소송을 판결했다. 압스는 바로 그러한 관행을 바꾸고자 했다. 샌프란시스코에서 국제산업개발회의가 개최된 지 몇 달 뒤인 1957년 말, 압스는 약속대로 '외국에서의 사유재산권 상호 보호를 위한 국제 협약' 초안을 공개했다. 그리고 2년 후 그는 영국의 쇼크로스 경이 내놓은 비슷한 제안과 자신의 구상을 합쳐 '압스-쇼크로스 초안'을 작성했다.

영국의 저명한 변호사 하틀리 윌리엄 쇼크로스는 산업계보다 정부와 더 밀접한 인물로 보였다. 따라서 우리는 각국에 협약을 홍보할 때 쇼크로스의 배경이 도움을 주었으리라 생각했다. 쇼크로스는 노동당 소속의 정치인이자 하원의원이었으며, 제2차 세계대전 직후에는 뉘른베르크 전범재판소에서 영국 측 검사 대표를 맡기도 했다.

　세계은행 총재이자 압스와 함께 국제산업개발회의에 참석한 유진 블랙 역시 국제 투자 분쟁을 경험한 적이 있었다. 한 예로 그는 압스가 연설에서 언급한 대로 1956년 이집트가 수에즈 운하를 국유화하고 운하 회사가 이집트를 상대로 배상을 청구했을 당시 분쟁 해결에 관여했다.

　블랙은 1898년 미국 조지아 주 애틀랜타에서 엘리트 은행가 집안의 아들로 태어났다. 그의 아버지는 1930년대에 잠시 미국 연방준비제도 이사회 의장을 지내기도 했다. 블랙은 제1차 세계대전 때 해군으로 복무한 뒤 투자회사와 체이스내셔널 은행에서 일했으며, 1940년대 말 세계은행 총재직에 올랐다. 세계은행의 소개에 따르면 그는 총재로 재임하는 동안 '세계은행을 대변하는 인물'로 자리매김했으며, 세계은행은 ''블랙의 은행'이라는 별칭으로 널리 알려졌다.

　세계은행은 그를 '공산주의의 확산이 세계 자본주의 경제의 기능 회복에 끼치는 영향을 깊이 염려'한 '은행가이자 외교관'으로 평가한다. 그가 샌프란시스코 국제산업개발회의에서 한 연설은 그러한 점을 잘 보여준다. 연설에서 그는 '각국의 정부와 국민이 이윤 동기를 적대시한다'고 비판하면서 오히려 그들이 기업에 '구애'해야 한다고 주장했다.

　세계은행은 블랙이 총재로 재임하는 동안 각국 정부에 더 많은 돈을 빌려주고 새로운 하부 기관을 설립해 민간기업을 직접 지원하는 등 사업을 확장했다. 1990년대에 은행의 역사를 연구한 역사학자의 평가에 따르면 블랙은 '흥정과 협상에 능한' 인물로 '중재자로서 세계적인 명성'을 얻었으며, '외국인 투자 분쟁을 해결하는 데 영향력을 발휘'해 각국 정부를 기업과의 협상 테이블로 이끌었다.

　우리는 ISDS를 조사하면서 독일 출신의 압스, 영국 출신의 쇼크로스, 미국 출신의 블랙 외에도 이 제도의 탄생에 중추적인 역할을 한 두 사람을 찾아냈다.

한 명은 또 다른 미국 출신 은행가 조지 D. 우즈다. 우즈는 1963년 블랙이 퇴임한 뒤 세계은행 총재직을 이어받았다. 그는 블랙과 마찬가지로 민간 은행에서 경력을 쌓았다. 우즈는 총재 자리에 오른 뒤 이사회에서 한 첫 번째 연설에서 '개발도상국으로 유입되는 민간 자본의 흐름을 더 넓고 깊게 만들기 위해 세계은행이 지원할 수 있는 모든 방안을 찾겠다'고 약속했다. 이어 그는 민간 자본을 받아들이는 나라는 '그렇지 않은 나라보다 발전 목표를 빨리 달성할 것'이라고 주장하며 '단도직입적으로 말해 이는 곧 외국인 투자자가 만족스러운 수익을 올릴 공정한 기회를 제공하는 일'이라고 밝혔다.

두 번째 인물은 유럽 출신의 법률가 아론 브로체스다. 그는 1944년 세계은행과 국제통화기금IMF 설립을 결정한 브레튼우즈 회의에 네덜란드 공식 대표단의 일원으로 참여했다. 이후 그는 수십 년간 세계은행의 법률 고문을 맡았으며, 1960년대에는 ICSID의 설립을 감독했다.

새로운 세상을 위한 새로운 규칙

우즈는 ICSID를 설립하는 과정이 빈틈없이 진행되도록 꼼꼼히 살폈다. 그는 ISDS라는 새 제도를 '온건한 제안', 즉 결국에는 누구에게나 이익이 되며 반대할 이유가 없는 단순한 제도로 규정하고 나섰다.

세계은행의 법무 부서에서 브로체스가 맡은 일 중 하나는 각국 정부의 동의를 이끌어내는 것이었다. ISDS가 효과를 발휘하려면 사업을 확장하거나 이익을 보호할 외국인 투자자가 있는 개발도상국이 참여해야 했다. 우리는 워싱턴 DC에서 찾은 기록을 보며 브로체스가 우즈의 접근 방식을 어떻게 활용했는지 짐작할 수 있었다.

브로체스가 만든 ICSID 협약 초안은 가입국들이 '(해당 국가의) 동의 없이는' ISDS를 통한 분쟁 해결에 참여할 '의무'를 지지 않는다고 규정했다. 브로체스는 이 협약에 가입한다고 해서 자동으로 투자자들에게 국가를 제소할 권리를 인정하는 것은 아니라고 주장했다. 초안의 규정에 따르면 ISDS는 모든 당사자가 '자발적'으로 이용에 동의해야 하며 '상호 합의'에 기반을 두는 제도가 될 것이었다.

이러한 주장은 흥미로우면서도 기만적으로 보였다. 남아프리카공화국 정부는 아파르트헤이트를 바로잡는 정책에 반대하는 투자자들이 국제재판소에 소송을 제기하는 일에 정말로 동의했을까? 심지어 그 재판소는 인권 문제를 고려하지 않으며, 제소당한 국가는 패소하거나 합의하거나 따로 얻는 것도 없이 막대한 법률 비용을 낼 수밖에 없다. 그런가 하면 엘살바도르 정부는 광산 회사의 소송에 반대한다는 뜻을 분명히 밝혔고, 그 소송을 주권에 대한 위협으로 여겼다.

이후 수십 년간 투자자들이 ISDS를 이용할 권한을 명시한 수천 건의 국제조약이 체결되었다. 이러한 조약들은 사실상 외국인 투자자가 ICSID를 비롯한 재판소에 국가를 제소할 수 있도록 사전에 '합의'한 것으로 간주한다. 브로체스는 각국이 사전 합의 조항을 포함하는 양자투자협정을 체결하도록 권장하면서 조약의 확대에 기여했다.

이 시기를 연구한 테일러 세인트 존에 따르면 세계은행은 '반대 세력의 결집을 막기 위해 총력을 기울일' 계획이었다. 세계은행은 OECD나 유엔의 힘을 빌려 ISDS를 수립하려는 시도가 교착 상태에 빠지자 여러 저항 세력이 결집할까 우려했다. 그들은 이를 막기 위해 회담 결과를 담은 문서를 공개하지 않는 등 갖은 수를 썼다.

또 세인트 존은 세계은행이 ISDS에 참여하면 외국인 투자가 늘어나 개발도상국의 발전에 도움을 줄 거라고 호언장담했지만, 정작 '이 문제를 조사하는 연구를 전혀 하지 않았고, 그러한 연구를 제안했다는 기록도 없다'는 사실을 밝혀냈다. 요컨대 ICSID 설립을 주도한 은행가와 변호사들은 국가는 뒷전으로 제쳐둔 채 민간투자자를 위해 이 기관을 만들었다고 해도 과언이 아니었다.

우리는 ISDS의 역사를 더 깊이 파고들면서 CIJ에 있는 사무실 한쪽 벽에 붙인 종이에 주요 사건의 연표를 작성하기 시작했다. 의자에 기대앉아 연표를 뜯어볼수록, ISDS는 전 세계의 발전이라는 '좋은 의도'에서 만든 제도와는 거리가 멀다는 생각이 들었다. 우리는 소수의 미국·유럽 출신 엘리트가 회의장과 연회장에서 ISDS를 구성하는 모습을 보았고, 그들의 말에서 목표를 읽어낼 수 있었다. 그 목표란 '과도한 과세'와 이윤을 제한하는 각종 정책에 맞서 기업의 이익을 늘리고 지키는 것이었다.

우리는 이렇게 자문했다. 우리가 엘살바도르와 남아프리카공화국에서 목격한 현실이 ISDS가 본래 의도를 벗어났거나 부패했기 때문에 벌어진 일이 아니라면 어떨까? 실은 민주주의와 인권에는 아랑곳하지 않고 기업의 이윤을 최우선으로 지키는 것이야말로 ISDS의 본래 의도가 아닐까?

유럽의 제국이 해체되고 여러 나라가 독립을 쟁취한 냉전 시대에 미국과 유럽의 엘리트들은 샌프란시스코 국제산업개발회의 같은 곳에서 ISDS를 홍보했고, 이후 개발도상국에 이 제도를 강요했다. 다른 나라보다 잃을 것이 많은 몇몇 국가는 이 제도의 문제점을 알아채고 세계은행 회의에서 반대의 뜻을 밝혔다.

ICSID의 역사를 조사한 뒤 ICSID에 제기된 소송 기록들을 다시 살펴보니 또 다른 사실이 눈에 들어왔다. ICSID가 수십 년간 맡은 소송은 대부분 부유한 나라의 기업이 가난한 나라의 정부를 상대로 제기한 것이었다. 이는 ISDS를 만든 이들이 내세운 전망에 부합하는 결과로 보였다. 그들은 ISDS가 외국인 투자를 늘려 개발도상국의 발전을 돕는다고 줄기차게 강조해왔다. 그런데 최근에는 압스의 조국 독일을 비롯한 선진국 정부를 상대로도 소송이 급증하고 있었다.

우리는 ICSID의 온라인 데이터베이스에서 최근 한 스웨덴 기업이 독일 정부를 상대로 제기한 두 건의 소송을 찾아냈다. 그중 한 건은 독일 정부가 원자력발전소를 폐쇄하기로 한 결정에 맞서 제기된 소송으로, 우리가 조사에 나설 당시에도 진행 중이었다. 두 번째는 석탄화력발전소 건설을 둘러싼 소송이었다. 독일 정부는 친환경 에너지로의 대대적인 전환을 추진해 많은 지지를 받았는데, 새 화력발전소는 그러한 에너지 정책에 어긋난다는 점에서 논란이 되었다. 두 번째 소송은 이미 종결되었지만, 이탈리아 투자자들이 남아프리카공화국 정부에 제기한 소송과 마찬가지로 그 결과에는 의문스러운 점이 있었다.

압스의 조국이라는 이유로 ISDS의 발상지라고도 불리는 독일조차 투자자-국가 소송에서 자유롭지 않다면, 전 세계의 모든 나라와 납세자, 시민이 위험에 처한 것이나 마찬가지였다. 지금까지 우리를 이끌어온 의문들이 다시 떠올랐다. 각국의 선출직 공직자들은 정말로 우리의 생각보다 책임이 적었을까? ISDS는 왜 그동안 더 큰 주목을 받지 않았을까?

CIJ 사무실 근처에 있는 선술집 안마당에서 개빈을 만났다.
"빼놓지 말고 다 얘기해보게." 개빈이 우리가 있는 나무 식탁에 앉으며 말했다.
우리는 1957년 국제산업개발회의를 다룬 〈타임〉의 보충 기사 중 인쇄한 부분을 한 장 꺼내 개빈 쪽으로 쓱 밀었다. 인쇄한 종이에는 아치형 천장에 샹들리에가 걸린 연회장에서 정장을 차려입은 수백 명의 엘리트 대표단이 식탁에 둘러앉은 사진이 실려 있었다. 우리는 늘 할 말이 많은 개빈이 말을 잇지 못하는 모습을 보고 기뻤다. 그가 천천히 기사를 읽더니 마침내 말문을 열었다. "숨겨진 자본주의 대헌장이라, 허." 그가 잠시 침묵한 뒤 말했다. "대단한데!"

우리는 고개를 끄덕였다.

"그럼 이제 어디로 갈 건가?"

"독일로 갈 생각입니다."

"언제?"

"다음 주에요."

5

부메랑을 맞는 선진국들

바텐폴, 독일 정부를 제소하다

우리는 브레멘 공항에 내려 차를 타고 함부르크로 향했다. 함부르크는 독일에서 두 번째로 큰 도시이며, 독일의 주요 도시 중 유일하게 바다와 맞닿은 곳이다. 엘베 강 유역에 자리한 이곳은 독일에서 가장 오래된 은 행과 증권거래소의 본거지 역할을 한 산업 항구도시이기도 하다.

우리가 함부르크에 갔을 때는 늦여름이었고, 공항에서 도시로 향 하는 고속도로 양옆으로 하늘에 닿을 듯 커다란 흰색 터빈이 늘어서 있 었다. 독일 정부의 재생에너지 정책을 잘 보여주는 광경이었다. 독일은 2014년에 이미 재생에너지 비중이 25퍼센트에 달했는데, 정부는 2025년 까지 이 비율을 40퍼센트 이상으로 끌어올리겠다고 공언했다.

전 세계에서 에너지 산업이 환경을 돌이킬 수 없을 만큼 훼손할 가 능성과 기후변화의 영향을 우려하는 목소리가 커지고 있었다. 독일 정부 는 이 문제에 대응하고자 석탄 사용을 금지하기로 결정했다. 그 밖에도 대대적인 시민·소비자 운동과 새로운 정책이 줄을 이었다.

이러한 변화의 물결 속에서 스웨덴의 에너지 기업 바텐폴Vattenfall은 논란이 많았던 함부르크 외곽의 새로운 석탄화력발전소 문제를 놓고 ICSID에 독일 정부를 제소했다. 지역 당국은 바텐폴이 운영하는 화력발전소에 물 사용 허가를 내주면서 발전소가 일정 수준 이상 강의 수온을 높여서는 안 된다고 제한을 두었다. 그러자 바텐폴은 지역 당국의 조치가 자사의 이익 창출 능력에 부당한 영향력을 행사했다고 주장하면서 무려 16억 달러에 달하는 손해배상을 청구했다.

이 소송은 ISDS가 선진국 정부를 상대로 이의를 제기하는 데에도 활용될 수 있음을 보여주는 놀라운 사례였다. 그동안 독일 투자자들은 개발도상국 정부에 수십 건의 소송을 제기했다. 그런데 2009년 바텐폴이 이 소송을 제기하면서 독일은 처음으로 투자자-국가 소송의 당사국이 되었다. 캐나다, 영국, 프랑스 등 다른 강대국도 소송을 피하지 못했다. 그러나 환경에 관한 법이나 정책 등 다양한 쟁점을 둘러싸고 소송이 벌어지는 와중에도 소송 결과를 비롯한 분쟁 관련 정보는 대중에게 거의 알려지지 않았다.

바텐폴이 제기한 소송은 2011년에 공식 종결되었지만, 이탈리아 투자자들이 남아프리카공화국에 제기한 소송과 마찬가지로 그 결과가 수면 위로 드러나기까지는 시간이 걸렸다. 분쟁 당사자들은 소송 절차와 상관없이 따로 합의한 듯했다. 최종 문서에 따르면 양측은 합의에 이르렀지만 서로 원하는 것을 전부 얻지 못한 채 타협했다고 한다. 정말로 그러했을까?

우리는 함부르크에서 이 문제를 이해하는 데 도움을 줄 만한 사람들을 인터뷰하기로 했고, 대안 음악과 정치 운동의 중심지이기도 한 도시 서쪽 지역의 아파트를 빌렸다. 차를 타고 아파트로 가는 중에 로테 플로라 Rote Flora가 보였다. 원래 극장이었던 이 건물은 1989년 빈집 점거 운동가들이 차지한 이후 반反젠트리피케이션 운동의 중심지가 되었다. 아파트 건물의 창문 곳곳에는 해골과 대퇴골 두 개를 교차한 상징이 그려진 깃발이 걸려 있었다. 반파시스트 축구단으로 유명한 장크트파울리의 깃발이었다.

2017년 함부르크에서 G20 정상회의가 열리는 동안 이 지역에서는 대규모 시위가 이어졌고 경찰과 시위대 간의 무력 충돌이 벌어졌다. 경찰은 자그마치 1만 5,000명이 넘는 무장 병력을 도시 전체에 배치했다. 경찰은 시위대의 야영지 설치를 허용한 독일 최고법원의 결정을 무시했고, 진압봉과 후추 스프레이로 무장한 경찰 부대가 야영지를 급습했다.

이 지역에서 멀지 않은 곳에서도 얼마 전 근린공원을 점거하는 시위가 벌어졌다. 바텐폴은 석탄화력발전소를 도시의 전력망과 연결하기 위해 12킬로미터 길이의 파이프라인을 만들 계획이었다. 시위가 벌어진 곳은 파이프라인 건설로 인해 사라질 위기에 처한 공원 셋 중 하나였다.

우리는 이 시위와 다른 석탄 반대 운동에 참여한 지역 활동가, 소송에 관해 잘 알고 있을 지역 정치인과 전문가들을 만나기로 했다. 하지만 이날 아침에는 먼저 논란이 된 발전소가 있는 엘베 강 건너의 작은 마을 무어부르크를 방문했다.

무어부르크(인구 729명)의 하나뿐인 대로에는 인적이 없었다. 도로는 경사진 지붕이 있는 붉은 벽돌집들을 가로질러 16세기에 지어진 교회 건물 너머까지 구불구불 이어져 있었다. 마을에서 영업 중인 가게는 물건이 별로 없는 편의점 한 곳뿐이었다.

독일 북부의 엘베 강 유역에 있는 이 작고 조용하면서도 그림 같은 마을은 국제적인 소송전의 배경으로는 어울리지 않았다. 수십억 달러가 걸린 이 분쟁은 현대 민주주의에서 기업이 얼마나 많은 권한과 통제권을 가져야 하는지를 놓고 날로 첨예해지는 갈등을 보여주는 사례였다. 그러나 이제 마을에는 시끄러운 새 이웃이 들어와 있었다. 바로 바텐폴이 지은 무어부르크 발전소였다.

고개를 들면 쉬지 않고 짙은 회색 연기를 내뿜는 대형 굴뚝이 눈에 들어왔다. 자욱하게 피어오른 연기는 바람에 실려 주변 지역으로 퍼져나갔다. 굴뚝이 있는 방향으로 걷다 보니 굴뚝을 둘러싼 거대한 산업단지와 부두가 보였다. 발전소 건물 근처에서는 강에 정박한 대형 선박에서 기계로 석탄을 실어 내리고 있었다. 독일이 추진하는 역사적인 재생에너지 정책은 흔적조차 보이지 않았다.

이 발전소는 바텐폴이 소송을 제기하기 한참 전부터 논란이 되었다. 기후변화와 발전소가 엘베 강(유럽의 주요 강 중 하나로, 길이가 1,000킬로미터에 이르고 체코 북부에서 독일을 거쳐 북해로 흘러 들어간다)에 끼칠 영향에 대한 우려가 커지는 가운데 지역 주민과 환경운동가들은 수년 동안 발전소 건설 계획에 반대했다. 활동가들은 '석탄이 기후를 죽인다'는 현수막을 내걸고 시위와 공청회를 조직했다.

2008년, 함부르크에서는 녹색당이 기독교민주연합과의 유례없는 연정으로 정권을 잡았다. 하지만 그들은 모든 법적 수단을 동원해 무어부르크 발전소 건설을 막겠다는 공약을 지키지 않았다. 정치인들은 선거가 끝난 뒤에야 발전소 설립을 저지하기가 생각보다 어려운 일임을 실감했다.

주권을 위협하는 조약

2008년 선거 이후 함부르크 지방정부는 바텐폴이 발전소를 짓도록 허가해주는 대신에 물 사용과 강의 어류 자원에 끼치는 영향을 제한하는 조건을 걸었다. 유럽연합의 규정에 부합하는 규제였지만, 회사 측은 이에 반발했다. 소송에서 바텐폴은 발전소를 가동해 수익을 내려면 섭씨 30도에 달하는 온수를 강에 배출할 수 있는 허가가 필요하며, 발전소가 강에서 끌어온 물과 배출하는 물의 온도는 섭씨 6~7.5도까지 차이가 날 수밖에 없다고 주장했다.

바텐폴은 함부르크를 지방법원에 제소했고, 이어 ICSID에도 소송을 제기했다. 그들은 함부르크 당국의 규제를 따르려면 너무 많은 비용이 들고, 이는 '간접수용-indirect expropriation'에 해당하는 일로 에너지헌장조약이 보장하는 권리를 침해한다고 주장했다. 에너지헌장조약이란 1990년대 이후 스웨덴과 독일을 포함한 유럽의 50여 개국이 참여한 대규모 협정이자 외국인 투자자가 국제재판소에 정부를 제소할 권리를 인정한 조약이다.

우리는 함부르크의 중심 상업지구 근처에 있는 사무실에서 케르스텐을 만나 당시 상황에 관한 이야기를 들었다. "정말 상상도 못한 일이었어요. 기업이 그런 일(ICSID에 독일을 제소하는 일)을 벌일 수 있다는 사실조차 처음 알았죠." 케르스텐이 웃으며 말했다.

"제3세계나 독재 국가에 있는 독일 기업을 보호하는 조약이 있다는 건 알았지만, 유럽의 기업이 독일을 제소할 수 있을 줄은 몰랐어요. (……) 그런 일이 가능하리라곤 생각지도 못했죠."

케르스텐은 함부르크 주 의회에서 녹색당 소속 의원 모임의 의장을 지냈고, 소송이 제기될 당시에는 주정부에서 경제문제와 공공지출 분야의 업무를 맡고 있었다. 그는 당시에 스트레스가 정말 심했다고 회상했다. "소송이 진행되는 동안 공무원들은 큰 압박에 시달려요. 결과가 어떻게 나올지, 연방정부가 어떻게 대응할지 알 수가 없으니까요. 정부는 타협할 용의가 있을까? 함부르크에 압력을 넣을 생각일까? 이런 의문 탓에 다들 신경이 날카로웠죠."

케르스텐은 기업이 함부르크 정부를 거치지 않고 곧장 연방정부를 제소한다는 것 자체가 '터무니없는 일'로 보였다고 덧붙였다. 이 소송은 지역에서 벌어진 분쟁에서 비롯되었으므로 연방정부가 패소하면 함부르크에 배상 책임을 물을 가능성이 있었다.

케르스텐은 다른 사람들도 소송에 충격을 받기는 매한가지였으리라 생각했다. 그는 소송의 근거가 된 국제조약을 맺은 관료들조차 앞으로 어떤 일이 벌어질지 몰랐으리라 추측했다. "서명한 관료들은 독일이 제소당할 줄은 꿈에도 몰랐을 겁니다. 그러니 이런 조약이 주권을 위협할 수 있다는 것도 눈치채지 못했겠죠."

결국 바텐폴은 정부가 발전소에 새로운 물 이용 허가를 내주는 대신에 소송을 취하하기로 합의했다. 소송 전후 물 이용 허가가 법적으로 어떻게 달라졌는지를 분석한 연구에 따르면 발전소에 적용되는 환경 기준이 낮아지면서 발전소는 강에서 더 많은 물을 끌어다 쓰면서도 어류 보호 조치를 소홀히 할 수 있게 되었다.

요컨대 바텐폴은 진정으로 바란 결과를 얻어낸 셈이었다. 엘살바도르(광산 회사는 배상금을 받기보다 금을 채굴하는 쪽을 선호했다)와 남아프리카공화국(투자자들은 반대한 흑인 경제력 강화법 적용을 면제받았다)의 사례와 마찬가지로 바텐폴은 정부의 규제 조치에 반대해 소송을 제기했고, 끝내 새로운 허가를 받아냈다.

하지만 소송에 이처럼 중요한 문제가 걸려 있었는데도 관련 정보는 일반에 거의 공개되지 않았다.

"우리는 정부한테서 (소송에 관한) 정보를 얻기 위해 갖은 애를 썼어요. 독일에는 특별환경정보법이 있어서 이 법을 활용하려고도 해봤지만 소용이 없었죠. 결국은 아무것도 얻지 못했어요." 그린피스 함부르크 사무소에서 활동가로 일하는 위르겐 크니르쉬의 이야기다.

그린피스 사무소는 최근 재개발이 집중되고 있는 옛 산업 지대에 있었다. 우리는 번쩍거리는 최신식 사무소 건물과 아파트, 술집, 카페가 줄줄이 들어선 강변에서 그를 만나 이야기를 나누었다.

크니르쉬는 무어부르크 소송이 시종일관 베일에 싸여 있었다고 말했다. "(워싱턴 DC에 있는 ICSID처럼) 한참 떨어진 곳에서 무슨 일이 벌어지는지는 알 수가 없죠. 지역 주민은 아는 게 없는데다 소송 과정에서 아무런 역할도 못했고요. 물론 연방정부 쪽 사람들은······ 이 문제를 입에 올리려 하지 않았어요." 이 소송은 지역의 정치와 환경에 지대한 영향을 끼치는 사건이었지만, 함부르크 사람들은 소송에 관한 정보를 얻을 길이 없었다.

이 무렵 우리는 투자자-국가 소송을 다루는 법률 업계 종사자들이 정보의 불투명성을 ISDS의 특징이자 장점으로 홍보한다는 사실을 익히 알고 있었다.

수십 건이 넘는 투자자-국가 소송을 다룬 로펌 레이텀 앤 왓킨스는 ISDS와 그 효력이 '외국인 투자자들(혹은 투자자 측 변호사들) 사이에 널리 알려지면서' 투자자-국가 소송의 '가치와 중요성'이 커졌다고 주장했다. 그들은 장차 고객이 될 사람들에게 이렇게 홍보했다. '종종 공개되기도 하는 일반 소송과 비교하면 중재가 프라이버시와 기밀을 훨씬 잘 보장한다는 점에는 의심의 여지가 없습니다.'

그린피스는 지역의 변호사 로다 베르헤이엔에게 소송 전후의 물 사용 허가서 사본을 분석해달라고 의뢰했다. 베르헤이엔은 소송 이후 종전에 적용된 '환경 기준이 크게 낮아졌다'고 결론 내렸다. 예를 들어 새 허가는 바텐폴의 감시 의무를 경감하고 발전소의 강물 사용과 수온에 끼치는 영향을 제한한 규정을 완화했다.

베르헤이엔은 바텐폴의 소송이 물 사용 허가 조건을 수정하도록 지역 당국을 압박한 것은 '부인할 수 없는' 사실이라고 보았다. 게다가 이 소송은 분쟁에 관여할 이유가 없는 연방정부까지 끌어들였다.

바텐폴과 독일 정부의 분쟁은 바텐폴이 새로운 물 사용 허가를 받고 나서야 끝이 났다. 양자는 새 허가 기준을 준수하고 회사 측의 계획대로 발전소를 가동하도록 허락한다는 조건으로 합의했다. 함부르크 대학교의 연구원 캐스린 젠걸링에 따르면 이 소송은 '잘 알려지지 않은 강력한 국제투자보호제도'가 어떻게 지역의 민주적 절차에 간섭할 수 있는지를 '분명히 보여주는 사례'였다. 젠걸링은 국제 환경법을 다룬 저서에서 바텐폴이 '협상력을 높이기 위해' ISDS를 '악용했다'고 주장했다.

소송이 끝나고 몇 년 뒤, 유럽연합 집행위원회는 독일을 유럽연합 사법재판소에 제소했다. 집행위원회는 독일 정부가 북해에서 엘베 강으로 들어와 발전소 인근을 지나는 보호 어종을 지키려는 노력을 소홀히 한 채 무어부르크 발전소에 허가를 내준 것은 유럽 환경법을 위반하는 일이라고 판단했다.

독일은 이후에도 국가적으로 에너지 정책을 재검토하고 방향을 바꾸려 했지만, 2012년 바텐폴에 또 한 번 소송을 당했다. 바텐폴은 원자력 발전을 단계적으로 줄이기로 한 연방정부의 결정에 반발해 소송을 제기했다. 언론에서는 바텐폴이 독일 정부를 상대로 50억 달러에 달하는 손해배상을 청구했다고 보도했지만, 이번에도 관련 정보는 거의 공개되지 않았다.

함부르크의 선택

함부르크에서는 기업들이 에너지 공급 체계 전반을 쥐락펴락하는 상황을 두고 불만이 들끓었다. 역시나 자주 보도되지는 않았지만 전 세계 곳곳에서 이와 비슷한 불만의 목소리가 거세졌고, 많은 도시에서 민영화로 기업의 손에 넘어간 핵심 서비스를 되찾기 위해 기업과의 계약을 갱신하지 않거나 취소하려는 시도가 늘어났다.

2013년 함부르크에서는 환경, 소비자, 종교 단체들이 캠페인을 벌여 시 당국이 수십 년 전 바텐폴과 독일 에너지 기업에 매각한 전기, 가스, 지역난방 연결망을 '재공영화'하고 다시 사들이는 데 찬성하는지를 묻는 주민투표를 성사시켰고, 아슬아슬한 차이로 승리를 거두었다.

우리는 함부르크의 시립공원 갤러파크 근처에서 주민투표가 실시되기 전부터 '무어부르크 파이프라인을 중단하라 Moorburgstrasse Stoppen!'는 캠페인을 벌인 아스트리드 마티에를 만났다. 이 캠페인에 참가한 사람들은 12킬로미터 길이의 파이프라인이 공원 세 곳과 나무 수백 그루를 위협한다며 파이프라인 건설에 반대했다.

2009년 말, 10여 명의 활동가가 아파트로 둘러싸인 이 작은 근린공원에 나무를 모으기 시작했다. 그들은 나무 위에 집을 짓고 작은 요새를 만들어 그해 겨울 동안 공원을 점거했다.

"정말 멋진 시위였어요!" 마티에는 미끄러운 공원 길을 조심조심 걸어 시위대에 음식과 물자를 가져다주는 방문객의 행렬이 끊이지 않았다고 회상했다.

공원의 나무에는 '이 공원은 우리 모두의 것이다', '나무를 지키자'라는 문구가 적힌 현수막이 내걸렸다. 이 시위는 도시와 무어부르크 발전소를 잇는 파이프라인 건설에 반대하는 동시에 지역의 녹지를 지키기 위한 운동이었다.

파이프라인 반대 운동에 참여한 활동가들은 지방정부가 파이프라인 건설 계획을 전면 취소하고, 도시의 에너지 공급 체계를 더 민주적으로 운영해 기후변화와 지속 가능한 목표를 고려한 결정을 내리기를 바랐다. 시위대는 2010년 법원이 파이프라인 건설 승인을 일시적으로 유예하라는 판결을 내리자 나무에서 내려왔다. 그러나 바텐폴의 석탄화력 발전소를 향한 분노는 날로 거세졌고, 지역의 여론은 지방정부가 에너지 공급 체계의 통제권을 되찾아와야 한다는 쪽으로 기울었다.

그리하여 마침내 함부르크는 전 세계 여러 도시의 뒤를 이어 수십 년에 걸친 민영화 실험을 중단하기로 합의했다. 2007년 이후 민영화된 에너지 서비스를 재공영화한 지자체는 독일에서만 170개가 넘었다.

"에너지 인프라를 다시 사들이는 도시가 매달 하나씩 늘어나고 있어요. 이제는 전혀 드문 일이 아니죠." 함부르크 주정부의 환경 및 도시계획 분야 차관을 지낸 크리스티안 마스를 만나 이야기를 들었다. "(함부르크 시민들은) 중앙집권적이고 높은 수익을 추구하는 대형 유틸리티 기업과 상반되는 지역 에너지 공급망을 선호합니다."

이어 마스는 재공영화가 '도시에 중요한 역할을 부여하고, 에너지 공급 체계를 바꾸고, 주민에게 안정적인 가격으로 에너지를 공급하며, 에너지 수입과 화석연료에 대한 의존을 낮출' 기회를 만든다고 주장했다.

암스테르담에 있는 초국적연구소의 연구원들은 2000~2015년에 전 세계 37개국에서 1억 명이 넘는 사람들에게 영향을 끼친 수도 재공영화 사례 235건을 조사했다. 연구자들 중 한 명인 사토코 키시모토는 모잠비크와 말레이시아 등지의 사례를 언급하며 이렇게 말했다. '이것은 일시적인 추세가 아니다. 많은 지자체가 민영화 이후 비용과 서비스 품질에

실망했다. 재공영화는 중요한 사회 서비스를 더 민주적인 방향으로 재건할 현실적인 방안으로 보인다.'

2010년, 함부르크의 지역 활동가들은 시 당국과 민간 에너지 기업들이 맺은 계약이 곧 만료된다는 사실을 알고 힘을 합쳐 '우리의 함부르크, 우리의 연결망 Unser Hamburg, Unser Netz'이라는 캠페인을 조직했다. 환경 단체들은 함부르크 시가 전력망을 다시 사들이면 에너지 공급 체계에 대한 통제력을 높여 재생에너지로의 전환에 박차를 가할 수 있다고 주장했다. 그런데 이 캠페인은 환경 단체 외에도 다양한 계층의 지지를 이끌어냈다.

소비자 단체들은 도시의 에너지 연결망을 소유한 기업들이 주요 생산자와 소비자 역할을 동시에 하고 있으며, 이는 소비자의 이익과 공정한 경쟁을 해치는 일이라고 지적했다. 또한 종교 단체와 반빈곤 단체들은 에너지 연결망을 사유재산으로 여겨서는 안 되며, 사익보다 공익을 위해 운영되어야 한다고 주장했다. 재공영화 집회에는 말끔하게 정장을 차려입은 중년 남성과 레게 머리를 한 학생 등 각양각색의 사람들이 모여들었다.

캐나다 퀸즈 대학교의 교수인 데이비드 맥도날드는 '공영 서비스 프로젝트 국제 연구 네트워크'의 공동 책임자로, 함부르크처럼 도시 차원에서 민영화를 되돌리기 위해 캠페인을 벌이는 사례를 수년간 연구했다. 맥도날드는 이러한 추세가 소리 없이 전 세계로 퍼져나갔다고 설명했다.

"1970년대부터 거대한 민영화의 물결이 전 세계를 휩쓸었어요. 이념이 주도한 이 강력한 흐름은 수많은 논란을 불러왔죠. 하지만 지금은 이 흐름을 정반대로 되돌리려는 변화가 일어나기 시작했어요."

맥도날드는 민영화 반대 운동을 일으킨 여러 동기를 간략히 설명하면서 이 운동에 참여하는 사람들은 누구나 민영화를 되돌리기가 얼마나 어려운지 알게 될 거라고 말했다. 이를 위해서는 '막대한 법률 비용과 기업의 소송'이라는 난관을 넘어서야 했다. "대기업과의 계약을 끝내는 일은 말 그대로 다윗과 골리앗의 싸움이 될 수 있어요."

함부르크 시가 기업의 손에서 에너지 연결망을 되찾기 위해 시행한 주민투표는 찬성 측의 승리로 끝났지만, 찬성표는 절반을 가까스로 넘는 50.9퍼센트였다. "험난한 정치적 투쟁이었어요. 시간도 정말 오래 걸렸고, 마지막에는 간발의 차이로 이겼죠." 케르스텐이 말했다. 이 투표는 기업에게서 에너지 연결망을 되찾는 동시에 '사회정의에 부합하고 민주적으로 관리되며 기후 친화적인 재생에너지 공급망'을 구축하려는 시도였다.

그러나 하룻밤 사이에 모든 것이 달라질 수는 없었다. 시 당국은 기업들과 맺은 기존의 계약이 끝나기를 기다려야 했고, 이 과정은 앞으로 몇 년이 걸릴 것이었다. 계약이 끝나기 전에 행동에 나섰다가는 기업이 지방정부를 제소하거나 국가 전체가 투자자-국가 소송에 휘말릴 위험이 있었다.

2014년, 함부르크는 바텐폴에 5억 5,000만 유로를 내고 도시의 전력망을 사들이는 계약을 체결했다. 바텐폴의 대변인은 '공정한 거래'였다고 평가하면서도 회사 측이 만족스러운 결과를 얻지 못하면 이의를 제기할 생각이었다고 에둘러 말했다. "바텐폴이 전력망에서 손을 떼기란 쉬운 일이 아니었지만, 이번 합의로 분쟁을 피할 수 있게 되었습니다."

뒤이어 함부르크는 가스 연결망 계약을 해지했다. 하지만 그보다 훨씬 더 가치가 큰 지역난방망을 공영화하기까지는 몇 년이 더 걸렸다. 함부르크 소비자센터의 귄터 회르만은 지역난방망을 사들이는 데 과도한 비용이 들어갈 수 있다며 우려했다. 2018년에는 지역난방망 가격이 9억 유로를 넘어섰다는 보도가 나왔다.

납세자들은 까맣게 모른다

이제 우리는 ISDS가 좋은 의도로 만들어졌다는 이야기를 믿지 않았지만, 이 제도가 시간이 지나면서 큰 변화를 겪은 것은 분명해 보였다. 기업 변호사, 컨설턴트, 로비스트, 제3자 자금 제공자 등 엘리트 계층이 만든 산업이 ISDS가 통제를 벗어나도록 이끌었을 가능성도 있었다. 어찌되었든 ISDS는 그 어느 때보다 전 세계에 많은 영향을 끼쳤으며, 이제는 선진국의 민주주의까지 위협하고 있었다.

지난 수십 년 동안 ISDS를 뒷받침하는 국제조약과 국제재판소의 주된 표적은 엘살바도르나 남아프리카공화국 같은 개발도상국이었다. 하지만 1990년대 이후 바텐폴이 독일을 제소한 근거가 된 에너지헌장조약을 비롯해 캐나다·미국·멕시코가 체결한 북미자유무역협정 등 선진국들이 참여한 대규모 협정이 등장하면서 역학 관계가 바뀌기 시작했다.

북미자유무역협정은 그 이름에서 알 수 있듯 '자유무역'에 관한 협정이다. 그런데 캐나다, 미국, 멕시코는 외국인 투자자가 ICSID를 비롯한 국제재판소에 정부를 제소할 권한을 주는 데에도 사전에 동의했다. 그러자 많은 투자자가 이를 활용하면서 소송의 수가 부쩍 늘어났다.

특히 캐나다는 수십 건의 소송에 시달렸다. 한 예로 미국의 화학 기업 에틸 Ethyl은 캐나다 정부가 MMT라는 유독성 첨가제가 들어간 가솔린 수입을 금지하자 소송을 제기했다. 캐나다 정부는 1,300만 달러를 배상하고 수입 금지 조치를 철회하는 것으로 합의했다. 또 다른 소송에서 캐나다 정부는 거대 석유 기업 엑슨모빌에 수백만 달러를 배상하라는 판결을 받았다. 엑슨모빌은 캐나다의 뉴펀들랜드 래브라도 주가 투자자들이 지역의 연구·개발 활동을 지원하도록 의무화한 것에 반발해 정부를 제소했다.

이 밖에도 미국의 에너지 기업 론 파인Lone Pine이 제기한 소송은 아직 진행 중이었다. 론 파인은 퀘벡 주가 환경 연구를 위해 세인트로렌스강에서의 프래킹(드릴로 지층에 구멍을 내고 강한 압력으로 액체를 분사해 석유와 가스를 추출하는 공법 - 옮긴이)을 일시적으로 중단하게 하자 소송을 제기했다. 캐나다 정책대안센터의 분석에 따르면 외국인 투자자가 캐나다를 상대로 제기한 소송 중 약 3분의 2는 환경이나 자원과 관련된 관리 조치, 법률, 규제에 반대하는 것이었다.

캐나다는 정부가 당한 소송 목록을 온라인으로 공개한 몇 안 되는 나라였다. 소송을 당한 정부는 결과에 따라 수백만 달러에서 많게는 수십억 달러까지 배상해야 했지만, 정작 최종적으로 이 비용을 부담하는 납세자들은 소송에 관해 까맣게 모르는 경우가 허다했다.

가령 영국은 채널 터널Channel Tunnel(영국과 프랑스를 잇는 해저 터널)의 입구 주변에 적절한 보안을 제공하지 않았다는 이유로 터널을 소유한 회사에 소송을 당했다. 회사 측은 불법 이민자들이 터널을 지나는 트럭에 몰래 올라탔다가 발각된 일로 운송이 지연되자 영국과 프랑스 정부를 제소했다.

이 소송은 ICSID와 비슷한 기관인 네덜란드 헤이그의 상설중재법원에서 맡았으며, 소송에 관한 정보는 역시나 거의 공개되지 않았다. 상설중재법원 홈페이지에는 짤막한 설명만 나와 있었다. '프랑스가 터미널 인근에 난민용 호스텔을 세운 이후…… 호스텔 거주자들이 터널을 이용해 영국으로 입국하려는 시도가 늘어났다. 청구인들은 호스텔 거주자들의 유입으로 손실과 피해를 입었으며, 프랑스와 영국 정부에 이를 방지할 의무가 있다고 주장했다.' 재판부는 회사 측의 손을 들어주는 '부분 판정'을 내렸지만, 양국 정부가 지급한 배상금 등과 같은 세부 사항은 공개되지 않았다.

미국 역시 북미자유무역협정을 체결한 이후 10여 건이 넘는 소송을 당했다. 그런데 공개된 기록만 보면 미국은 아직 소송에 패한 적이 없었다. 캐나다의 시민사회단체 '캐나다인평의회'(우리가 처음 ISDS를 조사하도록 계기를 만들어준 미라가 이 단체 소속이었다)의 베테랑 활동가 모드 발로는 이를 '무역협정은 모든 당사국을 동등하게 취급한다고 하지만 보통은 강대국일수록 무역 갈등에 영향을 받지 않는다는 것을 보여주는 증거'로 여겼다.

2015년까지 ICSID가 맡은 소송을 살펴보면 미국 기업이 제기한 소송의 비중이 약 20퍼센트에 이르렀으며, 영국 기업(8퍼센트)이 그 뒤를 이었다. 한편 2015년 한 해 동안 가장 많은 소송을 당한 지역은 동유럽과 중앙아시아였고, 두 번째는 서유럽이었다.

각국이 수천 건의 국제투자협정을 체결해 기업에 국가를 제소할 권한을 부여한 결과, 거의 모든 국가가 소송 위험에 노출되었으며 시민과 납세자들이 그에 따르는 비용을 부담해야 했다. 압스의 조국 독일 역시 예외가 아니었다. 한때 ISDS를 구축하고 확장하는 데 앞장섰던 독일도 결국은 그 제도의 희생양이 되었다.

ISDS는 선진국의 기업과 투자자가 계속 지배력을 행사하도록 보장하기 위해 만들어졌지만, 이제는 선진국 정부를 공격하는 데에도 활용되었다. 다음 탐사에서도 우리는 비슷한 흐름을 목격했다. 선진국들이 '개발'이라는 명분을 내세워 만든 새 제도는 가난한 나라에서 기업의 이익을 보호하고 확대하는 데 쓰였으며, 나아가 세계 곳곳의 민주주의를 뒤흔들고 있었다.

2

SILENT COUP

기업 복지

저개발국 원조라는 비즈니스

이상한 축제

여름 음악 축제를 보러 가는 여느 또래들처럼 우리는 수많은 참가자가 모이는 행사를 보기 위해 새벽같이 일어나 기차를 타고 런던을 떠났다. 그 행사에는 우리가 꼭 보고 싶은 무대가 있었기에 가까운 곳에 좋은 자리를 잡을 수 있을지 걱정이었다.

하지만 우리가 가는 곳은 장화를 신은 관객이 무대 앞에 모여 춤을 추는 음악 축제가 아니었다. 우리는 리버풀에서 열린 '2014 국제 비즈니스 페스티벌'을 보기 위해 런던 북쪽으로 향했다. 당시 데이비드 캐머런 총리가 이끈 보수당 정부는 이 행사를 주관하면서 '1951년 이후 영국에서 가장 중요한 국제 무역 및 상업 박람회'로 홍보했다.

캐머런은 이 행사가 '기업들에 새로운 국제 상업 파트너십을 구축하는 절호의 기회'를 제공할 거라고 호언장담했다. 그러면서 '산업혁명으로 영국을 부강하게 만든 리버풀은 개최지로 더할 나위 없는 곳'이라고 덧붙였다.

캐머런의 말에는 일리가 있었다. 항구도시 리버풀은 19세기에 산업과 국제 무역의 중심지였으며, 한동안 런던에 뒤지지 않을 만큼 엄청난 부를 누렸다. 그러나 리버풀이 누린 번영은 상당 부분 역사상 가장 지탄받는 사업인 노예무역에서 나왔다. 18세기에 리버풀 항의 배들은 대서양을 오가며 150만 명에 달하는 아프리카인을 실어 날랐다. 노예무역은 수십 년간 리버풀 무역의 30~50퍼센트를 차지했다.

이것은 조직적인 야만 행위였다. 대서양을 아우르는 '삼각무역'은 면직물, 총 같은 영국의 공산품을 아프리카로, 아프리카의 노예를 아메리카와 카리브 지역으로, 그리고 이들 지역에서 생산한 설탕, 면화, 럼을 다시 유럽으로 실어 나르는 방식으로 이루어졌다. 리버풀에서는 삼각무역이라는 '기회'를 잡기 위해 은행과 산업이 급격히 번성했고, 도시는 호황을 누렸다.

도시의 몇몇 거리 이름에도 역사의 흔적이 남아 있었다. 비틀즈가 부른 노래 제목으로도 유명한 페니 레인은 악명 높은 노예상 제임스 페니의 이름에서 유래했다는 설이 있다. 그 밖에도 도시에는 노예제 폐지론자의 이름을 붙인 거리가 여럿 있었다. 리버풀 항의 오래된 부두 옆에는 옛 창고 건물을 복원해 만든 국제노예제박물관이 있었다. 우리는 기차에서 내리자마자 항구 인근 지역으로 향했다.

목적지인 커나드 빌딩은 제1차 세계대전 중에 엘리트 계층을 대상으로 고급 증기 여객선을 운영한 회사의 본사 건물로 지어졌다. 이탈리아의 궁전 양식을 본뜬 건물로, 이탈리아 토스카나에서 수입한 대리석 장식이 돋보이는 곳이었다. 우리는 웅장한 대리석 계단을 따라 건물의 정문으로 들어갔다.

국제 비즈니스 페스티벌에서는 몇 주 동안 해운, 교육 등 여러 분야를 다룬 세션과 세계 각지로 진출하려는 기업·사업가를 위한 갖가지 프로그램을 진행했다. 우리가 참가하려는 세션을 비롯해 대부분의 프로그램은 영국 정부 관계자의 주최로 열렸다.

우리는 건물의 역사를 보여주는 장식과 아치형 천장이 눈에 띄는 고풍스러운 연회장으로 들어섰다. 정장을 갖춰 입은 사람들이 깨끗한 흰색 식탁보가 깔린 원탁에 둘러앉아 있었다. 우리는 빈자리 두 개를 발견하고 자리에 앉아 미소를 지었다. 무대 바로 앞자리였다.

"이 분야는 어느 정도의 가치가 있을까요?" 잠시 후 연단에 오른 남자가 물었다. 그가 자신의 질문에 '이 분야의 규모는 700억~1,000억 달러'에 이른다고 답하자 청중은 박수를 보냈고, 남자는 환하게 미소를 지었다. 전 세계의 사이버보안이나 출판 잡지 시장에 맞먹는 어마어마한 액수였다. 하지만 이 행사는 보통 사람들이 들어본 적조차 없는 사업을 다루고 있었다.

무대에 오른 남자는 나이절 피터스였다. 당시 그는 '원조자금사업청'이라는 잘 알려지지 않은 정부 부서의 책임자였다. 이 부서는 영국 기업이 공공 재원으로 전 세계의 극빈층을 돕는 원조 사업을 수주하도록 지원하는 곳이었다.

"개발과 인도적 지원은 중요한 사업입니다. 저희는 여러분이 이러한 사업을 따내도록 지원하겠습니다." 스크린 옆에 선 피터스가 유엔 산하기구들, 세계은행, 미국과 영국의 정부 부처 등 잠재적 고객의 명단이 적힌 슬라이드를 띄우며 말했다.

"원조 자금 사업의 세계에 오신 것을 환영합니다." 열의에 찬 환영 인사였다.

"평화 유지, 기근 구호, 재난 구호, 긴급 원조 등 유엔의 활동에 참여할 수 있는 사업 기회는 무궁무진합니다." 피터스가 몇 가지 예를 들며 설명을 이어갔다. "제품을 만드는 기업이라면 자연재해는 물론 시리아와 이라크 같은 나라의 난민수용소처럼 인재로 인한 기근, 재난 구호 활동에서도 기회를 찾을 수 있습니다."

주위에 둘러앉은 청중이 다시 박수를 보냈다. 수많은 사람이 죽거나 삶의 터전을 잃는 재난을 두고 이렇게 박수갈채가 나온다는 사실에 어안이 벙벙했다.

이어 같은 부서의 엘리노어 바하가 환한 표정으로 무대에 올랐다. 바하는 유엔 기구가 대거 밀집한 스위스 제네바에서 원조자금사업청의 주재관으로 일하고 있었다.

"유엔의 사업을 왜 눈여겨봐야 할까요? 이 사업의 핵심이 뭘까요? 바로 여러분의 기업에 많은 수익을 가져다줄 수출 시장이라는 점입니다."

바하는 이 분야에서 활동하는 기업은 분명 '보람'을 느낄 수 있지만, '가장 중요한 것은 수익이 확실히 보장된다는 점'이라고 강조했다. "유엔은 예산을 충분히 확보했을 때에만 기업에 사업을 맡깁니다."

리버풀에 다녀온 뒤, 우리는 다시 런던에서 기차를 타고 유럽연합의 비공식 수도인 브뤼셀로 향했다. 원조 사업 분야에서 '네트워크 형성과 수주, 사업 기회를 제공하는 주요 행사'인 국제원조박람회AidEx를 보기 위해서였다.

국제원조박람회가 열리는 대형 컨벤션 센터에는 정장을 입은 수백 명의 참가자가 무리를 지어 전시 부스를 구경하거나 와인을 홀짝이고 있었다. 테이블 위에는 광택이 나는 기업 홍보 책자와 기업의 로고가 새겨진 열쇠고리형 USB 등이 놓여 있고 천장에는 포드, 토요타, 폭스바겐 같은 유명 자동차 기업의 현수막이 걸려 있었다.

기업이 설치한 부스에서는 비정부기구, 미국 국제개발처USAID 같은 정부 기관, 유엔 기구를 대상으로 상품과 서비스를 홍보했다. 이 기관들이 매년 전 세계에서 지출하는 금액만 수십억 달러에 달했다. 행사장에서는 각종 방수포부터 민간 보안업체의 서비스까지 다양한 상품을 볼 수 있었다. 참석자들은 임시 카페에 삼삼오오 모여 앉아 지난해에 누가 어떤 사업을 수주했는지 비교하며 정보를 교환했다.

주최 측은 국제원조박람회에 참여하면 기업들이 '브랜드 인지도를 높이고, 새로운 우위를 창출하고, 맞춤형 홍보 서비스를 받을 수 있다'고 선전했다. 국제원조박람회의 유튜브 채널에는 경쾌한 음악과 함께 이 행사의 이점을 홍보하는 2분짜리 애니메이션 영상이 있었다. "이 물건을 다 무슨 수로 팔지?" 영상에 나온 한 캐릭터가 묻자 또 다른 캐릭터의 머리 위에 반짝하고 전구가 떠오른다. "국제원조박람회에 전시하면 어떨까?" 화면 한가운데에 택배 상자가 쌓이는 동안 제안을 한 캐릭터가 말한다. "국제원조박람회에 가면 우리 물건을 원하는 구매자가 있을 거야!"

하지만 정작 행사장에는 원조의 본래 목적인 빈곤 퇴치에 관해 이야기하는 사람이 거의 없었다. 런던으로 돌아오는 기차 안에서 이런 의문이 들었다. 원조 자금 사업이라는 분야가 있다는 사실이 잘 알려지지 않은 이유는 뭘까? 국제 원조에는 국민의 세금이 들어가고, 정치권에서는 종종 원조 문제를 논의한다. 그런데 왜 원조 예산을 노리고 사업하는 기업의 존재는 눈에 잘 띄지 않을까?

원조 자금이 향하는 곳은

원조란 무엇인가? 원조 자금을 최종적으로 부담하는 납세자들은 원조란 '가난한 나라를 돕기 위해 돈을 내는 일'이라는 이야기를 흔히 듣는다.

따라서 원조를 지지하든 비판하든 상관없이 사람들은 대개 원조를 부유한 나라가 가난한 나라에 직접 현금을 주는 일로 여긴다.

한 예로 원조에 비판적인 태도로 유명한 영국 일간지 〈데일리 메일〉은 2014년 2월 14일에 영국 정부가 매년 해외 원조에 지출하는 110억 파운드 중 일부를 영국 내 홍수 피해자를 돕는 데 사용할 것을 촉구하는 청원을 벌였다. 청원에 서명한 글로스터셔 출신의 소설가는 이렇게 말했다. "정부는 인도와 중국을 원조하는 데 수백만 파운드씩 쓰면서 정작 우리에게는 한 푼도 쓰지 않습니다. 말도 안 되는 일이에요."

영국에서 원조에 반대하는 사람들은 늘 영국이 매년 다른 나라에 돈을 보내거나 거금을 쏟아붓는 것은 잘못이라는 식으로 비슷한 주장을 되풀이해왔다. 지지자들 역시 원조를 부유층의 부를 빈곤층에 재분배하는 국제적 사회보장제도로 여긴다는 점에서는 반대론자와 다르지 않았다. 정치인들 또한 특정 국가를 '대상'으로 원조를 '제공'하겠다며 비슷한 인식을 드러내기 일쑤였다.

그러나 원조의 현실은 훨씬 더 복잡했다. 우리가 리버풀과 브뤼셀에서 확인했듯, 원조 예산의 수혜자는 다름 아닌 기업이었다.

사실상 원조 자금 중 빈곤국의 정부나 단체에 직접 전달되는 돈은 일부에 지나지 않았다. 원조 자금은 대부분 계약 업체와 하청 업체를 거치느라 전달되는 데 시간이 걸렸다. 게다가 원조국은 약속한 자금을 단순히 현금으로 지급하지 않는 경우가 많았으며, 원조 자금이 원조 대상국을 '위해' 쓰일 거라는 보장도 없었다.

프랑스 파리에 본부를 둔 선진국 협력체 경제협력개발기구OECD는 명문화된 규칙을 만들어 어떤 지출을 공적개발원조ODA(원조의 공식 명칭)라고 할지를 규정했다.

규정에 따르면 원조는 '개발도상국의 경제 발전과 복지 증진'을 주된 목적으로 삼아야 한다. 그런데 OECD는 원조국이 흔히 생각하는 것과 다른 방식으로 원조 예산을 사용할 수 있도록 상세한 규칙을 마련해 두었다.

예를 들어 원조국 정부는 이자와 함께 갚아야 하는 대출 형태로 원조 자금을 제공해 수익을 낼 수 있었다. 또한 OECD는 채무 감면을 원조로 간주했으며, 새로 현금을 빌려주지 않고 기존의 빚을 면제하거나 상환 일정을 바꾸기만 해도 원조로 취급했다.

OECD의 자료에 따르면 영국은 수백만 파운드의 원조 자금을 아프리카에서 온 공무원의 군사훈련, 영국 대학에서 공부하는 외국 학생의 장학금, 북한 공무원의 방문 연수 등에 사용했다. 또한 영국은 과거에 식민지였던 나라의 장교들에게 주는 연금도 원조로 간주했으며, 2017년 한 해에만 200만 파운드를 지급했다.

빈곤국 정부가 직접 관리하고 쓰도록 자금을 지원하는 일을 전문용어로 '예산 지원'이라고 한다. 그런데 2014년 전 세계에서 빈곤국의 예산 지원에 쓴 돈은 95억 달러로, 전체 원조 자금(1,650억 달러)의 6퍼센트에도 미치지 못했다.

그렇다면 나머지 금액은 어떻게 쓰였을까? 대부분은 국제기구, NGO, 영리를 목적으로 하는 계약 업체와 하청 업체를 거쳐 빈곤국에 전달되었다. 그리고 이들은 원조 자금을 주로 빈곤국이 아니라 선진국의 기업에서 물건이나 서비스를 구매하는 데 썼다.

우리가 리버풀과 브뤼셀에서 목격한 원조 사업은 바로 이러한 자금으로 탄생한 분야다. 이 분야에서 활동하는 기업들은 인도적 위기를 기회로 보았으며, 개발원조 활동을 안정적인 수입원으로 삼았다.

이처럼 다양한 형태의 지출을 원조로 규정하는 한, 구체적인 사용처를 확인하지 않고 원조 자금을 단순 비교하기는 어렵다. 같은 원조 자금이라도 빈곤국 정부에 직접 전달하거나 원조 사업으로 돈을 버는 민간 업체에 지급하는 등 전혀 다른 방식으로 쓸 수 있기 때문이다.

그런데도 원조를 비판하거나 지지하는 사람들과 정치인들은 하나 같이 국민총소득 GNI의 0.7퍼센트를 원조에 지출한다는 목표에만 관심을 두었다. GNI의 0.7퍼센트라는 수치는 1970년대부터 국제 정상회의에서 지지를 받으며 원조국의 '아량'을 판단하는 중요한 기준으로 자리매김했다. 스웨덴, 노르웨이, 덴마크, 네덜란드는 1970년대에 이를 달성했고, 2000년에는 룩셈부르크가 그 뒤를 이었다. 영국은 총 해외 원조 예산이 114억 파운드에 달한 2013년에 G7 국가 중 최초로 이 기준을 충족했으며, 2015년 이를 법으로 보장했다(그러나 2021년에는 팬데믹에 따른 경제 충격을 이유로 목표치를 GNI의 0.5퍼센트로 낮추었다).

몇몇 전문가는 이 같은 기준이 자의적이고 시대에 뒤떨어졌으며, 개발도상국에 필요한 돈을 산출하는 낡은 계산법에 근거한다고 비판했다. 가령 영국 의회의 국제개발선정위원회는 무슨 일이 있어도 목표치를 달성해야 한다는 압박 탓에 잘못된 의사 결정을 할 위험이 있다고 경고했다.

게다가 이러한 목표치는 사람들의 관심을 예산이 구체적으로 어디에 쓰이는지가 아니라 전체 예산이 얼마나 되는지로 돌리는 수단이기도 했다.

2015년, 영국은 새로운 원조 전략을 발표하면서 '영국의 무역과 투자 기회를 강화하는' 개발원조 계획을 우선하겠다고 선언했다. 영국 정부는 '기업 친화적인' 법을 만들고 기반 시설, 농업 등의 민간투자를 지원하는 프로젝트에 원조 예산을 투입할 계획이었다.

영리를 추구하는 민간기업이 원조 자금 지출에 관여한다는 점 또한 돈의 흐름을 파악하기 어렵게 만드는 요인이었다. 영국 정부는 기업이 원조 사업 계약에 입찰할 때 간접비, 급여, 이윤 명세서를 제출하도록 지침을 마련했다. 하지만 정부는 이러한 정보를 거의 공개하지 않았기에 기업들이 정부의 지침을 제대로 따랐는지조차 확인하기 어려웠다.

마거릿과 마하티르

2013년 마거릿 대처가 세상을 떠나자 영국에서는 300만 파운드가 넘는 비용을 들여 국장에 준하는 장례식을 거행했다. 장례식은 세인트폴 대성당에서 치러졌는데, 이곳에서는 불과 몇 년 전 '런던을 점령하라'는 구호를 내건 시위대가 빈부 격차와 기업이 정부에 끼치는 영향력에 항의하며 점거 시위를 벌였다.

장례식에는 엘리자베스 2세를 비롯해 많은 유명 인사가 참석했다. 외국에서 온 조문객 중에는 대처와 비슷한 시기에 말레이시아의 총리로 취임해 더 오랜 기간 집권한 마하티르 빈 모하맛이 있었다. 그는 1981년부터 2003년까지 총리로 재임했고, 2018년 93세의 나이로 다시 한 번 총리직을 맡았다.

조문객 명단에서 마하티르의 이름이 눈에 들어온 이유는 대처가 사망하기 1년 전에 전직 고위 관료가 1990년대에 터진 페르가우 스캔들을 내부자로서 조명한 책을 발표했기 때문이었다. 영국은 이 스캔들을 계기로 해외 원조에서 상업적 이해관계를 배제하고 빈곤 퇴치에 초점을 맞추도록 하는 법을 제정했다.

이 스캔들은 대처 정부와 마하티르 정부 간의 거래에서 비롯되었다. 대처 정부는 말레이시아 페르가우 강의 수력발전용 댐 건설을 지원했고,

그 대가로 말레이시아 정부는 브리티시 에어로스페이스(이후 'BAE시스템스'로 회사명을 바꾸었다)를 비롯한 영국 무기 회사의 군용 제트기 수십여 대를 구입했다.

이 사건을 다룬 책은 티모시 랭커스터가 쓴 『영국 해외 원조의 정치와 경제학 : 페르가우 댐 사건The Politics and Economics of Britain's Foreign Aid: The Pergau Dam Affair』이다. 영국과 말레이시아가 비밀리에 거래를 맺을 당시 재무부 공무원이었던 랭커스터는 상급자들에게 비공개 서한을 보내 이 거래로 인해 '장관들이 큰 곤경에 빠지고 공공 재정이 낭비될 것'이라고 경고했다. 이후 그는 원조 예산을 관리하는 해외개발처ODA의 사무차관으로 일할 때도 이 거래와 관련된 재정 지출을 막아야 한다고 조언했다.

랭커스터는 말레이시아가 더 저렴한 방법으로 전력을 생산할 수 있다고 보았기에 원조 계획 자체에 타당성이 없다고 생각했다. 이에 따라 그는 예산안을 결재하기 전에 장관에게 공식적으로 지시를 내릴 것을 요청하는 이례적인 조치를 취했다. 이로써 랭커스터는 예산안에 문제가 있다는 견해를 밝혔고, 이 일을 계기로 영국 감사원은 물론 주요 신문사까지 사건을 조사하기 시작했다.

랭커스터의 책 표지에는 스캔들의 중심에 있던 두 총리가 사건이 불거지기 전에 찍은 사진이 실려 있다. 회색 양복에 자주색 넥타이를 맨 마하티르는 카메라를 똑바로 보고 있으며, 옆에는 검은색 드레스를 입은 대처가 앉아 있다. 두 사람 모두 편안한 표정이고, 사이에 있는 테이블에는 화기애애한 분위기를 보여주듯(혹은 그러한 분위기를 연출하려는 듯) 찻잔 두 개가 놓여 있다.

이 사진은 1985년 4월 대처가 열흘간 아시아를 순방하는 중에 마하티르를 만난 자리에서 찍은 것이다. 대처는 마하티르가 자신처럼 '자유

기업 체제와 무역 자유화의 이점'을 믿는다며 치켜세웠다. 말레이시아가 1957년 영국에서 독립한 이후 영국 총리가 처음으로 말레이시아를 공식 방문한 것이었다. 훗날 대처는 마하티르와의 관계가 처음에는 다소 불편했다고 술회했다. 이전까지 마하티르는 노골적으로 '동방 정책'(동아시아 국가인 한국과 일본을 모델로 한 발전 정책 – 옮긴이)을 추진했고, 영국 제품은 '꼭 필요한 경우에만' 구입하겠다며 비영국산을 우선 고려하겠다는 뜻을 분명히 밝혔다.

대처는 마하티르의 마음을 돌리려 애쓰는 와중에 쿠알라룸푸르를 찾았다. 대처가 쿠알라룸푸르에서 한 연설은 마하티르의 리더십에 대한 찬사 일색이었다. "총리께서도 민영화와 국가의 역할 축소를 적극 지지하신다는 사실을 알게 되어 기쁩니다. 저는 '말레이시아 주식회사'라는 새 구호에도 깊은 감명을 받았습니다." 그러면서도 대처는 이렇게 덧붙였다. "많은 영국 기업이 말레이시아와 사업을 하고 싶어 합니다. 저는 여러분께 영국 기업만의 장점을 알리기 위해 최선을 다할 생각입니다."

대처는 방문 중에 한 또 다른 기자회견에서 이후 페르가우 댐 건설에 참여한 대형 건설사 밸푸어 비티Balfour Beatty와 과자, 비누 등 소비재를 만드는 거대 다국적기업 유니레버Unilever를 콕 집어 언급하기도 했다.

의회가 '페르가우 댐 사건'을 조사할 당시 대처는 이미 정권에서 물러났지만, 대기업을 위한 로비 활동을 계속하고 있었다. 한 예로 대처는 담배 회사 필립모리스의 '지정학 컨설턴트'로 일하며 연설 한 건당 5만 달러를 받았다고 알려졌다. 하지만 대처는 사건의 가장 중요한 증인임에도 조사에 협조하지 않았다.

말레이시아에서는 이 사건을 계기로 공공 부문에서 영국 업체와의 계약을 배제하는 불매운동이 벌어졌다. 그런가 하면 영국의 시민사회단체들은 자국 기업의 지원이 아니라 개발도상국의 빈곤 퇴치를 위해 원조를 시행해야 한다고 목소리를 높였다. 1994년 세계개발운동이라는 영국의 NGO는 페르가우 댐 건설을 지원한 정부의 결정이 법에 어긋난다며 정부의 원조 기관을 상대로 소송을 제기했다. 영국 고등법원은 이 기념비적인 소송에서 NGO 측의 손을 들어주었다.

페르가우 스캔들 이후 영국에서는 새로운 원조 기관으로 장관급 부처인 국제개발부Department for International Development, DFID를 설립했다. 이어 2002년에는 정부가 모든 원조 사업에서 빈곤 퇴치를 최우선 과제로 삼도록 규정하는 국제개발법이 통과되었다. 이로써 영국은 공식적으로 원조를 자국 기업의 이해관계와 분리하고 해외 기업이 원조 자금 사업에 참여할 수 있는 문을 열었다.

이전까지 원조국에서는 흔히 자국 기업에 원조 사업 일부를 몰아주는 식으로 경쟁을 제한했다. 예를 들어 미국에서는 주로 워싱턴 DC에 본사를 두며 '벨트웨이 도적단'이라는 별칭으로 널리 알려진 몇몇 업체가 오랫동안 USAID의 사업을 도맡았다.

미국 농무부가 담당하는 식품 원조 역시 카길Cargill, ADM, 번지Bunge 등 거대 곡물 기업을 비롯한 소수의 업체가 관련 사업을 장악하고 있었다. 이들은 빈곤국에 보낼 밀과 갖가지 상품을 공급하는 알짜 계약을 독점하다시피 했다(미국에서 빈곤국으로 원조 물자를 보낼 때는 보통 미국 선박을 이용했기에 해운업계 역시 원조 사업으로 이익을 챙겼다).

페르가우 댐 사건을 겪은 영국은 뒤이은 조치로 변화를 선언했다. 약속대로라면 영국 정부는 개발도상국 현지에서 더 많은 상품과 서비스를 구매하는 쪽으로 원조 정책의 방향을 바꿔야 했다. 장기적이고 지속 가능한 개발을 원조의 목표로 삼는 이상 그러는 것이 당연했으며, 그랬다면 원조 사업은 개발도상국의 경제가 성장하는 데 보탬이 되었을 것이다.

그러나 페르가우 댐 사건을 두고 정부 기관을 제소한 세계개발운동은 2011년에 다시 한 번 이 문제를 비판하고 나섰다. 국제개발부 장관이었던 앤드류 미첼이 인도네시아에 원조를 대가로 BAE시스템스의 유로파이터 타이푼 전투기를 판매할 계획이었다는 보도가 나온 뒤였다. 또한 랭커스터의 책이 출간되기 몇 달 전인 2012년 9월에는 영국의 몇몇 민간 컨설턴트가 수백만 파운드 규모의 원조 계약에 관여해 어마어마한 급여를 받는다는 보도가 쏟아져 나왔다. 2014년에 나온 정부 통계에 따르면 영국에서는 여전히 원조 계약의 90퍼센트 이상을 영국 기업이나 다국적 기업의 영국 자회사가 따냈다.

게다가 날이 갈수록 원조 자금 사업의 규모가 커지면서 작은 기업은 계약에 입찰하는 것조차 어려워졌다. 기업들은 이제 일상적인 지원 업무 외에도 특정 프로젝트에 기술을 제공하거나 몇 년에 걸쳐 대규모 사업을 설계하고 결과물을 내는 등 다양한 일을 처리해야 했다. 뿐만 아니라 정부는 기업을 '관리 대리인'으로 고용해 다른 도급업체를 선정하고 감독하게 했으며, 관련 연구와 원조 계획의 결과 평가까지 기업의 손에 넘겼다.

영국에서는 특히 11개 회사가 원조 사업을 대부분 도맡았으며, 국제개발부의 원조 담당 부서와 직접 소통하는 특권을 누렸다. 영국 정부의 고위 관료였던 마크 로록은 〈서플라이 매니지먼트〉라는 잡지에 기고한 글에서 국제개발부가 '전략적으로 가장 중요한 공급업체들'과 '허심탄회한 대화의 장'을 마련해 함께 계획을 세웠다고 밝혔다.

11개의 주요 업체 중 개발도상국 출신 회사는 하나도 없었지만, 다국적 회계법인 프라이스워터하우스쿠퍼스PricewaterhouseCoopers를 비롯한 유럽의 대형 컨설팅 업체는 명단에 포함되어 있었다. 그리고 그중 대다수는 1992년 대처의 지지자들이 설립한 애덤 스미스 인터내셔널Adam Smith International, 역사가 무려 1833년까지 거슬러 올라가는 크라운 에이전트Crown Agents 같은 영국 업체였다.

이 제국에서 저 제국으로

우리는 크라운 에이전트가 대영제국 시기에 설립되었다는 사실에 흥미를 느껴 이 업체의 역사를 파고들기 시작했다. 잘 알려지지 않았지만, 2003년 5월 런던의 중심가인 버킹엄 팰리스 로드에서는 소수의 시위대가 '전쟁과 탐욕의 대리인'이라고 쓴 현수막을 내걸고 행인들에게 팸플릿을 나눠주었다. 시위대는 '기업 정부의 시대인 오늘날 국가와 기업 사이의 불투명한 영역'이 더없이 중요해졌으며, 크라운 에이전트는 이 영역에서 암약하며 '지금도 제국주의에 이비지하고 있다'고 비판했다.

이 시위는 미국과 영국이 이라크를 침공한 뒤 벌인 재건 사업에 크라운 에이전트가 참여했다는 사실이 알려지면서 시작되었다. BBC는 '전후 처리'를 전문으로 하는 '소수 기업 집단'의 일원으로 미국의 대형 건설사 벡텔Bechtel과 크라운 에이전트를 거론했으며, 〈인디펜던트〉는 크라운 에이전트가 '영국 회사로는 처음으로 미국의 이라크 재건 사업에서 계약을 따냈다'고 보도했다.

크라운 에이전트는 원조 자금 사업을 전문으로 하는 영국 업체 중에서도 손에 꼽을 만큼 규모가 컸으며, 대영제국 치하에서 사업을 시작해 식민주의가 끝난 이후 개발원조에 뛰어들기까지 긴 역사를 자랑했다. 크라운 에이전트의 홈페이지는 회사가 '1833년부터 혁신을 거듭하며' 고객의 '자족과 번영을 위해' 노력해왔다고 소개했다.

크라운 에이전트는 제국을 대신해 식민지 정부에 필요한 물자를 마련하는 중간상인으로 출발했다. 이들은 식민지부 장관의 감독 아래 독립적으로 활동하며 식민지 투자와 현지에서 생산되지 않는 물품 공급을 관리하거나 건설 계획을 감독하고 식민지 장교의 급여와 연금을 지급하는 등 다양한 일을 처리했다.

영국의 기업사를 연구한 역사학자 데이비드 선덜랜드는 『대영제국을 관리하다 Managing the British Empire』라는 저서에서 크라운 에이전트의 역사를 상세히 분석하며 1800년대 말부터 20세기 초까지의 성장 과정을 설명했다. 그사이 30명에 불과했던 직원은 460여 명까지 늘어났으며, 다른 도급업체에 업무를 위탁하고 운송업체, 포장 회사, 변호사 등을 고용할 만큼 사업이 커졌다.

선덜랜드에 따르면 크라운 에이전트는 처음에 비용이 많이 들더라도 양질의 서비스를 제공한다는 전략을 세웠지만, 시간이 지날수록 '이윤 극대화'에 관심을 쏟았다. 그리하여 이들은 영국 정부와의 연줄을 활용해 '회사에 이익이 되는 방향으로 정책에 영향력을 행사했고, 그 결과 정부는 비용이 많이 들고 경제성이 떨어지는 철도를 건설하거나 큰돈을 들여 공채를 발행하고 비싼 가격에 물품을 구매했다'.

크라운 에이전트는 제국이 무너진 뒤에도 살아남아 국제 원조와 개발 사업에 중점을 두는 법정 공공 기관으로 재탄생했으며, 설립된 지 150년이 지난 1997년에는 한 재단이 자본을 전액 출자해 민간 유한회사가 되었다.

크라운 에이전트가 설립된 19세기 초, 왕실의 허가를 받은 '칙허회사 charterd company'(개인 투자자와 상인들이 자본을 모아 설립한 회사로, 현대 기업의 전신이라고 할 수 있다)들은 세계 각지에서 탐험과 무역을 벌이고 식민지를 개척하는 데 여념이 없었다. 그중에서도 가장 널리 알려진 동인도회사는 회사를 상징하는 깃발과 영국군의 두 배에 달하는 사병을 보유하고 있었다.

동인도회사에 관한 책을 쓴 역사학자 윌리엄 달림플에 따르면 이 회사는 '위험할 정도로 규제를 받지 않은 민간기업'으로, '역사상 유례가 없는 기업 쿠데타를 일으켜' 인도의 상당 부분을 차지했다.

동인도회사는 인도 외에도 동남아시아의 일부 지역과 홍콩까지 점령했으며, 다른 칙허회사들은 아메리카와 아프리카에 식민지를 세웠다. 식민 열강들은 '아프리카 쟁탈전'을 공식화한 것으로 유명한 베를린 회담에서 이 회사들을 지원하고 나섰다. 이 회의의 핵심은 영토를 소유했다고 선언하기만 해서는 국제적으로 소유권을 인정하지 않겠다고 합의한 것이었다. 이제 특정 지역의 소유권을 주장하려면 '실효적 지배'가 필요했다. 칙허회사들은 열강들이 식민지를 실효적으로 지배하는 데 기꺼이 앞장섰다.

한 예로 서아프리카에서는 1886년에 설립된 왕립 나이저 회사Royal Niger Company가 나이저 삼각주 지역을 통치하며 영국 정부의 이해관계를 대변했다. 이 회사는 세관과 법원, 감옥은 물론 경찰까지 보유하고 있었다. 20세기 초, 왕립 나이저 회사는 유나이티드 아프리카 컴퍼니United Africa Company, UAC에 합병되었으며, UAC는 대처가 말레이시아에서 언급한 다국적 소비재 기업 유니레버의 자회사가 되었다. 뒤에서 다시 설명하겠지만, 우리는 유니레버의 오랜 역사를 따라가며 원조와 개발 제도를 새로운 시각에서 이해할 수 있었다.

우리는 대영제국이 무너졌다고 해서 제국의 인프라까지 함께 사라지지 않았다는 사실을 차츰 깨닫고 있었다. 제국의 인프라 중 일부는 개발이라는 명분을 내세워 활동 방향을 바꾸거나 이미지를 쇄신했다. 원조 산업은 이 같은 인프라에 뿌리를 두고 있었으며, 대기업이 원조 산업으로 이득을 챙기는 현실 역시 이 뿌리 깊은 역사에서 비롯된 것이었다.

을 파괴'한다고 비판했다.

비야 베란다 인근에서 활동하는 지역 단체 '산타테클라 북서부 생태 보호위원회'도 이 같은 개발 사업이 지역의 물 공급과 생물다양성, 지역 주민의 삶의 질을 위협한다고 경고했다.

회사 측은 본래 계획을 변경해 주택 수를 줄이고 녹지 공간을 늘렸으며, 지역사회를 위한 프로그램에 수십만 달러를 투자했다고 반박했다. 그러나 엘살바도르의 환경 단체 아쿠아Acua의 에디트 테하라는 이 사업이 국제개발자금의 지원을 받았다는 사실 자체가 심각한 문제라고 지적했다. "쇼핑몰이나 고급 주택단지를 지을 때마다 지역 주민이 아니라 건설 현장이 먼저 물을 공급받아요. 제가 놀란 건 사람들이 이런 일을 개발이라고 생각한다는 점이에요."

억만장자 수혜자들

우리가 산살바도르에서 묵은 게스트하우스는 버거킹, 피자헛, 맥도날드 같은 미국의 패스트푸드 체인점 간판이 줄줄이 늘어선 대로 근처에 있었다. 패스트푸드 가게들 뒤에는 번쩍이는 창유리로 덮인 사무실 건물들과 대형 쇼핑몰 하나가 서 있었다. 미국의 교외에서 흔히 볼 법한 풍경이었다.

우리는 택시를 타러 가거나 쇼핑몰에서 여행 도중 먹을 간식과 카메라의 메모리 카드를 사기 위해 그 길을 여러 번 지나다녔다. 하지만 쇼핑몰에는 사람이 거의 없었고, 물건 값은 비야 베란다처럼 엘살바도르인 대다수가 엄두를 못 낼 만큼 비쌌다.

비야 베란다를 지은 아방세 인헤니에로스처럼 이 쇼핑몰을 지은 회사도 '개발 금융'의 혜택을 받았다. 이들은 민간기업에 투자하는 세계은행의 하부 기관인 국제금융공사IFC의 지원을 받았다.

이 회사는 억만장자 리카르도 포마가 이끄는 그루포 포마Grupo Poma
로, 리카르도 포마는 미국의 정치인 밋 롬니의 친구이자 롬니가 설립한
사모펀드 베인 캐피털의 초기 투자자였다. 1919년에 설립된 그루포 포
마는 중앙아메리카 전역에 자동차 판매 대리점, 호텔, 리조트, 제조 공장
을 소유한 거대 기업으로 최근에는 쇼핑몰 건설에 열을 올리고 있었다.
한편 포마 가문은 엘살바도르 내전 중 악명이 자자했던 암살 부대의 배
후에 있는 우파 정당 아레나ARENA를 지원했다고도 알려져 있었다.

쇼핑몰에는 IFC가 그루포 포마를 지원한 사실을 알리는 광고판은
보이지 않았다. 하지만 나중에 우리는 IFC의 투자 데이터베이스에서 '메
트로센트로Metrocentro'라는 이름을 발견했다. 우리가 묵은 게스트하우스
근처의 쇼핑몰 체인 이름이었다.

그루포 포마는 2003년 IFC에서 2,500만 달러에 달하는 투자를 받았
다. OECD의 자료에 따르면 이는 2013년 엘살바도르 정부가 각국에서
원조받은 예산 지원과 맞먹는 금액이었다.

IFC는 그루포 포마에 투자할 당시에 낸 보도 자료에서 이 투자로 산
살바도르의 '상업 인프라가 크게 개선될 것'이라고 주장했다. 그들은 또
그루포 포마가 '지역의 소매업체와 고용, 관련 보조 인프라를 활성화하
고 더 좋은 제품을 더 저렴한 가격에 소매로 제공한다'고 치켜세웠다.

그러나 이 투자가 전 세계의 빈곤을 퇴치하고 '공동의 번영'을 장려한
다는 IFC와 세계은행의 목표에 어떤 도움이 될지는 알 수 없었다. 반면에
그루포 포마의 목적이 상업적 성공이라는 건 불을 보듯 뻔한 일이었다.

IFC는 보도 자료에서 메트로센트로를 '엘살바도르 최대의 쇼핑몰
개발·운영 업체'로 소개하며 관련자들의 발언을 인용했다. IFC의 라틴
아메리카·카리브 해 지역국장 베르나르 파스키에는 이 투자가 '경쟁력

있는 서비스 기업의 확장을 지원'할 것이라고 말했다. 또 리카르도 포마는 IFC의 지원이 '엘살바도르의 공식 소매 부문의 발전을 촉진'하리라는 막연한 이야기를 하면서도 이 투자가 자사의 '지속적인 확장 전략'을 실행하는 데 도움을 줄 거라고 강조했다.

IFC의 투자 데이터베이스에는 IFC가 2010년 그루포 포마에 추가로 5,000만 달러를 투자해 중앙아메리카 전역에 호텔과 쇼핑몰을 짓거나 개수하도록 지원했다는 기록이 있었다. IFC는 공시에서 이 투자가 안전하고 편리한 쇼핑 기회를 제공해 '소비자에게 혜택'을 주고 일자리를 창출하는 데 쓰일 것이라고 말했다. 그러나 공시는 세계 각지에서 '출장을 오는 사업가들'과 그루포 포마 역시 혜택을 받는다는 점을 분명히 밝혔다. 공시에 따르면 그루포 포마는 이번 투자를 기반으로 '튼튼한 재무구조'를 갖추고, IFC가 현지의 사업·경제·정치 상황을 잘 아는 시장(콜롬비아 등)으로 사업을 확장함으로써 '전략적 역할'을 수행할 것이었다.

IFC는 2005년에도 그루포 포마가 온두라스에 쇼핑몰을 짓는 데 3,500만 달러를 투자했다. 2016년에는 엘살바도르, 니카라과, 온두라스에서 사업을 확장하도록 4,500만 달러를 더 투자할 예정이었다. 계산해보니 IFC는 20여 년 동안 총 1억 6,500만 달러에 이르는 개발 자금을 그루포 포마와 관련 기업들에 투자했다. 1998년 온두라스의 수도 테구시갈파에 '대형 쇼핑센터'와 '최초의 5성급 호텔 체인'을 짓도록 100만 달러를 투자한 것이 그 시작이었다. 이 사업에서 그루포 포마의 자회사 그루포 로블레Grupo Roble는 호텔을 지어 대형 호텔 체인 인터컨티넨탈과 공동으로 운영했으며, 쇼핑센터 건설과 운영은 힐우드 인베스트먼트Hillwood Investments라는 또 다른 기업의 자회사들이 맡았다.

조사해보니 힐우드 인베스트먼트 역시 억만장자 로스 페로가 소유한 가족기업이었다. 페로는 2019년 사망할 당시 40억 달러에 이르는 순

자산을 남긴 텍사스 출신의 거물 사업가였다. IFC의 투자를 받기 전, 그는 자신이 설립한 데이터 처리 회사를 제너럴 모터스에 25억 달러에 매각했다. 또한 페로는 미국 대선에 두 번 출마한 적이 있으며, 영국 대헌장의 사본 중 하나를 소유한 인물이었다.

IFC의 탄생

IFC는 영국 정부가 CDC를 만든 지 10여 년 뒤에 설립되었다. 세계은행의 상임 이사들이 작성한 IFC의 설립 정관은 1956년 7월 이집트 대통령 가말 압델 나세르가 수에즈 운하를 국유화해 '수에즈 위기'를 촉발하기 며칠 전에 발효되었다.

　당시 세계은행의 고위 인사들은 민간기업이 빈곤국에 진출하도록 지원하는 기관을 만들기 위해 로비를 벌였으며, 부총재였던 로버트 가너도 그중 한 명이었다. 훗날 가너는 '개발도상국의 미래를 보장하는 최선의 방안은 좋은 민간기업을 육성하는 것'이라 '믿어 의심치 않았다'고 회고했다.

　가너의 구상은 트루먼 행정부에서 국제개발자문위원회를 이끈 넬슨 록펠러를 비롯해 여러 영향력 있는 후원자의 지지를 받았다. 그리하여 IFC는 1956년 가너의 주도로 31개국이 참여한 가운데 활동을 시작했다. 설립 직후 IFC는 민간기업에 대출만 제공할 수 있었는데, 그중 하나는 독일의 유명 기업인 지멘스의 계열사가 브라질에 진출하도록 자금을 댄 것이었다. IFC가 설립 당시부터 선진국의 대기업에 혜택을 준 것이다.

　IFC는 1961년부터 기업의 지분에 투자할 수 있게 되었고, 이듬해 처음으로 FEMSA의 지분을 사들였다. 스페인의 자동차 부품 제조업체였던 FEMSA는 훗날 독일의 다국적기업이자 전자·공학 분야의 거대 기업 보쉬에 인수되었다.

그런데 한편에서는 외국인 투자자의 영리 활동을 '개발'과 동일시하는 분위기를 비판하기 시작했다. 이러한 경향이 점차 심해지자 IFC 내부에서도 우려의 목소리가 나왔다. 1974년, 미국 국방장관 임기를 마치고 세계은행 총재로 취임한 로버트 맥나마라는 한 내부 세미나에서 'IFC가 상업적 기업에 가까워질수록 개발 기능을 수행하는 역량이 떨어질 것'이라고 경고했다.

오늘날 개발 분야에 종사하는 사람들 역시 놀라울 만큼 비슷한 이야기를 했다. 세계은행을 감시하는 영국의 NGO 브레튼 우즈 프로젝트Bretton Woods Project의 루이스 비에이라는 IFC가 '이윤을 추구하면서…… 프로젝트 선정과 관련된 의사 결정 과정이 왜곡'된다고 지적했다. 비에이라는 IFC의 직원들이 자신의 업무를 개발 관점에서 생각하기 어려울 거라고 보았다. "IFC는 개발을 중시하는 직원을 좋아하지 않고 개발에 집중하지도 않아요."

"IFC가 빈곤 완화를 자신들의 주된 역할로 생각할까요?" 익명을 요구한 전직 세계은행 고위 인사는 이렇게 반문했다.

"그렇다고 보기는 어렵겠죠. 세계은행은 투자은행인 척 행동하지만…… IFC가 사람들의 삶에 악영향을 끼친 사례는 한둘이 아니에요."

투자자-국가 소송을 담당하는 ICSID가 그랬듯, IFC는 신생 기관인데도 규모와 활동 범위, 영향력을 급격히 키웠다. 이제 IFC의 회원국은 184개국으로 늘어났으며, 각국이 출자하는 금액은 25억 달러에 달했다 (그러나 25개 이사국 중에서도 미국은 20퍼센트의 투표권을 행사했다).

IFC는 2014년 15억 달러의 수익을 올렸으며, 이를 신규 투자와 세계은행 운영에 사용했다고 밝혔다. 민간기업에서 대출 이자를 받고 기업 지분을 사고팔아 올린 수익이었다. 또한 IFC는 세계은행의 '구조조정' 프로그램으로 성장에 탄력을 받았다. 세계은행은 개발도상국 정부에 자금을 융통하면서 규제 완화와 민영화를 비롯한 구조조정을 조건으로 내세워 많은 논란을 불러일으켰다.

1980년대와 1990년대에 악명을 떨친 세계은행의 구조조정 프로그램SAP에는 워싱턴 컨센서스에서 권장한 정책들이 포함되어 있었다. 이에 따라 세계은행은 채무국에 사유재산 보호 조치 강화, 수입세 인하, 수출 산업을 중심으로 한 경제 개편, 공공지출 삭감을 요구했다. 세계은행은 어느 지역에서나 판에 박은 듯 똑같은 정책을 강요했고, 그 결과 각국이 자국 시장에 들어와 사업을 확장하며 지역 생산자를 몰아내는 다국적기업에 의존하도록 제도적으로 지원했다는 비판을 받았다.

1980년대와 1990년대에는 세계은행의 연례 회의가 열릴 때면 대규모 시위가 벌어지곤 했다. 2000년에는 워싱턴 DC에 있는 세계은행 본사 밖에서 벌어진 시위로 퓰리처상을 받은 〈워싱턴 포스트〉 기자를 비롯해 1,000명이 넘는 시위자가 체포되었다. 2002년, 세계은행은 비판을 받는 구조조정 프로그램을 빈곤감소전략보고서PRSP로 대체하고, 빈곤국 정부의 참여를 늘리며 빈곤 문제 해결에 더욱 중점을 두겠다고 선언했다. 그러나 세계은행의 활동을 감시한 이들은 PRSP의 내용이 구조조정 프로그램과 별반 다르지 않다고 보았다.

세계은행의 전체 지출에서 IFC가 차지하는 비중은 2000년 13퍼센트에서 2013년 35퍼센트로 증가했다(2013년 IFC는 183억 달러가 넘는 자금을 투자했다). 한편 IFC의 '자문기관'은 각국 정부에 외국인 투자자를 유치하는 방법에 관한 조언을 제공했다. 하지만 이처럼 민간기업에 투자하는 기관이 기업에 혜택을 주는 정책을 정부에 권고한다면 심각한 이해충돌이 발생할 위험이 있었다. 이러한 정책은 공개되지 않는 '조언'이 아니라 민주적 토론으로 결정해야 하지 않을까?

6개 NGO는 공동으로 발표한 보고서에서 다음과 같이 비판했다.

> 국제기구가 객관적인 정책 조언자로 자처하면서 결과에 따라 직접 금전적 이익을 얻을 수 있는 사안에 조언하는 것은 문제가 될 소지가 다분하다. 이는 다른 기관에 자문할 여력이 없는 저소득 국가나 민주적 절차에 결함이 있어 적절한 견제와 균형이 이루어지지 않는 국가에서 특히 심각한 문제가 될 수 있다.

시민사회 활동가들은 필리핀의 수도 마닐라에서 일어난 상수도 민영화를 예로 들었다. 1990년대 말 IFC는 필리핀 정부에 상수도 민영화를 권고하고 입찰을 진행했으며, 계약을 따낸 합작회사에 수백만 달러를 투자해 마닐라 동부에 물을 공급하도록 지원했다. IFC는 2004년까지 이 업체에 7,500만 달러를 융자하고 1,500만 달러의 지분을 매입해 공동 소유주가 되었다.

'민영화 이후 15년이 지난 지금, 마닐라 주민들은 수질 악화와 물 접근성 저하로 고통받고 있다.' 보스턴의 감시 단체 국제기업책임Corporate Accountability International은 한 보고서에서 이렇게 지적했다. '마을 수백여 곳이 안전한 물을 공급받지 못하고 있으며, 물이 공급되는 지역에서는 대다수 주민이 감당하기 힘들 만큼 비싼 비용을 내고 있다.' 보고서는 이 사례가 '기업의 주주가 된 세계은행이 가장 우선시하는 것은 주민의 물 접근성이 아니라 수익성'임을 보여준다고 설명했다.

IFC의 대변인 프레데릭 존스는 이러한 비판을 반박했다. 그는 우리에게 보낸 이메일에서 상수도를 이용하는 마닐라 주민의 비율은 '1990년 대에 58퍼센트에 불과했으나…… 지금은 99퍼센트'로 증가했고 '수질 도 크게 개선되었다'고 주장하며 이렇게 덧붙였다. 'IFC는 자문과 투자 서비스를 담당하는 부서를 별도로 운영하며 엄격히 구분하고 있습니다. (……) 각국 정부가 조언을 구하면 IFC는 투명한 경쟁 절차를 거쳐 정부 에 가장 좋은 파트너를 찾도록 지원합니다.'

IFC의 이해충돌 문제를 우려한 것은 NGO와 활동가들만이 아니었 다. 콜롬비아의 재무부 장관과 세계은행의 라틴아메리카 담당 수석 경제 학자로 일한 기예르모 페리는 다음과 같이 주장했다. '정부와 민간기업 을 동시에 상대하다 보면 특정 기업이나 분야에 지분을 투자하거나 자 금을 융통해 이익을 챙길 수 있는 방향으로 정책과 규제를 권고할 유인 이나 기회가 생길 수밖에 없다.' IFC 또한 2014년에 발표한 보고서에서 IFC가 수행하는 다양한 역할로 인해 '실제로 이해충돌이 발생하거나 이 해충돌로 보이는 일이 벌어질 수 있다'고 인정했다(다만 보고서는 IFC가 이를 관 리하기 위한 절차를 마련해두었다고 주장했다).

여왕의 다이아몬드

우리가 다음으로 방문한 탄자니아는 IFC 같은 국제개발기구들이 세워 진 20세기 중반, 냉전 중인 양 진영 모두에 대항하는 비동맹 운동에 앞장 섰다. 독립 이후 초대 대통령에 오른 줄리어스 니에레레는 저명한 '아프 리카 사회주의' 운동가이자 이론가였다. 그는 퇴임 후에도 탄자니아 국 민에게 '므왈리무'(스와힐리어로 '선생님'이라는 뜻이다)로 불렸다.

니에레레는 재임 중에 외국인 투자와 원조에 반대하고 국가의 자립을 강조했다. 그는 자립이라는 목표를 실천하기 위해 다른 아프리카 국가들의 독립운동을 지원했고, 대대적인 국유화를 추진해 민간과 외국인 주주의 소유권을 가져왔다. 니에레레는 '투자자들의 활동이 우리 사회의 목적에 끼치는 영향을 더는 두려워할 이유가 없어지면' 자국에서의 투자를 다시 허용하겠다고 선언했다.

그러나 1985년 말 니에레레가 퇴임한 이후 대통령직을 이어받은 알리 하산 므위니는 경제 자유화 정책을 밀어붙이기 시작했다. 므위니는 세계은행, IMF와 협약을 맺고 농업·산업·금융 부문을 개혁했으며, 국유화된 기업을 다시 민간의 손에 넘겼다. 이후 탄자니아 정부는 새로운 투자법을 제정하고 영국 등 여러 나라와 조약을 맺어 외국인 투자자의 '권리'와 ISDS에 제소할 권한을 보장했다.

그러자 니에레레의 국유화 정책으로 떠난 기업을 비롯해 외국 기업들이 탄자니아로 들어왔다. 이들은 이제 탄자니아에서 ISDS의 보호를 받았으며, IFC 같은 국제개발기구의 지원을 받았다.

탄자니아 북부에 있는 윌리엄슨 광산은 남아프리카공화국 외에 아프리카 대륙에서 처음 발견된 거대 다이아몬드 광산으로, 니에레레는 집권 후 이 광산을 가장 먼저 국유화했다. 그전까지는 식민지 정부와 결탁한 거대 광산 기업 드 비어스De Beers가 광산을 운영했다.

1990년대 초 므위니 정부가 추진한 자유주의 정책에 따라 드 비어스는 '정부의 초대를 받고 탄자니아로 돌아왔다'. 이후 드 비어스는 윌리엄슨 광산 지분의 75퍼센트를 되찾았지만, 2009년 FTSE 250 지수(영국 증권거래소에 상장된 기업 중 101~350번째로 규모가 큰 기업들이 편입된 지수 - 옮긴이)에 편입된 남아프리카공화국 기업 페트라 다이아몬드(이하 '페트라')에 지분을 매각했다. 그리고 2010년에 IFC는 2,000만 달러에 달하는 지분을 매입하고 광산 개발에 4,000만 달러를 융자해 윌리엄슨 광산의 공동 소유주가 되었다.

우리는 IFC가 사치품의 대명사인 다이아몬드에 투자한 첫 번째 사례라는 점에서 이 일에 주목했다. IFC는 당시에 내놓은 보도 자료에서 '현재 광산에는 4,000만 캐럿 상당의 다이아몬드가 매장되어 있으며…… 이 광산은 매우 희귀하고 화려한 핑크 다이아몬드가 나오는 것으로도 유명'하지만, '지난 몇 년간 적자를 냈다'고 설명했다. 이어 IFC는 현금을 투입해 '광산이 다시 수익을 내도록' 지원하겠다는 계획을 밝히는 한편, 자신들이 투자했다는 사실 자체가 다른 투자자들을 '안심'시키고 '페트라의 이미지와 신용을 제고할 것'이라고 주장했다.

하지만 다이아몬드 광산 투자가 대체 탄자니아의 빈곤을 줄이는 일과 무슨 상관이 있을까? IFC는 수백만 달러의 투자금을 '1,000여 명의 고용을 유지'하는 데 쓸 것이며, '페트라와 협력해 윌리엄슨 광산을 환경적·사회적으로 지속 가능한 방향으로 개발하겠다'고 선언했다. 그리고 광산을 운영하면서 지역의 재화와 서비스에 쓰는 돈과 주정부에 낸 세금이 얼마인지 꼼꼼히 확인하고, 페트라가 광산에서 이윤이 나기 시작하면 수익의 2퍼센트를 지역 발전에 쓰겠다고 한 약속을 이행하는지 감시하겠다는 계획을 밝혔다.

그러나 IFC의 투자는 분명 가난한 지역사회보다 광산 회사에 더 이익이 되는 거래로 보였다. 우리는 이 사례를 직접 조사하기로 했다.

탄자니아의 최대 도시 다르에스살람으로 향하는 비행기에서 우리는 1947년 엘리자베스 2세가 결혼 선물로 받은 54.5캐럿짜리 무결점 핑크 다이아몬드보다 사치스러운 선물이 세상에 또 있을지 생각했다. 여왕의 다이아몬드는 족히 수천만 달러는 나갈 것이다. 고품질의 핑크 다이아몬드는 1캐럿당 가격이 70만 달러에 달한다. 여왕이 아끼는 브로치에 박힌 그 다이아몬드는 영국과 1만 킬로미터 넘게 떨어진 탄자니아에서 건너온 물건이었다.

반대로 우리는 영국에서 다이아몬드의 원산지인 윌리엄슨 광산으로 향했다. 광산에 가려면 다르에스살람에서 소형 비행기로 갈아타고 우간다, 케냐와 접한 북부 국경지대의 빅토리아 호수로 가야 했다. 페트라의 직원 한 명이 공항으로 마중을 나왔고, 그가 160킬로미터쯤 떨어진 므와두이의 광산지대까지 차로 태워주었다. 므와두이는 탄자니아에서도 가난한 지역인 신양가 주에 속했다. 이 지역의 주민들은 대부분 가뭄으로 메마른 땅에서 농사를 지으며 자급자족하거나 소를 키웠다.

차를 타고 가는 중에 페트라의 직원이 우리가 광산이 지역에 어떤 도움을 주는지 알아보러 온 언론인이라 들었다고 말했다. "맞아요." 우리는 그가 무슨 이야기라도 들려주기를 바라며 고개를 끄덕였다.

"이곳에선 회사가 모든 걸 통제해요. 모두가 달가워할 만한 상황은 아니죠." 그가 자세한 설명 없이 말했다. "여기선 페트라가 왕이에요. 다른 건 전혀 중요하지 않죠. 보시면 알 겁니다."

광산지대는 면적이 150만 제곱미터가 넘었고, 눈에 보이지 않는 저 멀리까지 펼쳐져 있었다. IFC의 자료에서 본 대로 광산지대 안에는 출입이 제한된 건물 단지와 병원이 있었다.

우리는 도착하자마자 고위 관리자들을 만나 회사가 지원받은 국제개발기금에 관해 물었다. 광산의 재무 담당자인 오마리 흐완다디는 과장된 어조로 IFC의 투자를 칭찬했다. 그는 페트라가 시중은행보다 좋은 조건으로 대출을 받았으며, IFC가 '사려 깊게도' 회사의 상환 일정을 조정해주었다고 말했다.

페트라의 사회공헌활동 CSR을 담당했던 조지프 카사는 회사의 사회적 활동이 현지의 비판에 대응하는 데 효과가 있었다고 말했다. "지역 주민들이 광산을 나쁘게 본 이유는 광산이 어떤 도움을 주는지 몰랐기 때문입니다."

불만을 품은 지역민들과의 관계를 원만히 수습한 덕분에 다이아몬드와 수익이라는 목표에 집중할 수 있었다는 뜻일까? 관리자들의 설명은 세계은행과 IFC의 목표인 빈곤 퇴치나 공동의 번영과는 거리가 먼 이야기로 들렸다.

다음 날 아침 우리는 지역민들의 이야기를 들으러 나섰다. 알아보니 광산 회사가 운영하는 병원은 광산 노동자에겐 무료이지만, 지역 주민은 치료비를 내야 했다. 병원비가 비싼 편은 아니라 해도 대다수 주민은 그조차 감당하기 힘들 만큼 가난했다. 학교 역시 광산 노동자의 자녀는 무료로 다닐 수 있지만, 지역민은 별도의 비용을 내야 했다.

인근 마을에 있는 공립학교에서 교사 조지프 마코바를 만났다. 교실에는 108명이나 되는 아이들이 빽빽이 앉아 있었다. 마코바는 페트라가 책상과 두 교사의 숙박비를 지원한다고 말하면서도 이렇게 비판했다. "외국인 투자자들은 탄자니아에 와서 엄청난 이익을 챙겨가요. 그러면 당연히 지금보다 더 많은 지원을 해야죠. (……) 페트라는 지역에 쥐꼬리만 한 지원만 하고 있어요."

다른 인근 마을의 초등학교 교사인 베로니카 마싱가는 이렇게 말했다. "지원금과 기부금에 의지해 살아야 한다는 게 달갑지만은 않아요."

"광산 주변 지역의 주민들은 자기 권리가 뭔지도 몰라요. 아무것도 모른 채 교육도 받지 못하고 있죠." 마싱가가 한탄했다. "권리와 교육부터 제대로 누려야만 지원금을 받더라도 행복할 수 있겠죠."

새로운 형태의 식민주의

잔지바르에는 양초가 없다

탄자니아는 조지 W. 부시 행정부가 원조를 사업처럼 운영하기 위해 설립한 밀레니엄 챌린지 코퍼레이션 Millennium Challenge Corporation, MCC과도 대규모 협약을 체결했다. 부시 행정부는 나랏돈을 지원받으면서도 독자적으로 활동할 수 있는 새로운 형태의 원조 기구를 설립하고자 했고, MCC를 CEO가 수장을 맡고 기업식 이사회를 갖춘 조직으로 만들었다. 이사회의 의장은 국무부 장관이 맡았지만, 이사진에는 민간 출신의 수익 사업 전문가들이 참여했다.

에티오피아계 미국인 사업가 다니엘 요하네스는 2009년부터 2014년까지 MCC의 CEO를 역임했다. 요하네스는 CEO로 재직할 당시 〈가디언〉의 개발 전문가 네트워크(〈가디언〉의 홈페이지에 온라인 기사를 싣는 부서로, 기업과 대형 NGO의 후원을 받는다)와 진행한 인터뷰에서 이렇게 말했다. "지금 MCC에서 하는 일은 민간기업에서 했던 일과 거의 차이가 없어서 이전의 경험이 많은 도움이 됩니다. (……) 원조를 효과적으로 수행하려면 개발을 사업처럼 생각해야 합니다. MCC는 정부를 믿고 세금을 내는 국민과 협력 국가를 위해 투자금이 얼마이든(1억 달러든 4억 달러든) 상관없이 늘 최고의 수익을 내고자 합니다."

우리는 당시 MCC의 아프리카 담당 부사장이었던 조너선 블룸과 전화로 이야기를 나누었다. 블룸은 벤처 투자자를 비롯한 다방면의 전문가가 MCC의 이사회에 참여했다고 말했다. "정부는 MCC를 민간 전문가들이 정책을 주도하는 기관으로 설립했어요. 이 점에서 MCC는 일종의 기업이라고 할 수 있죠. 하지만 제너럴 모터스 같은 기업과는 달라요."

블룸은 이어 MCC가 '엄선한 국가하고만 협력'한다고 설명했다. "MCC는 아무 국가에나 협력하지 않습니다. 미국의 외교정책 방향과 상관없이 별도의 기준을 세워 국정 운영이 전반적으로 탄탄하고 민주주의 정치가 정착되어 있으며 시장경제를 지향하고 국민에게 돈을 투자하는 나라를 고르죠."

MCC의 사업은 먼저 구체적인 프로젝트를 세운 뒤, 협력국이 정해진 기간까지 그 프로젝트를 완료하겠다는 '협약'을 체결하는 식으로 진행되었다. 협력국이 기한 내에 프로젝트를 끝내지 못하면 MCC는 수억 달러에 달하는 자금 지원을 중단할 수 있었다.

탄자니아는 2008년 부시가 6일간 아프리카 5개국을 순방하는 동안 MCC와 6억 9,800만 달러에 이르는 협약을 처음으로 체결했다. 블룸에 따르면 MCC는 보통 협약을 맺으면서 협력국 정부가 '사업 분야와 관련된 정책'을 시행할 것을 '조건'으로 내걸었다. 블룸은 MCC가 탄자니아 정부에 어떤 조건을 제시했는지 설명했다.

MCC는 사업을 승인하기 전이나 시행하는 중에 지켜야 할 몇 가지 조건을 내겁니다. 탄자니아에서는 정부가 전력 회사에 체납한 돈을 갚아 전력을 안정적으로 공급하고, 전력 회사가 공급망에 투자와 재투자를 할 수 있도록 요금을 현실화할 것을 요구했어요.

요컨대 MCC는 협력국 정부가 이미 진행 중인 기업 친화적 개혁 정책을 찾아내어 더 강력히 추진하도록 부추겼으며, 전력 민영화 같은 특정 정책에 인센티브를 제공했다.

다르에스살람에서 우리는 탄자니아 정부와 MCC가 사업을 진행하기 위해 설립한 탄자니아 컴팩트Tanzania compact의 CEO 베르나르드 음촘부를 만났다. 그는 블룸이 했던 이야기를 그대로 반복했다. "우리는 여러 분야에서 몇 가지 개혁을 추진했고, 주로 서비스 요금을 현실화하는 데 집중했어요. (……) 이전까지는 국영기업인 타네스코가 전력을 생산했지만, 정부는 이를 시장에 개방하기로 했습니다. MCC는 정부가 개방을 계획하는 중에 협약을 맺고 좋은 계획이라며 즉각 진행하자고 제안했죠. 그 덕분에 이제 원하는 사람은 누구나 전력에 투자할 수 있습니다."

당시 MCC가 진행한 대표적인 프로젝트는 100메가와트급 해저 케이블을 신설해 리조트와 백사장으로 유명한 잔지바르 섬을 본토의 전력망과 연결하는 사업이었다. MCC는 한 인도 회사에 건설 공사를 일부 발주했고, 해저 케이블을 설치하는 공사는 일본 회사에 맡겼다. 우리는 타네스코의 프로젝트 매니저이자 공사에 참여한 업체들의 작업을 감독한 존 사키아를 만나 해저 케이블이 설치된 해안가를 찾아갔다.

사키아의 설명에 따르면 MCC는 다른 여러 프로젝트를 지원할 것을 고려했지만 결국에는 거절했다. MCC가 거절한 것은 대부분 '배전 프로젝트'였던 반면에 해저 케이블 건설은 고압의 전기를 먼 곳으로 보내는

'송전 프로젝트'였다. 만약 MCC가 저압의 전기를 가까운 곳에 보내는 배전 프로젝트를 지원했다면 농촌 지역에 전기를 공급하는 데 도움을 주었을 것이다(2014년 탄자니아 농촌 지역의 전기 공급률은 11퍼센트에 불과했다).

그런데도 음촘부는 해저 케이블 건설의 수혜자가 가난한 탄자니아인이 아니라 외국 관광객과 관광 회사라는 사실을 전혀 부끄러워하지 않는 듯했다.

"잔지바르에 가보시면 알겠지만, 이제 호텔에 전력이 원활히 공급되어서 다들 만족하고 있습니다." 음촘부가 미소를 지으며 말했다. "전에는 밤 10시면 전기가 끊겨 양초를 써야 했기 때문에 관광객들이 불편을 겪었어요. (……) 유럽에서 잔지바르까지 와서 양초를 쓰고 싶은 사람이 어디 있겠어요."

아프리카의 신동맹

탄자니아는 '식량안보와 영양을 위한 신동맹New Alliance for Food Security and Nutrition'(이하 '신동맹')에도 가입했다. 신동맹은 2012년 캠프 데이비드에서 열린 G8 정상회의에서 미국 대통령 버락 오바마의 주도로 출범했으며, 10년 안에 농업 생산량을 크게 끌어올려 5,000만 명을 빈곤에서 벗어나게 한다는 목표를 내세웠다. 그러나 신동맹이 세운 계획은 각국의 종자와 토지, 법률에 변화를 가져온다는 점에서 '새로운 형태의 식민주의'라는 비난을 받았다.

신동맹이 출범하기 전 몇 년간 아프리카에서는 농업 분야에 제대로 투자되지 않았다. 2009년 이탈리아 라퀼라에서 열린 G8 정상회의에서 강대국들은 세계 식량안보를 위해 수백만 달러를 지원하기로 합의하고도 약속을 이행하지 않았다. 아프리카 국가들 역시 2003년에 체결한 마푸토 협정에 따라 국가 예산의 10퍼센트를 농업 발전에 투자하기로 했지만, 약속을 지킨 것은 8개국뿐이었다.

이러한 상황에서 출범한 신동맹은 각국 정부와 농업회사를 연결해 함께 변화를 추진한다는 점을 혁신으로 내세웠다. 아프리카의 대통령들과 원조 기구 대표들이 모인 '리더십 위원회'에서는 신동맹의 성패가 '최고 지도자들의 개인적인 헌신'에 달려 있다고 강조했다. 이 위원회에는 카길과 유니레버를 비롯한 대기업의 CEO들도 참여했다.

신동맹에 관한 정보는 일반에 거의 공개되지 않았다. 그나마 알려진 참여 기업들의 투자 계획에도 면화, 바이오 연료, 고무, 여러 비식용 작물과 수출 작물에 대한 언급 외에는 별다른 정보가 없었다. 출범 후 몇 년이 지나자 원조국들이 얼마나 많은 자금을 새로 지원하기로 약속했는지조차 불분명해졌다. 영국의 감시 기구인 '원조영향독립위원회'는 영국이 신동맹에 지원하겠다고 밝힌 6억 파운드 중 약 4억 8,000만 파운드가 '이름만 바꾼 기존의 농업 프로그램'에 들어갔다는 사실을 밝혀냈다. 게다가 기업들은 '대개 정부에 잘 보이거나 정부의 정책 대화에 끼거나 홍보 효과를 누리기 위해 기존의 투자 계획을 제출'했다.

한편 신동맹의 '협력체'에 참여한 아프리카 국가들은 농업회사에 유리한 방향으로 법과 규제를 바꾸는 등 수백 가지의 정책을 시행하기로 약속했다. 예를 들어 부르키나파소는 비료에 대한 민간투자를 지원하고 종자법을 재검토했으며, 가나는 정부의 식량·농업위원회에 기업 대표들을 임명하기로 했다. 세네갈은 농업 투자자에 세제 혜택을 주고, 말라위는 대규모 상업농을 위해 20만 헥타르의 토지를 제공하기로 했다. 모잠비크는 비상사태 외에는 '개량되지 않은' 종자를 무료로 배포하지 않고, 투자자들이 토지를 더 빠르고 저렴하게 취득할 수 있도록 지원하겠다고 약속했다.

아프리카 식량주권연맹AFSA의 대표인 밀리언 빌레이는 이 같은 변화가 소규모 농가에 재앙을 불러올 수 있다고 경고했다. "신동맹은 종자 생산과 유통을 기업의 손에 맡기고 있어요. 물론 농업에는 투자가 필요합니다. 하지만 투자를 핑계 삼아 농민의 삶을 함부로 휘두르려 해서는 안 됩니다." 빌레이가 열변을 토했다. "지금은 그 어느 때보다도…… 외부 세력이 우리 농업의 미래를 좌지우지하고 있습니다."

당시 유엔의 식량권 특별보고관이었던 올리비에 드 슈터 역시 우려를 표했다. 그는 각국 정부가 농민의 참여를 배제한 채 '물밑에서' 투자자들에게 갖가지 약속을 내걸었다고 지적했다.

탄자니아는 농기계와 장비, 농작물, 종자와 종자 포장에 관련된 세금을 조정하고 종자와 농약 수입을 늘리겠다고 약속했다. 그러나 탄자니아에서는 정부가 이러한 약속에 합의하기 전까지 정치인들조차 까맣게 모르고 있었다.

탄자니아의 정치인 지토 카브웨는 2012년 G8 정상회의에서 신동맹이 출범했다는 사실을 신문에서 알았다고 말했다. 당시 의회의 공공회계위원회 위원장이었던 카브웨는 신동맹이 출범했을 때부터 줄곧 이를 비판했으며 종자에 대한 민간투자를 장려하겠다는 정부의 약속에 '전적으로 반대'한다는 뜻을 밝혔다.

"종자 시장을 개방하면 농민들은 수입 종자에 의존해야 합니다. (……) 그러면 지역에서 혁신이 일어날 가능성이 사라질 거예요. 우리는 제조업에서도 같은 일을 겪었습니다. 이건 식민주의나 다를 게 없어요. 농부들은 종자를 수입하지 않으면 농사를 짓지 못할 테니 국제 가격의 변동에 취약해질 겁니다. 그러면 대기업들만 이익을 볼 거예요."

카브웨는 이어 신동맹이 추진한 프로젝트와 개혁을 비판했다. "이런 일은 의회를 거쳐야만 합니다. 정부가 독단으로 개혁을 약속해서는 안 돼요. 이렇게 민감한 사안은 충분한 토론을 거쳐야죠."

신동맹을 지지하는 이들은 많은 현지 기업이 사업에 참여했다고 주장했다. 탄자니아의 신동맹 협력체에는 탄자니아 기업 9개사와 외국 기업 11개사가 이름을 올렸다. 그러나 카브웨는 이것이 정확한 정보가 아니라고 지적했다. 등록된 탄자니아 기업 중 일부는 외국 기업이 현지에 세운 자회사라는 것이었다. 예를 들어 협력체에 참여한 '탄자니아 원예협회'라는 단체는 외국계 대기업을 비롯한 몇몇 기업이 만든 협회였다.

탄자니아의 신동맹 협력체는 탄자니아가 '민관이 어떻게 농업 성장을 위해 협력할 수 있는지를 잘 보여주며, 대표적인 사례로 남부농업발전 회랑지역SAGCOT 개발 계획을 꼽을 수 있다'고 평가했다. SAGCOT는 2010년 스위스 다보스의 세계경제포럼 정상회의에서 공식 출범했으며, 탄자니아 정부는 이 계획에 따라 전 국토의 약 3분의 1을 민간투자자의 농장에 할당했다.

반면에 카브웨는 정부가 소규모 농가에 투자하는 쪽으로 방향을 바꿔야 한다고 주장했다. "대규모 농업에 집중하다 보면 소농들은 단순한 노동자로 전락합니다. 물론 탄자니아에 막대한 투자가 들어와 농촌의 인프라가 개선될 수도 있지만, 그런다고 해서 농민들이 빈곤에서 벗어나지는 못할 겁니다." 카브웨는 소농들이 대기업의 공급망에 참여하는 것만으로는 충분하지 않다고 보았다. "그렇게 되면 누가 계약을 결정하겠어요? 소농들은 결국 기업에 착취당하는 처지로 전락하고 말 겁니다."

자선단체인가, 기업인가

영국의 경제신문 〈파이낸셜 타임스〉는 매주 '고급 라이프 스타일 잡지의 기준'을 표방하는 〈하우 투 스펜드 잇 How to Spend It〉을 발행한다. 2014년 11월, 이 화려한 잡지에 세이브더칠드런 영국 지부의 대표인 저스틴 포사이스의 약력이 실렸다. 당시 NGO들은 이전과 다른 방식으로 대기업과 제휴하기 시작했는데, 언론계 출신으로 토니 블레어와 고든 브라운 총리의 고문을 맡기도 한 포사이스는 이러한 변화를 주도하는 인물이었다.

잡지는 포사이스가 즐겨 찾는 타파스 식당과 런던 왕립 오페라하우스 등을 소개한 뒤, 그가 '2010년 이후 세이브더칠드런의 수입을 매년 5,000만 파운드(6,350만 달러)씩 늘렸다'고 설명했다. 한 손을 주머니에 넣고 다른 한 팔을 고급 젤라토 가게의 카운터에 기댄 채 카메라를 보며 미소 짓는 포사이스의 사진은 전 세계를 누비는 사업가의 친근한 모습을 담은 초상화처럼 보였다.

기업들이 규모가 큰 국제 NGO에 자금을 지원하는 것은 어제오늘의 일이 아니었다. 한 예로 미국의 구호단체 케어 USA는 30여 년간 코카콜라와 협력했다. 그런데 이제 기업과 NGO 간의 제휴는 우후죽순처럼 늘어나고 있었다. 구호단체 옥스팜 Oxfam은 '재계와 NGO 업계 간의 협력에 앞장서는 것을 자랑스럽게 생각한다'고 밝혔다. 세이브더칠드런은 홈페이지에서 '세이브더칠드런과 협력해 신제품이나 기존 제품을 광고하면 매출과 인지도를 높이고 고객층을 넓힐 수 있다'고 홍보했다. '아동 인권에 힘쓰는 세계 최대의 독립 비영리 기구와 여러분의 브랜드를 연결하면 여러분의 사업과 회사의 주주들에게 큰 이익을 가져다줄 수 있습니다.'

세이브더칠드런에서 일했던 누리아 몰리나는 퇴직 이후에 쓴 논문에서 세이브더칠드런과 기업들의 제휴가 개발도상국에서 분유를 공격적으로 선전하는 기업을 비판하는 캠페인에 어떤 영향을 끼쳤는지 설명했다. 세이브더칠드런은 이 캠페인을 준비하면서 '관련 사례 연구가 진행된 국가에서 분유 회사와 구호 활동가들이 연관될 가능성은 없는지, 캠페인 활동과 결과물이 세이브더칠드런의 전반적인 기업 참여 전략에 악영향을 끼치지는 않을지'를 따져 어떤 주장을 제기할지 판단했다.

몰리나는 개발 연구 저널에 발표한 이 논문에서 'NGO들이 다른 여러 기관이나 기업처럼 규모와 수입을 기준으로 성공과 영향력을 평가하는 경향을 보인다'고 지적했다. 이제 NGO들은 사회적 목표를 철저하게 우선하기보다 기업처럼 사고한다는 뜻이었다.

2013년, 세이브더칠드런은 다국적 제약 회사 글락소스미스클라인 GlaxoSmithKline, GSK과 1,500만 파운드 규모의 전례 없는 제휴 계약을 체결했다. 그런데 이 회사는 2012년 미국에서 의사들에게 뇌물을 주고 팍실이라는 항우울제를 아이들에게 처방하도록 부추긴 혐의로 30억 달러의 벌금을 낸 전력이 있었다. 뇌물을 받은 의사들은 이 약을 쓰는 것이 적합하지 않거나 허가되지 않은 상황에서도 약을 처방했다.

세이브더칠드런의 전 직원은 이 계약을 '교통사고'라고 표현했다. 당시는 2008년 금융위기로 인해 대중의 자선 기부가 줄어든 시기였다. "규모가 큰 NGO들도 금융위기의 여파로 재정에 어려움을 겪고 있었어요. NGO들은 지난 15년간 경험하지 못한 어려운 선택을 해야 했죠." 그 선택이란 바로 기업에서 현금을 받는 쪽으로 방향을 바꾸는 것이었다.

"아마 5년 전만 해도 어쩔 수 없이 기업의 돈을 받아야 할지를 두고 내부에서 논의하면 반대하는 쪽으로 결론이 났을 거예요. 하지만 이제는 정반대죠." 그 결과 NGO들은 대기업에 책임을 묻기보다 '일종의 자기 검열'을 하기 시작했다.

영국에서는 많은 대형 NGO가 연간 예산 중 상당 부분을 정부 지원금에 의존하고 있었다. 이러한 상황에서 정부는 원조 사업을 공식적으로 민간에 개방하는 정책을 시행하면서 NGO들도 기업에 문을 열도록 조금씩 압박을 가했다. 국제개발부 장관이었던 저스틴 그리닝이 연설에서 한 말은 정부의 태도를 잘 보여준다. "국제개발부는 그 어느 때보다도 재계와 긴밀한 관계를 유지하고 있습니다. (……) 저는 성공적인 개발을 위해서는 민간과의 협력이 필요하다는 점을 인정하는 시민사회단체와 함께 일하고 싶습니다. 세계 어느 곳에서나 사람들은 일자리를 원하기 때문이죠. 돈을 벌지 못하는 기업은 고용을 늘리거나 성장할 수 없습니다."

몰리나는 NGO들이 보통 '너무나 단순하고 엉성한 방식'으로 기업과 손잡는 것이 가장 큰 문제라고 꼬집었다. "대중은 여전히 NGO가 더 도덕적이라고 생각해요. 이러한 인식은 형체가 없지만 엄청나게 귀중한 자산이죠. 그런데 NGO들은 기업과 제휴하면서 이 자산을 헐값에 팔고, 그 대가로 미심쩍은 프로젝트를 받아옵니다. 반면에 우리보다 훨씬 더 협상에 능한 기업들은 원하는 것을 싼값에 챙겨가죠."

몰리나는 NGO 직원들이 기업과의 협력을 고려할 때 갖가지 문제를 따져봐야 한다고 주장했다. "예를 들어 A라는 회사가 가나에 작은 학교를 짓자고 제안하면…… 그 개발 사업이 다른 분야에 어떤 영향을 끼치는지, 그 회사가 WTO에 지적 재산권과 관련된 로비를 하고 있지 않은지를 살펴야 해요."

영국의 시민운동단체인 글로벌 저스티스 나우 Global Justice Now 의 닉 디어든은 많은 NGO가 '전문성을 강화'하면서부터 '기업처럼 판단하고 조직이 얼마나 성장하는지를 중시하는 경향'이 생겼다고 보았다.

"이제는 모금 활동이 NGO 조직의 중심이 됐어요. 그에 반해 캠페인 활동은 단체를 홍보하고 모금을 늘리기 위한 마케팅 수단으로 전락했죠. 그런데도 이런 사업 구조를 비판하는 목소리는 나오지 않아요."

이제 우리 모두는 파트너입니다

2008년 세계 금융위기 이후 거대 기업들이 원조 활동에서 보여준 존재감과 영향력은 이전과 차원이 다른 수준이었다. 이제 기업의 CEO들은 유엔 회의에 패널로 나와 개발의 우선순위를 논했고, USAID 같은 원조 기관과 NGO들은 월마트, 쉐브론 등과 당당히 제휴를 맺었다.

이전까지 개발원조 단체들은 보통 정부의 원조 예산에 의지했지만, 정부 예산은 해마다 달라지며 정치적 압력에서 자유로울 수 없기에 예측하기가 어려웠다. 따라서 이들 단체는 기업과의 협력을 부족한 부분을 메우고 더 많은 자금을 지원받을 방안으로 보았다.

그런가 하면 기업들은 원조와 개발 활동을 활용하면 더욱 다양한 방식으로 수익을 챙길 수 있을 것이라고 보았다. 앞서 살펴보았듯, 기업들은 원조 자금이 들어간 사업에 참여해 수익을 올릴 뿐 아니라 개발 자금을 지원받아 사업을 확장하고 새로운 시장에 진출하거나 실패한 사업을 되살리기도 했다. 게다가 원조와 개발 사업은 공공정책에 영향을 끼치고 이미지를 제고하는 기회였다.

2015년 9월, 뉴욕에 모인 유엔 회원국들은 지난 15년간 원조와 개발 의제를 이끈 '밀레니엄 개발목표Millennium Development Goals'를 대신할 '지속 가능개발목표Sustainable Development Goals'를 공식 채택했다. 지속가능개발목표는 '전 세계의 빈곤 종식', '만인을 위한 양질의 교육 보장' 등 17개의 원대한 목표로 구성되었으며, 반기문 유엔 사무총장은 이를 '인류와 지구를 위해 해야 할 일을 담은 목록이자 성공을 위한 청사진'으로 일컬었다.

새로운 목표가 제시되자 개발 기구들은 이 의제를 달성하려면 '수십억에서 수조 달러에 이르는' 자금을 조달해야 한다고 이야기하기 시작했다. 대기업과의 협력은 그만한 자금을 조달할 유일한 방안으로 보였다.

'포스트 2015 개발의제'라고도 불린 이 의제를 협의하기 위해 미국의 수석 협상가로 나선 토니 피파는 그해 9월 유엔 회의를 앞두고 진행한 언론 브리핑에서 '이 의제의 범위와 야망'을 고려하면 '정부가 제공할 수 있는 수준을 넘어서는 자원이 필요할 것'이라고 말했다.

그는 각국 정부가 빈곤국에 제공하는 원조는 그 나라들이 받는 해외 투자에 비하면 규모가 크지 않다고 지적하며, 미국은 이미 '다른 자원을 지렛대와 촉매로 삼아…… 다른 유형의 투자를 끌어오는' 방식으로 원조를 활용하고 있다고 설명했다.

그러면서 피파는 기업들에 다음과 같이 제안했다.

기업들은 아마 지속가능성 같은 문제를 두고 고민이 많을 것입니다. 기업으로서는 어떻게 하면 앞으로도 성장을 지속할 수 있을지 고민이 되겠죠. (……) 단도직입적으로 말하면, 기업들은 신흥국 시장과 한창 성장 중인 지역에서 기회를 잡을 수 있을 것입니다. 그리고 아프리카에는 세계에서 가장 빠르게 성장하는 나라들이 모여 있습니다.

비영리단체 카이저 가족재단Kaiser Family Foundation의 젠 케이츠는 이 브리핑에서 '민간 부문을 둘러싼 논의에는 실제로 많은 사람이 공감할 만한 중대한 변화'가 있었으며, 기업들은 이제 '경제적인 이득 때문이든 국제사회의 일원이라는 인식 때문이든…… 15년, 20년 전과는 다른 방식으로' 개발 활동에 관여하고 있다고 말했다.

본래라면 기업이 지역사회와 환경에 끼친 영향에 책임을 물어야 했을 NGO들은 이러한 변화에 따라 기업과 손잡고 개발에 동참하기 시작했다. 그리하여 NGO들은 독립성을 잃고 기업에 더욱 의존했으며, 원하는 대로 기업을 감시할 수 없게 되었다.

2015년 에티오피아의 아디스아바바에서는 지속가능개발목표를 달성하기 위한 활동의 자금을 조달할 방법을 논의하는 국제회의가 열렸다.

이 자리에서 개발도상국들은 유엔이 관리하는 정부 간 조세 기구를 설립하고 국제적인 조세 원칙을 만들 때 빈곤국에 동등한 발언권을 주자고 제안했지만, 강대국들의 반대로 무산되었다. 회의에서 내놓은 최종 결의안은 민간 금융을 개발의 미래로 제시하고, 투자와 민관 협력을 장려했다.

런던에서 만난 세이브더칠드런의 전 직원 누리아 몰리나는 이 같은 변화에서 몇 가지의 위험신호를 발견했다. 수십 년간 개발 산업에 종사한 그녀는 많은 다국적기업이 '기업은 무자비한 집단이라는 인식을 바꾸기 위해' 개발원조 활동에 참여한다고 보았다. 그리고 개발 단체와 기업의 협력은 민간이 참여하고 금융과 투자 환경에 관한 규제를 없애야만 일자리를 늘리고 경제성장을 이룰 수 있다는 이념적 믿음을 인정하는 일로 해석될 수 있었다.

몰리나는 기업과의 협력은 '원조국들의 재정 상황이 바뀌고 재원이 줄어들면서 나온 자연스러운 반응'이라는 점도 인정했다. 그러면서 그녀는 시민사회단체와 공공 부문의 종사자들을 대변하듯 조심스레 말했다. "민간 부문이 훨씬 뛰어나고 똑똑하고 화려하다는 생각 때문에 드는 열등감도 어느 정도 영향을 주었을 거예요."

인도 뉴델리에 있는 자와할랄 네루 대학교의 자야티 고시 교수는 1980년대까지만 해도 국제사회에서 개발을 논의할 때면 기본적으로 '변혁'을 중심에 두었지만, 이후에는 점차 빈곤 경감에 초점을 맞추는 방향으로 논의의 폭이 좁아졌다고 지적했다. 고시는 유엔의 개발의제가 '빈곤층으로 정의된 사람들이 사는 국가의 경제를 쇄신하기보다 그들이 처한 상황을 개선하는 일'에 집중한다고 비판했다.

고시에 따르면 이 같은 태도는 빈곤에 대한 매우 편협한 이해에서 비롯되며, 누가 빈곤을 조장하고 빈곤에서 이익을 챙기는가 하는 문제를 외면한다. 본래 부를 논할 때는 한 사회 안에서 자산이 몰리는 곳에 주의를 기울일 수밖에 없지만, 빈곤을 줄이는 데에만 초점을 맞추다 보면 누구에게도 빈곤의 책임을 물을 수 없고 부의 쏠림이라는 문제를 논의하기도 어려워진다.

그 결과 개발 논의는 '특정 사례에서만 효과가 있는 것으로 보이는 미시적 해결책'이나 '마법 같은 특효약'을 찾는 잘못된 방향으로 흘러갔다. 그러는 사이에 세제 개혁이나 각국 정부가 다국적기업의 간섭을 받지 않고 개발 목표를 추진하도록 보장하는 조치 같은 해결책은 논의에서 배제되었다.

정부 기관과 손잡고 개발 사업에 뛰어든 거대 기업 중에는 영국의 유니레버가 있었다. 유니레버는 2009년 폴 폴먼이 CEO로 취임한 이후 점차 이 분야로 사업을 확장했다.

2014년, 영국 정부는 '새로운 사회적 사업 모델을 활용해 2025년까지 1억 명의 보건, 위생, 생계를 개선'하고자 유니레버와 제휴를 맺었다고 발표했다. 양측은 '저렴한 위생 시설과 안전한 식수를 제공하는 데 중점을 둔 연구 및 혁신 프로그램'에 각각 500만 파운드를 투자하기로 했다. 당시 국제개발부 장관이었던 저스틴 그리닝은 이렇게 말했다.

우리는 새로운 형태의 제휴를 맺고 각자의 전문성과 네트워크를 결합해 수백만 명의 최빈국 주민이 일자리를 찾도록 돕고 물과 위생을 개선하며 궁극적으로는 그들이 원조에 의존하지 않도록 지원할 것입니다. 이는 개발도상국뿐 아니라 영국에도 긍정적인 일입니다. 우리가 경제를 개선하도록 도울 국가들은 결국 미래의 무역 파트너이기 때문입니다.

폴먼은 반기문 유엔 사무총장이 임명한 '포스트 2015 개발의제 고위급 저명인사 패널' 27인에 선정되기도 했다. 이 패널에는 영국의 데이비드 캐머런 총리와 요르단의 라니아 왕비 같은 고위급 정치인도 있었다. 또한 폴먼은 세계경제포럼에서 '기업 및 지속 가능 개발 국제위원회'가 출범하도록 지원했다. 그는 이 위원회에서 기업이 유엔의 지속가능개발목표에 참여해 경쟁 우위를 확보하고 번영을 누릴 방법을 제시함으로써 기업들이 이 목표를 지원해야 할 경제적 근거를 설득력 있게 구체화·정량화하겠다고 공언했다.

2014년 워싱턴 DC에서 열린 한 행사에서 연단에 오른 폴먼은 유니레버를 '세계 최대의 NGO'로 칭했다. "유니레버는 비정부기구입니다. (……) 차이가 있다면 유니레버는 돈을 벎으로써 활동을 지속할 수 있다는 점이죠." 그는 유니레버가 사업에 중점을 두는 건 사실이지만, 어마어마한 사업 규모 덕분에 영향력 있는 개발 파트너가 될 수 있다고 주장했다. "전 세계에서 매일 20억 명의 소비자가 유니레버를 사용하고, 열 가구 중 일곱 가구에 유니레버 제품이 있습니다. (……) 이 정도의 규모와 영향력을 갖추면 시장을 변화시킬 엄청난 가능성이 생깁니다."

실제로 유니레버는 세계에서도 손꼽히는 거대 기업이었다. 유니레버는 2017년 한 해에만 537억 유로가 넘는 매출과 65억 유로의 순이익을 올렸다. 유니레버의 제품은 전 세계 190여 개국에서 판매되었고, 직원 수는 15만 명에 달했다. 유니레버는 매년 광고비로만 수십억 달러를 지출하는 세계 최대의 광고주이기도 했다.

하지만 유니레버는 신생 기업이 아니었고, 그들이 빈곤국에서 벌인 활동이나 개발 사업도 전혀 새로운 일이 아니었다. 100여 년의 역사를 가진 유니레버는 세계 최초의 '브랜드 기반' 다국적기업 중 하나였다. 그리고 유니레버의 역사는 레오폴드 2세 치하에서 콩고를 잔혹하게 통치한 벨기에를 비롯해 유럽의 식민 제국과 긴밀하게 얽혀 있었다.

9

그 돈은
어디로 갔을까?

식민주의자 기업

1880년대 초, 레버 앤 코Lever & Co는 영국의 볼턴에서 가장 큰 도매 식료
품점이었다. 볼턴은 맨체스터 외곽에 있는 도시로, 빅토리아 시대에는
면화 공장, 인쇄소, 탄광을 갖춘 산업 중심지였다. 프리드리히 엥겔스는
볼턴을 방문한 뒤 '최악 중의 최악', '폐허나 다름없이 비참한' 도시라 평
했고, 시내 중심가는 '날씨가 화창할 때조차 어둡고 볼품없는 동굴' 같다
고 묘사했다.

당시 30대였던 윌리엄 레버와 제임스 레버 형제는 아버지가 운영한
레버 앤 코에서 사업 경험을 쌓은 뒤 레버브라너스라는 회사를 세우고
비누 사업에 뛰어들었다. 당시에는 어느 정도 구매력이 있는 임금노동자
의 수가 늘어나고 있었기에 형제는 노동자 계층의 기호에 맞는 제품을
내놓기로 했다. 그리하여 이들은 광고에 큰돈을 투자하고 눈에 잘 띄는
밝은 색상으로 개별 포장한 비누를 판매했으며, 비누의 원료인 팜유를

정기적으로 공급받기 위해 해외의 생산지를 찾기 시작했다.

20세기 초까지만 해도 레버브라더스의 공장에서는 영국의 서아프리카 식민지에서 들여온 팜유를 사용했다. 이후 윌리엄 레버는 벨기에의 식민지인 콩고로 눈길을 돌려 그곳에서 직접 팜유 농장을 운영하기로 했다(동생 제임스는 건강 문제로 경영에서 물러났다 - 옮긴이). 당시 영국의 한 기자는 윌리엄 레버를 '나폴레옹과 같은 유형으로…… 전쟁이 아니라 평화 시에라도 대군을 이끌고 제국을 승리로 이끌기 위해 태어난 듯하다'고 묘사했다. 또한 벨기에의 식민지 장관은 그를 '엄청나게 부유하고, 본성이 선할지는 모르나 인류를 영혼이나 욕망이 없는 거대한 생산 기관으로 보는 냉정한 인물'이라고 평가했다.

1908년, 윌리엄 레버는 콩고에서 6만 7,800제곱킬로미터에 이르는 땅의 지배권을 얻었다. 벨기에의 두 배, 북아일랜드의 네 배가 넘는 어마어마한 면적이었다. 훗날 그의 아들은 이 땅을 '아버지의 개인적 창조물'로 묘사하며, 그곳에서는 '아버지의 허락 없이 건물 하나도 세울 수 없었다'고 회상했다. 그리고 윌리엄 레버는 이곳에 플랜테이션 농장 노동자들이 사는 '시범model' 마을(18세기 말부터 영국의 지주와 사업가가 노동자를 수용하기 위해 만든 주택단지 - 옮긴이) 레버빌 Leverville을 세웠다.

벨기에 출신의 연구자 브누아 앙리에트에 따르면 '벨기에 정부는 레버브라더스를 영국 본토에서 시행한 사회정책으로 칭송이 자자한 기업이라는 점에서 이상적인 파트너로 보았다'. 레버브라더스는 리버풀 교외에도 포트 선라이트Port Sunlight라는 시범 마을을 만들어 공장 노동자들에게 주거를 지원한 적이 있었기 때문이다. 어느덧 나이가 많아진 윌리엄 레버는 콩고에서 사업을 운영하며 새로운 마을을 만드는 일을 '그가 내세운 도덕적 자본주의라는 브랜드의 최대 업적'으로 여겼다.

벨기에 정부와 윌리엄 레버 모두 각자의 이익을 위해 손을 잡고 일종의 선전 활동을 벌였다는 사실이 흥미로웠다. 그러나 정작 레버브라더스가 콩고 현지에 세운 자회사 '울레리 뒤 콩고 벨지Huileries du Congo Belge'는 플랜테이션 농장을 운영하며 현지인들을 강제 노동에 동원했으며, 할당량을 채우지 못한 노동자를 가두거나 채찍질하는 등 가혹하게 대했다.

이후 레버브라더스는 아프리카에서 사업을 더욱 확장했으며, 대영제국 건설에 기여한 칙허회사인 왕립 나이저 회사를 인수했다. 1929년, 레버브라더스는 왕립 나이저 회사와 아프리카·동부무역회사를 합쳐 거대 자회사 유나이티드 아프리카 컴퍼니UAC를 세웠다. 그리고 이듬해에는 레버브라더스와 네덜란드의 마가린 제조업체 마르하리너 위니Margarine Unie가 합병하여 유니레버가 탄생했다. 훗날 〈이코노미스트〉는 이를 '유럽 역사에서 가장 큰 기업 합병'이라고 평가했다.

UAC는 당시 아프리카에서 활동한 여느 대기업처럼 식민지 정부, 아프리카의 중간상인들과 긴밀히 협력했다. 그러나 아프리카에서 독립운동이 거세지자 UAC는 점차 많은 비판과 정치적 공격을 받았고, '새로운 아프리카'에 앞장서는 기업이라는 이미지를 만들기 위해 다양한 사회복지 프로젝트에 참여하기 시작했다.

UAC가 식민 제국이 해체된 뒤에도 유니레버의 자회사로 살아남은 것으로 보아 이러한 전략은 성공을 거두었다고 할 수 있다. 1973년, 가이아나의 지식인 월터 로드니는 대표작 『유럽은 어떻게 아프리카의 발전을 가로막았는가How Europe Underdeveloped Africa』에서 UAC의 모회사인 유니레버를 가리켜 '식민지에 빌붙어' 막대한 부를 일군 대표적인 기업이라 칭했다. 로드니의 설명에 따르면 식민 제국은 유니레버에 '포상'을 내려 세계 각지에 있는 회사의 공장이 '아프리카의 잉여를 착취하는 데 참여하고, 그 잉여를 자신들의 발전에 사용'하도록 허락했다.

한편 로드니는 식민 시대를 이해하려면 19세기에 열강들이 아프리카 대륙을 정치적 이해관계에 따라 분할한 일보다 '눈에 보이는 경계'가 없는 '경제적 분할'에 주목해야 한다고 주장했다. 그러면서 그는 제2차 세계대전 이후 세계은행이 처음으로 설립한 하부 기관 국제부흥개발은행IBRD을 '미국의 통제 아래…… 아프리카를 경제적으로 재분할하기 위한 도구'라고 비판했다.

로드니의 저작이 나올 무렵 UAC는 목재, 자동차 판매, 양조장, 의료 및 사무기기, 건축 자재, 백화점, 보험, 섬유, 창고 및 해운 등 온갖 분야에서 사업을 벌이고 있었다. 이들은 1987년 유니레버에 완전히 흡수되기 전까지 아프리카를 비롯한 전 세계 수십여 개국으로 세력을 넓혔다.

유니레버는 콩고에 있는 기름야자 농장을 오랫동안 소유하고 있었으나 2000년대 초 콩고에서 전쟁이 격화되자 콩고를 떠났다. 그 결과 회사는 콩고에 있는 자산을 매각해 수백만 달러를 챙겼지만, 수백 명의 노동자는 하루아침에 일자리를 잃었다. 일부 직원은 회사가 임금을 체불했다며 10년 넘게 반환 소송을 벌였다. 2007년 콩고 대법원은 노동자들의 손을 들어주었지만, 유니레버는 이후로도 계속 임금을 지급하지 않았다. 몇몇 피해자는 이에 항의하며 단식 투쟁을 벌이기까지 했다.

유니레버는 페로니아라는 회사에 농장을 매각했다. 케이맨 제도에 등록된 이 회사는 이전까지 팜유 사업을 운영한 경험이 없었다. 페로니아는 결국 몇 년 만에 수천만 달러에 이르는 손실을 보았고, 주가가 폭락했다. 파산 직전까지 몰린 페로니아를 구제한 것은 국제개발기구들이었다. 2013년 영국의 개발금융기관인 CDC 그룹은 1,450만 달러를 투자해 페로니아 주식의 27.5퍼센트를 매입하고 자금을 대출했으며, 이후 더 많은 돈을 투자해 지분을 늘렸다.

페로니아는 농장 노동자와 인근 지역의 주민을 착취했다는 의혹을 받고 있었지만, CDC는 아랑곳하지 않고 투자를 감행했다. 유니레버가 이러한 스캔들에 연루된 사례는 이뿐만이 아니었다.

인도 타밀나두 주의 산간 마을 코다이카날에는 유니레버의 자회사가 운영하는 온도계 공장이 있었다. 이 공장은 수은 폐기물을 무단으로 버려 심각한 환경오염을 유발한 혐의로 고발당했다. 인도 출신의 래퍼 소피아 아쉬라프는 가수 니키 미나즈의 「아나콘다」를 리메이크한 노래에서 이 문제를 정면으로 비판해 큰 화제가 되기도 했다. 이후 회사는 공장에서 일하다가 수은에 중독된 전 직원 591명과 15년간 법적 다툼을 벌인 끝에 비공개로 합의하고 소송을 마무리했다.

이 밖에도 유니레버는 인도네시아에서 열대우림을 파괴하고 아동 노동과 강제 노동을 동원한 혐의가 있는 업체에서 팜유를 공급받아 여론의 비난을 샀다. 그러는 중에도 유니레버의 CEO 폴먼은 영국에서 아동 비만 퇴치를 위해 설탕세를 도입해야 한다는 주장이 힘을 얻자 이에 반대하고 나섰다.

상위 1퍼센트에게로 가는 지원

우리는 조사 결과를 개빈과 공유하기 위해 따로 폴더를 만들어 자료를 정리했다. 여기에는 국제원조개발기구에서 투자를 받거나 도급업체나 협력업체로 활동한 기업의 명단과 내력이 들어 있었다.

이 명단에 이름을 올린 기업들 중에는 현지의 엘리트 계층과 전 세계에서 온 의료 관광객을 대상으로 전문 병원을 홍보하는 인도의 의료 회사가 있었다. 억만장자 형제 말빈더 싱과 시빈더 싱이 세운 이 회사는 국제금융공사IFC에서 1억 달러를 투자받았다.

IFC의 투자를 받은 또 다른 기업으로는 2015년에 사망한 온두라스의 신흥 재벌 미겔 파쿠세 바르훔이 세운 디낭Dinant이 있었다. 디낭은 온두라스의 바호 아구안 지역에 8,000만 제곱미터에 이르는 대농장을 소유하고 있었으며, 민간 보안업체를 동원해 인근 주민들을 강제로 쫓아냈다는 혐의로 기소된 적이 있었다. 〈로스앤젤레스 타임스〉는 그를 다채로운 이력을 가지고 있으며 무자비한 면모를 자주 보인 인물로 평가했다.

IFC가 지원한 회사들 중에는 헌트 오일 컴퍼니Hunt Oil Company도 있었다. 1934년 텍사스 출신의 석유 부호이자 보수 정치 운동가 해럴드슨 라파예트 헌트 주니어가 설립한 이 회사는 IFC가 투자할 당시 그의 아들이자 순자산이 60억 달러에 달하는 거부 레이 리 헌트가 소유하고 있었다. IFC는 헌트 오일 컴퍼니가 페루에서 벌인 천연가스 사업에 3억 달러를 융자해주었다.

이와 비슷한 사례는 점심을 먹는 동안 다 정리할 수 없을 만큼 많았다. 우리는 아프리카, 아시아, 동유럽, 라틴아메리카 곳곳에서 고급 호텔, 유통단지, 상류층을 상대로 하는 민간 의료 기업, 노동 조건과 노동자의 권리를 둘러싸고 논란이 많은 다국적 슈퍼마켓 체인 등에 '개발 금융'이 투입된 사실을 확인했다.

시민단체들은 이를 근거로 IFC를 줄곧 비판해왔으며, IFC의 투자가 지역사회에 심각한 해를 끼친 몇몇 사례를 상세히 조사해 기록으로 남겼다. 시민사회의 비판이 계속되자 IFC는 1999년 준법감시자문 옴부즈맨 Compliance Advisor Ombudsman, CAO이라는 '독립 소명 기구'를 설치해 IFC의 투자에 영향을 받는 사람들과 지역사회의 '사회적·환경적 우려를 해소'하고자 했다. 그러자 인권변호사의 지원을 받아 CAO에 강제 이주와 폭력 등 심각한 범죄를 고발하는 사례가 늘어났다.

CAO 조사관들은 때로 IFC의 문제점을 비판하는 상세한 보고서를 발표했지만, 그들이 할 수 있는 일은 기껏해야 다른 대응 방식을 권고하는 것뿐이었다. 조사관들의 권고에는 전혀 강제력이 없었고, 그들의 보고를 무시하더라도 불이익을 받지 않았다. CAO의 조사는 결국 눈에 띄는 변화를 가져오지 못한 듯했다.

세계은행의 또 다른 감시 기구인 독립평가단은 강제력이 없기는 마찬가지였지만, IFC가 빈곤 퇴치라는 본연의 임무를 제대로 이행하지 않는다고 여러 차례 비판했다. 한 예로 독립평가단은 2011년에 낸 보고서에서 IFC의 투자 프로젝트 대다수가 '만족스러운 수익을 창출하지만, 빈곤층에 확실한 기회를 제공한다고 볼 근거가 없다'고 지적했다.

우리는 개빈을 따라 대학가에 있는 카페로 들어가 샌드위치를 주문하고 빈 테이블 두 개를 이어 붙여 조사 자료를 늘어놓았다. 그리고 개빈에게 조사 내용을 설명하면서 영국의 개발원조 자금이 들어간 엘살바도르의 고급 주택단지를 두고 한 활동가가 언급한 말을 전했다. "제가 놀란건 사람들이 이런 일을 개발이라고 생각한다는 점이에요."

개빈이 자신의 생각을 들려주었다. "개발 기구들이 본래는 극빈층을 우선시하는 진보적인 조직으로 만들어졌다면, 형편없이 일하고 있다고 봐야겠지. 하지만 애초에 부자들이 마음껏 부를 늘리는 일을 개발이라고 생각한다면, 개발 기구들은 제 할 일을 제대로 하는 셈이야. 좋아, 잘하고있어!"

우리는 미얀마를 다음 목적지로 정했다고 말했다. 미얀마는 국제사회의 제재가 풀리고 명목상 민간 정부가 들어서면서 투자자에게 문을 열고 있었다. 2014년, IFC는 미얀마에 8,000만 달러에 이르는 막대한 자금을 투자하기로 결정했다. 우리는 그 투자가 이루어지는 현장을 직접 보고 싶었다.

샹그릴라에 오신 것을 환영합니다!

동이 트기 전 양곤 국제공항에 내려 날이 밝아오는 동안 택시를 타고 미얀마의 상업 중심지로 향했다. 호숫가를 지나면서 보니 스트레칭과 운동을 하는 사람이 제법 많았다.

시내 중심지의 저렴한 호텔에 체크인한 뒤, 택시를 타고 더 번화한 지역에 있는 IFC 사무소로 향했다. 그곳에서 뱅크 오브 아메리카와 인도의 예스 뱅크를 거쳐 IFC 미얀마 사무소 대표를 맡은 비크람 쿠마르를 만났다. 우리는 커다란 책상에 마주 앉아 IFC가 미얀마에 사상 최대 규모의 투자를 결정한 이유를 알아보기 위해 왔다고 설명했다.

대략적인 투자 계획은 이미 인터넷으로 알아본 뒤였다. IFC는 보도 자료에서 이번 투자가 '미얀마에 기업 활동을 촉진할 인프라를 세우고 관광을 활성화'하는 데 도움을 주고 있다고 자평했다. IFC가 투자한 8,000만 달러는 샹그릴라 아시아Shangri-La Asia라는 대기업의 자회사들이 호텔을 보수·확장하고 다른 아파트 단지의 건설을 마무리하는 데 쓰일 예정이었다.

우리는 샹그릴라 아시아가 속한 기업 제국을 누가 세웠는지도 미리 조사했다. 말레이시아의 억만장자이자 동남아시아에서 손꼽히는 부호인 로버트 쿠옥이었다. 쿠옥의 가족이 소유한 회사 중에는 세계적인 팜유 제조업체도 있었다. 쿠옥은 1990년대부터 사업가 스티븐 로와 손잡고 미얀마에서 사업을 벌였다. 스티븐 로는 '헤로인의 대부'라는 별명을 가진 악명 높은 마약왕 로 싱 한의 아들이었다. 유출된 미국 국무부 문건에 따르면 스티븐 로는 재계에서 '정권의 최측근'으로 알려져 있었다.

쿠옥은 로와 함께 양곤에 호텔을 지었고, 이후 IFC의 투자금이 이 호텔을 보수하는 데 들어갔다. 우리가 미얀마를 방문할 무렵, 세계은행은 샹그릴라 호텔과 리조트 체인이 아시아 전역으로 사업을 확장하도록 지원하고 있었다. 로처럼 논란이 많은 인물에 비하면 세계은행은 쿠옥이 자랑스러워할 만한 사업 파트너였다. IFC는 2009년 몰디브에 142채의 빌라로 이루어진 샹그릴라 리조트를 짓는 데 5,000만 달러를 투자했고, 2012년 울란바토르에 5성급 호텔을 새로 지을 때에도 5,000만 달러를 투자했다.

우리는 쿠마르를 만나기 전부터 IFC가 양곤에 있는 쿠옥의 자산에 전례 없는 투자를 했다는 사실이 탐탁지 않았다. IFC는 이 투자로 일자리와 '현지에서 생산한 자재의 수요'를 늘리고 '국제적 기준에 맞는 환대 인프라가 매우 부족한 상황'을 해결할 것으로 기대한다고 설명했다. 그들은 또 이 사업이 '특히 미얀마에 투자를 고려 중인 외국인 투자자들에게 좋은 인상을 심어줄 것'이라고 주장했다.

하지만 IFC의 설명에는 의문스러운 점이 한둘이 아니었다. IFC는 다른 투자처를 대안으로 고려했을까? 그랬다면 그중에서도 샹그릴라를 선택한 이유는 무엇일까? 이 회사에 정말로 국제개발자금이 필요했을까? 회사 자금을 쓰거나 상업은행 또는 민간투자자에게 돈을 빌릴 수 있지 않았을까? 하지만 우리는 자세한 대답을 듣지 못한 채 IFC 사무소를 떠났다. 쿠마르에게서는 우리가 IFC의 홈페이지에서 읽은 것 외에 다른 이야기를 들을 수 없었다.

"우리는 이 투자를 인프라와 호텔을 구축하는 사업으로 보고 있습니다. 그리고 관광 분야는 많은 일자리를 창출하므로 이 투자는 IFC의 일자리 관련 조항에도 부합합니다." 쿠마르는 얼마나 많은 일자리가 생기는지, 노동자가 받는 급여는 얼마인지, 노동자의 권리는 어떻게 보장하는지 등 자세한 내용을 묻자 답변을 피했다. 그는 IFC가 미얀마를 외국인 투자자들에게 더욱 매력적인 곳으로 만들어 개발을 촉진한다는 원론적인 이야기만 반복했다.

IFC 사무소를 나와 양곤의 주요 관광지이자 미얀마의 독립운동을 이끈 아웅 산 장군의 이름을 딴 '보족 아웅 산 시장'으로 갔다. 자갈이 깔린 시장 골목에서는 노점상들이 면직물과 지갑, 보석, 골동품, 볶음국수, 칠리소스에 버무린 돼지 내장 등 갖가지 물건과 음식을 팔고 있었다.

하지만 이곳을 찾은 이유는 길 건너에 있는 건물을 보기 위해서였다. IFC가 수백만 달러를 투자한 샹그릴라 호텔이 그곳에 있었다.

'장엄하면서도 우아한 멋', '고급스러우면서도 내 집처럼 따뜻한 분위기'를 내세운 이 호텔은 양곤의 중심 상업지구에 있었다.

IFC에 따르면 투자금은 호텔 객실을 270개에서 450개 이상으로 늘리는 데 쓰일 예정이었다. 고개를 들어 세련된 호텔 건물의 층수를 세어보니 20층이 넘었다. 호텔은 주변의 다른 건물들 위로 우뚝 솟아 있고 호텔 앞에는 야자수가 줄지어 있었다. 리무진 한 대가 정문에 멈춰 서더니 옷을 쫙 빼입은 남녀 한 쌍이 내렸다.

정문에는 짐을 나르는 직원들이 장갑을 낀 채 대기하고 있었다. 호텔 입구로 가까이 가보니 저녁 뷔페를 홍보하는 광고판이 보였다.

금속 탐지기를 통과해 호텔 로비로 들어갔다. 호텔에 들어서자마자 펼쳐지는 화려한 내부는 호텔 바깥의 무질서한 거리와 딴판이었다. 바닥은 먼지 하나 없이 깨끗했고, 청소부들이 프런트와 작은 테이블을 오가며 지문을 닦아내고 있었다. 이곳에서는 빈곤의 흔적조차 찾아볼 수 없었다.

호텔 식당의 호화로운 저녁 뷔페에는 갓 조리한 요리가 정성스레 차려져 있고 유니폼을 입은 직원들이 음식을 덜어주었다. 정장을 차려입은 손님들은 신선한 랍스터와 커다란 새우꼬치를 먹었다.

계단을 한 층 올라가니 갖가지 주류를 갖춘 고풍스러운 바가 나왔다.

고급 위스키 주변에는 정장 차림을 한 사람들이 몰려 있었다. 바텐더가 내민 메뉴판을 보니 평범한 양곤 시민은 엄두도 못 낼 만큼 비쌌다. 라임과 후추를 곁들인 오징어튀김 한 접시가 15달러였다. 우리는 제일 싼 병맥주를 한 병씩 시키고 주위에 있는 사람들에게 말을 걸기 시작했다. 한 자가용 비행기 조종사는 자신의 고객이 매우 부유해 보이기는 하지만 무슨 일로 양곤에 왔는지 잘 모르겠다고 말했다(아니면 밝힐 생각이 없었는지도 모른다).

이어 우리는 혼자 앉아 와인을 홀짝이는 영국 여성과 이야기를 나누었다. 그녀는 양곤에서 교사로 일하는데, 가끔 이렇게 호텔에 와서 술 마시는 것을 좋아한다고 말했다. 우리는 국제 원조·개발 자금을 추적하던 중 샹그릴라 호텔이 빈곤 퇴치를 사명으로 하는 세계은행의 하부 기관에서 투자를 받았다는 사실을 알고 그것을 조사하기 위해 왔다고 설명했다.

교사가 와인을 한 모금 크게 들이켜더니 다시 한 번 설명해달라고 했다. 이런 고급 호텔이 세계은행의 투자를 받았다는 사실에 놀란 듯했다. 우리는 아침에 IFC의 미얀마 사무소 대표를 만났으며, 이번 투자가 미얀마에서 일자리를 창출하고 외국인 투자를 유치하는 데 도움을 주리라는 것이 대표와 IFC의 공식 입장이라고 말했다.

교사는 미심쩍다는 눈치였다. "양곤에서 외국인으로 사는 건 참 멋진 일이라고 생각해요." 그녀가 다시 와인을 홀짝이며 말했다. "이런 호텔에서 고급 와인을 마시면서 와이파이도 쓸 수 있으니까요. 하지만 양곤 사람들도 그렇게 생각할까요? 잘 모르겠네요."

다음 날에는 샹그릴라가 IFC의 투자를 받아 지은 호텔식 아파트를 찾아갔다. 240개 객실을 갖춘 이 고급 주거단지는 양곤 시내 바로 북쪽에 있었다. 높다란 건물이 양곤의 또 다른 주요 관광지이자 종교 시설인 슈웨다곤 파고다와 잔잔한 인공 호수를 내려다보고 있었다. 이곳은 장기

체류 중인 부유한 외국인과 사업가가 주로 이용했으며 수영장, 24시간 상주하는 사설 경비원, 가정부가 사용하는 방, 리무진 서비스 등 각종 편의를 제공했다. 로비에는 이제 미국의 애니메이션 채널 카툰 네트워크와 요가 수업을 이용할 수 있다는 안내문이 있었다.

우리는 아파트를 임대할 생각이 있는 척하고 안내를 예약했다. 방문 일정을 잡을 때는 자세한 내용은 얼버무리면서 아파트의 홍보자료에 자주 나온 표현을 활용해 바쁜 전문직이고 양곤에 처음 왔으며 조용하고 편한 집을 찾는다는 식으로 설명했다. 샹그릴라 호텔에서 아파트 광고를 보았다는 말도 덧붙였다.

맞춤 정장에 검은색 치마를 입은 젊은 여성이 우리를 기다리고 있었다. 우리는 곧장 직원의 안내를 받아 로비를 지나 수영장이 있는 안뜰로 들어갔다. 수영장에는 두 아이가 공을 가지고 물놀이를 하고 있었다. 다시 단지 안으로 들어간 뒤 계단을 올라 객실 한 곳으로 들어갔다. 객실에는 가구가 완비된 침실 두 개가 있었다. 바닥부터 식기세척기까지 전부 새것처럼 보였다. 직원이 방 한쪽으로 가서 커튼을 열고 수영장이 내려다보이는 멋진 전망을 보여주었다.

이어 직원은 침실을 가리키며 가정부가 쓸 작은 방이 딸린 객실도 있다고 말했다. "가정부도 구해드릴 수 있어요." 그녀가 웃으며 덧붙였다. "이곳에 머무르시면 저희가 할 수 있는 모든 서비스를 제공해드리겠습니다." 미얀마 인구의 절반 가까이가 전기를 제대로 공급받지 못하고 의사 수는 인구 1만 명당 여섯 명에 불과하지만, 이 아파트의 투숙객은 주치의와 초고속 와이파이를 비롯해 보통 사람은 상상조차 할 수 없는 호사를 누렸다. 물론 이런 서비스를 이용하려면 큰돈을 내야 하고, 아파트의 월세는 최대 7,000달러에 달했다.

IFC는 샹그릴라가 사업을 확장하면서 600개의 정규직 일자리와 1,000개의 임시 건설 일자리가 생길 것이라고 전망했다. 개발 자금으로 8,000만 달러가 들어간 것치고는 그리 대단해 보이지 않았고, 여전히 해결되지 않는 의문점이 많았다. 그렇게 해서 만든 일자리의 질은 어떨까? 노동자들은 권리를 제대로 보호받을까? IFC에 다른 선택지는 없었을까?

이러한 의문을 품은 사람은 우리뿐만이 아니었다. 양곤에서 만난 국제 및 지역 NGO의 구호 활동가들도 IFC의 예산이 대기업에 들어간다는 사실에 불만을 드러냈다. "이런 식의 개발 사업이 지역민들에게 대체 어떤 혜택을 준다는 건지 의심하고 걱정하는 사람이 많습니다." 활동가들 중 한 명이 말했다.

익명을 요구한 전직 세계은행 고위 직원도 샹그릴라에 대한 투자가 수상쩍다는 데 동의했다. "이 투자가 빈곤 퇴치에 어떤 도움을 준다는 건지 모르겠어요. 건설 노동자, 호텔 직원, 호텔 공급업체에 일자리가 생긴다고 주장할 수는 있겠지만, 이런 식으로 빈곤을 줄이려면 한참을 돌아가야 합니다."

유럽의 월마트로 흘러간 돈

IFC의 투자 데이터베이스에는 IFC가 폴란드에서 다국적 슈퍼마켓 체인을 비롯한 여러 기업에 투자했다는 기록이 나와 있었다. 투자를 받은 기업들 중에는 '유럽의 월마트'라고도 불리는 저가형 할인점 '리들Lidl'이 있었다. 리들은 영국을 비롯한 유럽 전역으로 사업을 확장했지만, 노동 환경과 노동자의 권리에 관한 문제로 논란을 불러일으킨 전력이 있었다.

독일에서는 〈슈테른Stern〉이라는 주간지가 리들이 사설탐정을 고용해 직원을 감시하고, 근무시간 중에 화장실 사용을 금지하는 등 인권 침해 행위를 저질렀다고 폭로했다. 리들의 한 임원은 독일의 주요 주간지 〈슈피겔〉과의 인터뷰에서 회사가 '엄청난 실수'를 저질렀으며, '특히 투명성과 직원을 대하는 방식에 개선해야 할 점이 많다'고 인정했다. 그런가 하면 영국에서는 리들이 일부 폴란드 직원에게 폴란드 출신 고객을 대할 때조차 폴란드어를 사용하지 못하게 했다는 보도가 나왔다.

그러나 리들이 여러 논란으로 악명을 떨친 것과 달리, 리들의 모기업인 슈바르츠 그룹 Schwarz Group의 이름은 널리 알려지지 않았다. 슈바르츠 그룹은 1930년대 독일에서 식료품 도매업체로 출발해 세계에서 손꼽힐 만큼 빠르게 성장하는 대형 유통업체로 자리매김했다. 슈바르츠 그룹의 소유주인 디터 슈바르츠는 공개된 사진이 몇 장 없을 만큼 극도로 노출을 꺼리는 인물이자 자산이 210억 달러에 이르는 세계적인 거부였다.

IFC의 자료에 따르면 IFC는 2004년에 처음 슈바르츠 그룹에 1,000만 달러를 투자했는데, 같은 해 독일의 공공서비스 노동조합 베르디는 리들의 노동권 위반 혐의를 기록한 보고서를 발표했다.

당시 IFC는 슈바르츠 그룹이 '중부와 동부 유럽의 투자 대상국에서 선정한 도시 지역'에 사업을 확장하도록 지원하겠다고 밝혔다. 투자를 알리는 보도 자료에는 구체적인 국가명이 나와 있지 않았다. 하지만 우리는 IFC의 홈페이지에서 폴란드 바르샤바에 있는 리들 지사를 비롯해 투자처의 주소와 연락처 목록을 찾아냈다.

2009년, IFC는 슈바르츠 그룹에 두 번째 투자를 승인하고 그룹의 다른 계열사인 대형 할인점 체인 카우플란트Kaufland가 불가리아와 루마니아에서 사업을 확장하도록 7,500만 달러를 투자했다. 이어 2011년에는 리들이 루마니아에서 매장을 늘리는 데 6,600만 달러를 지원했으며,

2013년에는 리들이 불가리아, 크로아티아에서 사업을 확장하고 세르비아에 첫 매장을 열도록 1억 500만 달러 이상을 투자했다. 계산해보니 IFC는 슈바르츠 그룹이 유럽 전역에 사업을 확장하는 데 약 3억 5,000만 달러를 지원했다.

한편 또 다른 개발금융기관인 유럽부흥개발은행EBRD은 2005년부터 2015년까지 슈바르츠 그룹에 5억 달러가량을 지원했으며, 다른 몇몇 상업은행에서 2억 달러 이상을 조달하도록 도움을 주었다.

EBRD와 IFC는 이 같은 투자를 두고 비슷한 설명을 내놓았다. 슈퍼마켓 체인이 늘어나면 일자리가 생기고, 지역 생산자에게 새로운 시장이 열리며, 형편이 어려운 소비자들이 양질의 식료품을 저렴하게 구매할 수 있다는 것이었다.

IFC에 이러한 투자에 관해 문의하자 유통업체가 사업을 확장하면 '지역 농민이 농산물을 공급할 새로운 경로'가 생기며 '소비자들은 다양하고 질 좋은 식료품을 저렴한 가격에 살 수 있다'는 답변이 돌아왔다. 그러나 IFC의 대변인은 리들이 현지 생산자에게서 얼마나 많은 제품을 구매하고, 어느 정도의 일자리를 창출하는지 묻자 구체적인 답변을 내놓지 않았다.

IFC 측은 '기업에 투자를 고려하는 금융기관은 일반적으로 민감한 정보를 보호하기 위해 기밀 유지 계약을 체결한다'고 설명했다. "기업 경쟁력에 관한 정보를 동의 없이 공개할 수는 없습니다. (……) 그리고 요청하신 고용과 현지 조달 규모에 관한 정보는 기밀입니다."

EBRD 역시 투자가 끼치는 영향을 주기적으로 감독한다고 주장하면서도 '상업적으로 민감한' 중요 자료는 기밀이라고 답했다. 우리는 바르샤바로 가서 이 문제를 자세히 조사하기로 했다.

개발 비즈니스의 신대륙

조용한 협력자

폴란드의 수도이자 최대 도시인 바르샤바는 1944년 지하 레지스탕스 조직들이 독일의 손아귀에서 도시를 해방하기 위해 일으킨 바르샤바 봉기로 유명하다. 또 바르샤바는 소련이 북대서양 조약 기구NATO에 대항하기 위해 바르샤바 조약 기구를 창설한 곳으로 널리 이름을 알렸다. 그리고 이곳은 1980년대 말 소련 붕괴의 시작을 알린 도시이기도 했다. 이후 폴란드에서는 수년간 민주화 시위가 벌어진 끝에 부분적인 자유선거를 거쳐 새로운 연립정부가 집권했다.

1990년대에 폴란드는 니에레레의 실각 이후 탄자니아 정부가 그랬듯 경제 자유화를 추진했으며, 국유 자산을 매각해 광범위한 민영화 정책에 시동을 걸었다. 폴란드 정부는 세계은행, IMF와 첫 협정을 맺고 구조조정에 전념하는 대가로 금융 지원을 받았으며, 외국인 투자자가 국제재판소에 정부를 제소할 권한을 주는 수십 개의 조약을 체결했다.

바르샤바에서의 첫 번째 인터뷰 장소는 한 쇼핑몰의 푸드 코트였다. 그곳에서 연대Solidarnosc 노동조합(레흐 바웬사가 창설한 비공산주의 노동조합으로, 1980년대에 폴란드의 반공산주의 운동을 주도했다 - 옮긴이)의 소매 부문 위원장인 알프레드 부자라를 만났다. 우리는 그에게 세계은행과 EBRD가 지원한 리들과 카우플란트 매장의 근무 환경이 어떤지, 개발 기구들의 지원이 어떤 변화를 가져왔는지 물을 생각이었다.

부자라는 옆에 앉은 노조 통역사를 통해 이야기를 들려주었다. 그는 리들과 카우플란트 매장의 노동자들이 '심각한 스트레스와 위협'에 시달린다며 열악한 근무 환경과 매장 관리자들이 노조를 조직하려 하는 노동자를 괴롭히고 협박한 사례를 언급했다. 연대 노조는 그들을 도우려 애쓰고 있었다.

부자라는 연대 노조에 도움을 요청한 노동자 외에도 여러 정보원을 두고 있었다. 하지만 그는 정부의 노동조사관 역시 저가형 할인점에서 일어나는 문제를 보고한 적이 있다고 말했다. 이 업체들은 노동자에게 근로일 1일당 최소 열한 시간, 주당 35시간의 연속적인 휴식을 보장해야 한다는 규정을 비롯해 폴란드의 고용법을 여러 차례 위반했다.

우리는 할인매장에서 일한 적이 있는 노동자들에게 근무 환경에 관해 물었다. 리들의 창고에서 야간 근무를 하는 루카스라는 노동자는 회사의 보복을 걱정해 본명을 절대 공개하지 않겠다는 다짐을 받고 나서야 인터뷰에 응했다.

"우리는 늘 과로에 시달려요. 훨씬 많은 사람이 해야 할 일을 몇 명이서 다 떠안고 있죠." 루카스는 무력감을 호소했다. 그는 돈이 필요했고, 다른 일자리를 찾지 못하는 한 아무리 임금이 적어도 일을 그만둘 수 없었다. 무거운 과일과 채소를 포장하고 푸는 일을 반복하다 보니 손목이 붓고 온몸에 멍이 들었다. 다른 노동자들도 비슷한 고통에 시달렸지만,

다들 '일자리를 잃을까 두려워' 말을 꺼내지 못했다.

　루카스의 권리는 법으로 보호받아야 했고, 개발 목표를 우선해야 하는 국제기구들 역시 그의 권리를 보호해야 했지만, 그에게는 의지할 곳이 많지 않아 보였다.

　우리는 부자라가 IFC나 EBRD에 연락해 그들이 지원하는 거대 슈퍼마켓 체인의 근무 환경에 관해 알린 적이 있는지 궁금했고, 이 기관들에 민원을 제기하지 않았는지 물었다.

　부자라가 통역사에게 질문이 정확히 무슨 뜻인지 여러 번 되물었다. 대답은커녕 우리가 무슨 이야기를 하는지 모르겠다는 반응이었다.

　통역사가 그의 말을 전했다. "말도 안 되는 일이에요." 우리는 가지고 온 투자 관련 자료를 테이블 위에다 놓았다. 투자 총액에는 미리 노란색으로 강조 표시를 해두었다. 두 사람의 눈이 휘둥그레졌다. 그들은 이 기관들이 유통업체에 막대한 금액을 투자했다는 사실을 까맣게 모르고 있었다. "어떻게 이럴 수 있지?"

　바르샤바 경제대학교에서 폴란드 내 다국적 유통업체의 확장을 연구하는 얀 차르자스티를 만났다. "어디서든 새 할인매장이 들어설 때마다 근무 환경을 두고 여러 가지 이야기가 나옵니다. 직원들의 만족도는 대체로 낮아요."

　그는 유통업체의 확장 전략에서 '점점 더 작은 지역과 도시, 마을까지 체계적으로 침투하는' 경향이 뚜렷하게 나타난다고 강조했다. 대형 유통업체는 영세한 구멍가게처럼 영업시간이 길지 않은 소매상인들을 압박해 지역 경제를 송두리째 바꿔놓을 수 있다.

　"또 다른 형태의 월마트 효과라고 할 수 있어요." 차르자스티는 대형 유통업체가 매장을 늘리면 어느 정도 일자리가 생긴다는 점은 인정하지만, 그에 따른 중요한 질문에 답을 찾아야 한다고 생각했다. "그래서 정확히 얼마나 많은 일자리가 생기고 또 사라진다는 말일까요? 우리로서는 답을 알 수가 없습니다."

차르자스티도 부자라처럼 할인매장의 근무 환경을 잘 아는 편이었다. 하지만 그 역시 IFC와 EBRD가 리들과 카우플란트에 개발 자금을 지원했다는 사실에 놀랐는지 증거를 보여달라고 했다. 우리는 부자라에게 보여준 자료를 내밀었다.

"정말 상상도 못한 일이네요." 차르자스티가 자료를 보며 말했다.

우리는 IFC의 투자 기록에 연락처가 나와 있는 바르샤바의 리들 사무소를 찾아갔다. 하지만 사무소의 접수원과 그녀가 부른 동료들도 우리의 질문에 답하지 못했다. 우리가 무슨 이야기를 하는지 아무도 이해하지 못하는 듯했다. 부자라나 차르자스티와 마찬가지로 그들 역시 개발 자금에 대해 들은 적이 없었다.

시내의 리들 매장에서 만난 고객들은 리들이 개발 금융을 지원받았다는 이야기를 듣자 더욱 당황한 기색이 역력했다. 사람들은 막대한 권한을 가진 국제기구들이 개발이라는 명목으로 대형 유통업체에 투자한다는 사실을 꿈에도 모른 채 리들 매장에서 일하거나 장을 보고, 심지어는 리들의 사업 확장을 연구하고 있었다.

고객들은 리들이 식료품을 가장 싸게 파는 업체가 아니라고 말했다. 따라서 리들에 대한 투자는 저소득층에 도움이 된다고 보기도 어려웠다. 2014년에 나온 한 조사에 따르면 리들의 물건 가격은 다른 슈퍼마켓들보다 15퍼센트 정도 비쌌다. 현지의 재래시장에서 더 저렴한 가격으로 장을 볼 수 있었다.

몇 주 뒤, 마침내 리들의 대변인이 우리가 보낸 메일에 답했다. 메일에서는 리들이 폴란드의 다른 유통업체보다 '상당히 많은' 임금을 지급하고, 직원들은 민간 병원의 무료 진료를 비롯한 여러 혜택을 받으며, 회사 측은 '직원이나 노조와의 대화에 늘 열려 있다'고 주장했다.

하지만 그들은 개발 기구에서 투자받은 돈에 관한 질문에는 답하지 않았다. 이 기구들은 물밑에서 기업 제국에 자금을 지원하는 조용한 협력자처럼 보였다.

유럽부흥개발은행의 논리

1950년대 미국 정재계의 엘리트들은 공산주의의 확산을 막기 위한 간접적인 대응책으로 IFC를 고안했다. 그러나 IFC는 소련이 무너진 뒤에도 사라지지 않았고, 오히려 구소련 국가들을 비롯해 전 세계로 영향력을 넓혔다.

EBRD는 바로 이 구소련 지역에 초점을 맞춰 설립한 기관이다. 유럽부흥개발은행이라는 이름은 제2차 세계대전 직후에 세워진 세계은행 산하의 국제부흥개발은행IBRD과 거의 비슷한데, IBRD를 만든 서구의 강대국 정부들은 1991년 4월 EBRD를 설립하는 데에도 앞장섰다.

EBRD의 설립 목적은 구소련 국가들이 민간 부문과 자본주의 경제를 개발하도록 지원하는 것이다. EBRD는 이 지역에 진출하려는 다국적 기업을 비롯해 여러 기업과 은행에 자금을 댔으며, 국영기업의 민영화를 장려했다.

EBRD는 IFC와 마찬가지로 대출과 보증 등 여러 금융 서비스를 제공하고 기업의 지분을 매입했다. EBRD는 은행이나 사모펀드 같은 민간 금융기관과 손잡고 투자에 나서기도 했으며 전력, 에너지, 농업 분야에서 주요 투자자 역할을 했다. EBRD는 홈페이지에서 '친환경적이고 지속 가능한 개발'을 지원하겠다는 뜻을 밝혔지만, 기업들은 EBRD의 지원 대상국에서 '상업적으로 전망이 밝은 사업 계획'을 제안해야만 EBRD의 지원을 받을 수 있었다.

IFC가 그랬듯 EBRD도 대기업들이 특정 지역에 진출해 막대한 영향력을 행사하도록 돕는다는 비판을 받았으며, 시민사회단체들은 EBRD가 환경과 사회에 해악을 끼치는 사업을 지원한다고 지적했다. 한 예로 EBRD의 활동을 감시하는 시민단체 카운터밸런스CounterBalance는 EBRD가 '생물다양성을 파괴하는 대형 수력발전소와 지역민의 생계에 악영향을 끼치는 탄광'에 투자한다고 주장했다. 하지만 이처럼 닮은 점이 많은데도 EBRD는 IFC보다 훨씬 덜 알려져 있었다. EBRD는 어느덧 구소련 지역을 넘어 그리스, 크로아티아, 키프로스, 체코, 루마니아, 세르비아, 터키로까지 투자 대상을 넓혔지만 이들의 활동은 여전히 눈에 잘 띄지 않았다.

EBRD의 본사는 런던에 있었고, 우리가 CIJ에 갈 때 타는 지하철이 그 밑을 지나다녔다. 그런데도 우리는 언론에서 EBRD의 이름을 거의 본 적이 없었으며, EBRD의 본사 건물은 인근에 있는 다른 금융기관들 틈에 섞여 있었다. EBRD가 공적 자금이 들어간 개발 기구라는 사실은 언론 보도나 본사 건물의 외관을 봐서는 알아차리기 어려웠다.

EBRD의 본사는 런던 리버풀 스트리트 역 근처에 있는 큰 빌딩에 있었다. 커다란 창문과 입구를 감싼 검은색 기둥이 인상적인 건물이었다. '원 익스체인지 스퀘어One Exchange Square'라는 이름을 가진 이 건물은 보행자만 다닐 수 있는 고급 개발 지구에 있었다. EBRD는 홈페이지에서 1991년 엘리자베스 2세가 이 지구의 개장을 선언했다고 자랑스레 이야기했다. 또한 EBRD는 자신들이 추구하는 '현대적이고 미래지향적이며 효율적인' 이미지에 맞으면서도 장차 시설을 확장할 수 있을 만큼 넓은 공간을 찾은 끝에 이 건물을 선택했다고 설명했다. 이후 수년간 이곳에서는 '투자 대상국의 VIP들'을 초청해 음악 콘서트와 영화 상영회 등 각종 행사를 개최했다(2022년에 EBRD는 카나리 워프Canary Wharf라는 상업지구로 본사를 이전했다).

우리는 폴란드에서 돌아온 뒤 EBRD의 본사를 찾아가 농업 부문 책임자인 질 메테탈을 만났다. EBRD가 슈바르츠 그룹을 지원한 일과 리들의 사업 확장에 대해 자세히 알아보기 위해서였다. 그리고 리들의 열악한 근무 환경과 지역 전통시장에 끼치는 악영향 등 현지에서 우려하는 문제에 그가 어떤 반응을 보일지도 궁금했다. 정리하자면, 우리는 다음과 같은 질문을 하고자 했다. EBRD는 리들이 매장을 늘리는 데 왜 그토록 많은 돈을 투자했는가? 억만장자 슈바르츠의 회사는 사업 확장에 필요한 돈을 이미 가지고 있거나 다른 곳에서 조달할 수 있지 않았나? IBRD는 우리가 현지에서 들은 우려에 어떻게 대응하고 있는가?

안내 데스크에 신분증을 맡기고 임시 출입증을 받은 뒤, 엘리베이터를 타고 올라가 회의실로 향했다. 우리가 자리에 앉자 메테탈이 웃으며 이야기를 시작했다. 그는 EBRD가 슈바르츠 그룹에 투자한 것을 자랑스러워하는 듯했다. "우리의 투자는 사람들의 삶을 바꿔놓았습니다." 그가 목소리를 높였다.

메테탈은 슈바르츠 그룹이 '이전에 없었던 사업 모델'을 만들어 저소득층이 원래 가격에는 사기 힘든 물건을 저렴한 가격으로 제공했다고 말했다. "저는 이것이 슈바르츠 그룹의 공로라고 생각합니다. 물론 상업적인 면에서는 상당히 공격적이지만, 그 회사는 사람들이 다른 방법으로는 구하지 못하는 제품을 살 수 있게 만들었어요."

빈곤 퇴치와 성형수술

리들과 카우플란트는 IFC의 지원을 받아 루마니아에서도 사업을 확장했다. 우리는 루마니아의 수도 부쿠레슈티에서 리들 매장 몇 곳을 돌면서 주민들과 이야기를 나누는 중에 우아하게 차려입은 카멜리아라는 여성에게 말을 걸었다. 그녀는 막 쇼핑을 마치고 나와 차에 식료품을 싣고 있었다.

"아보카도를 좋아해서 자주 사러 와요." 하지만 카멜리아는 리들이 개발 자금을 투자받았다는 사실을 믿기 어렵다고 했다. "당연히 세계은행이 어떤 곳인지 알죠. 루마니아에 다른 문제가 얼마나 많은지 생각하면 그 돈을 더 필요한 곳에 쓸 수도 있었을 텐데요."

부쿠레슈티 서쪽에 있는 다른 매장은 유난히 붐볐다. 매장은 병이나 캔에 든 제품과 채소, 과일을 집는 사람들로 가득했다. 채소와 과일은 신선해 보였지만, 수입산이라는 표식이 붙은 상품이 많았다.

이어 우리는 근처에서 작은 가게를 운영하는 이온 가랄린을 만났다. 그는 20년 넘게 피아타 고르줄루이 시장에서 지역 농산물을 팔고 있지만, 리들 매장이 문을 연 뒤로 주변 상인들이 어려움을 겪고 있다고 한탄했다.

"제일 큰 문제는 이렇게 지역 시장 코앞에다 매장을 열었다는 거예요." 67세인 가랄린이 가판대 앞에 서서 말했다. 사람들로 북적이는 리들 매장과 달리, 그곳에는 손님이 드문드문 찾아왔다. "가만히 앉아서 말라죽게 생겼어요. 이렇게는 못 살아요."

시장에서 파는 물건의 종류는 리들과 별다른 차이가 없었고, 리들의 물건 가격이 더 싸지도 않았다. 그러다 보니 형편이 어려운 사람들은 여전히 지역 시장을 이용했지만, 시장 상인들의 처지는 날로 어려워지고 있었다. 리들은 빈곤층을 돕기는커녕 그들의 선택권을 제한하고 있는 듯했다.

IFC는 루마니아의 민간 의료 사업에도 관여했다. 의료 사업에 대한 투자는 특히 세계은행이 각국 정부에 의료 제도를 일부 민영화하라고 권고하면서 더욱 논란이 되었다.

옥스팜은 IFC가 아프리카 레소토에서 지원한 민간 의료 사업에 국가 의료 예산의 51퍼센트가 들어갔고, 사업에 관여한 기업이 25퍼센트의 수익을 올렸다고 폭로했다. (IFC는 이 사업에 실제로 들어간 돈은 국가 의료 예산의 35퍼센트였다고 반박했지만, 엄청난 예산이 들어갔다는 사실에는 변함이 없었다.)

한편 IFC는 2009년에 '헬스 인 아프리카'라는 10억 달러 규모의 투자 계획을 발표했는데, 이 계획은 아프리카 전역에 민간 의료 서비스를 확대하는 데 중점을 두었다는 점에서 논란을 가져왔다. IFC는 이 계획이 '고품질 의료 서비스의 접근성'을 높이고 '소외 계층에 초점을 맞출 것'이라고 발표했다. 그런데 IFC의 투자 대상에는 체외수정 1회 비용이 4,600달러가 넘는 나이지리아의 불임 클리닉을 비롯해 명백히 부유층을 겨냥한 시설들이 포함되어 있었다.

IFC는 2002년부터 루마니아에 '민간 부문의 참여를 대폭 늘리는 방향으로 의료 제도를 개편'하도록 권고했다. 그리고 2005년에는 메드라이프MedLife라는 기업이 영리 병원을 설계하고 사업 전략을 세우도록 지원하기 시작했다. 이듬해 IFC는 이 기업을 '루마니아 최초의 민간 병원 체인'이라 칭하며 500만 달러를 투자했다.

우리가 부쿠레슈티를 찾아갔을 때, 메드라이프는 루마니아의 민간 의료 시장을 장악하고 있었다. 메드라이프는 주로 부유층, 외국인, 의료 관광객을 대상으로 '각종 수술 및 비수술 미용 성형'을 비롯한 의료 서비스를 제공했다.

우리는 메드라이프 본사를 방문하기로 약속을 잡았고, 운 좋게도 메드라이프의 회장 미하이 마르쿠와 직접 인터뷰할 기회를 얻었다. 그는 투자은행가 출신으로 다부진 체격과 바싹 깎은 머리가 눈에 띄는 인물이었다. 우리는 부쿠레슈티 시내가 내려다보이는 17층 사무실에서 그를 만나 이야기를 들었다. 마르쿠는 자신의 회사가 IFC의 투자를 받았다는 사실에 자부심을 느꼈고, 리들과 달리 기꺼이 그 투자에 관해 이야기했다. 그는 '세계은행이 IFC의 투자로 메드라이프의 가족이자 주주가 된 것은…… 더없이 특별한 일'이라며 의기양양하게 말했다.

마르쿠는 메드라이프가 가족회사이며, IFC가 지분 투자 형태로 500만 달러를 지원했기 때문에 이런 말을 하는 것이라고 덧붙였다. IFC는 회사를 일부 인수해 공동 소유주가 된 것이다. 그는 IFC의 투자로 회사의 이미지를 개선하고 고객과 직원을 유치할 수 있었으며, IFC의 '탁월한 전문성'과 미국 등 선진국 민간 병원의 초청 연수가 회사에 많은 도움을 주었다고 설명했다.

"아시다시피 저는 은행가로서 리스크를 관리했고, 늘 부쿠레슈티의 은행들과 활발히 소통하고 있습니다." 마르쿠는 자신의 경력 덕분에 회사가 사모펀드와 시중은행에서 사업에 필요한 자금을 쉽게 조달할 수 있다고 자랑했다. 메드라이프는 사업 자금을 구할 능력이 충분한데도 더 많은 혜택을 얻기 위해 IFC와 손잡은 것이었다.

그러나 이는 IFC의 목적에 어긋나는 것이었다. IFC는 상업은행과 경쟁하는 기관이 아니며, 개발의 이점이 크지만 민간 자본을 유치하기 어려운 곳에 투자하는 것이 그들의 임무였다. 우리는 화제를 돌려 메드라이프의 사업이 지역 개발에 어떤 영향을 끼쳤는지 물었다. 마르쿠는

400만 명이 넘는 루마니아인이 회사의 의료 시설을 이용했으며, 이는 루마니아 전체 인구 2,000만 명 중 5분의 1에 해당하는 숫자라고 강조했다.

그러나 마르쿠는 메드라이프의 활동이 빈곤 퇴치와 공동의 번영이라는 세계은행의 공식 목표를 달성하는 데 어떤 도움을 주었는지 묻자 당황하는 기색이었다.

그는 메드라이프의 치료비를 감당할 수 없는 사람이 많으며, 특히 '신장이나 심장 질환자' 중 첫 진료 이후에도 메드라이프에서 계속 치료를 받는 사람은 20~30퍼센트밖에 안 된다고 말했다. 그렇다면 나머지 환자들은 어떻게 되는 걸까?

마르쿠는 치료비를 감당하지 못하는 사람들은 국립 병원으로 보낸다면서도 그다지 동정심을 드러내지 않았다. 그는 루마니아 사회가 '두 가지 속도'로 움직이며, 빈곤층은 '일할 마음이 간절하지 않기' 때문에 가난하고, 또 그렇기에 메드라이프를 이용하지 못한다고 주장했다. "그런 사람들은 무언가를 개발하고 성취하는 데 관심이 없습니다."

우리는 반대표를 던졌을 것입니다

우크라이나는 1991년 소련이 해체될 때까지 소련의 일부였다. 이 나라는 한때 유럽에서 가장 가난했지만, 광대하고 비옥한 농토 덕분에 세계 최대의 곡물 수출국으로 발돋움했다. 우리는 우크라이나의 수도 키이우를 찾아가 농업회사들이 어떻게 사업을 확장하고 국제개발자금을 지원받으며 지역에 어떤 영향을 끼치는지 감시하는 지역 활동가들을 만났다.

먼저 우크라이나의 농업지대 한가운데에 있으며 키이우에서 남쪽으로 200킬로미터 넘게 떨어진 빈니치아로 향했다. 그곳에서는 우크라이나에서 내로라하는 자산가가 소유한 대기업이 IFC의 지원을 받아 가금류 농장을 확장하고 있었다. 주민들은 이 사업이 환경을 망가뜨리며 회사가 토지를 양도하도록 압력을 넣는다고 불만을 터뜨렸다.

우리는 현지에서 만난 활동가 몇 명과 함께 빈니치아를 찾아갔다. 그곳으로 향하면서 1990년대에 소련이 무너지고 국가가 운영한 집단농장이 해체된 후, 정부가 그 토지를 약 2헥타르 크기로 나눠 주민들에게 분배했다는 이야기를 들었다. 주민들이 받은 토지는 일정 시기까지 판매할 수 없게 되어 있었지만, 금지 조치는 2016년 무렵이면 풀릴 예정이었다. 그러나 거대 농업회사들은 이미 최대 50년에 달하는 장기 임대 계약을 맺어 막대한 토지를 확보하려 나서고 있었다. 우크라이나에서는 이같은 '소리 없는 토지 수탈'로 인해 소수의 권력층과 기업이 점점 더 많은 땅을 차지하리라는 우려가 커졌다.

2015년 기준 우크라이나에서 외국 기업들이 보유한 농지는 약 220만 헥타르에 달했다. IFC의 지원을 받아 가금류 사업을 확장한 미로니프스키 흘리보프로덕트MHP 같은 우크라이나의 대기업들 역시 많은 땅을 차지하고 있었다. MHP의 설립자이자 CEO로 회사 지분의 66퍼센트를 보유한 유리 코시우크는 우크라이나 GDP의 약 6퍼센트를 좌우한다고 알려진 여덟 명의 억만장자 중 한 명이었다.

IFC는 2003년 처음으로 MHP에 투자를 시작한 데 이어 2010년과 2013년에는 융자를 제공해 '농작물 재배 및 토지 임대권 확보'를 지원했다. 그리고 2015년에는 종전보다 훨씬 큰 규모인 2억 5,000만 달러의 투자 계획을 발표했다.

MHP는 우크라이나 국내의 가금류 시장을 장악했으며, 이른바 '논밭에서 식탁까지' 전략을 공격적으로 펼쳐 사료용 곡물 재배부터 부화와 도축, 육류 포장 시설 설치까지 도맡았다. 회사는 닭고기 외에도 푸아

그라를 비롯한 고급 식재료를 유럽 전역에 수출했으며, 런던 증권거래소에 주식을 상장했다.

MHP의 가금류 농장 근처에 이르자 가축의 배설물에서 나는 악취가 진동했다. 인근 주민들은 끝없는 악취와 소음 탓에 미칠 지경이라고 했다. 밤낮으로 다니는 트럭의 무게와 진동 때문에 도로와 주택이 손상되는 것도 큰 문제였다.

"전에는 조용하고 평화로운 곳이었어요." 한 주민이 작은 주택의 벽돌 벽에 금이 간 것을 보여주며 트럭이 마을을 지나다니기 시작한 이후 이렇게 되었다고 설명했다. "그런데 지금은 사방에 성한 곳이 없어요."

IFC는 MHP에 대한 투자가 일자리를 창출하고 우크라이나와 다른 유럽 지역의 '식량안보'를 강화한다고 주장했다. 하지만 MHP의 농장 인근에 사는 주민들은 이 이야기를 듣고는 어깨를 으쓱하며 MHP의 사업이 끼치는 악영향에 관한 우려를 귀담아듣는 공무원이 한 명도 없는 것 같다고 한탄했다.

일부 주민은 회사가 장기 토지 임대 계약을 맺도록 압력을 넣었다고 주장했다. 회사는 도축장, 양계장, 사료용 곡식을 기를 밭, 부화 시설을 갖춘 대규모 단지를 짓기 위해 토지를 확보해야 했다.

다른 주민들은 회사와 지역 당국에 서면으로 항의했지만 아무도 관심을 기울이지 않았다고 말했다.

"우리에게는 권리가 없어요. 모든 게 상의 없이 진행되죠." 한 주민이 불만을 터뜨렸다. 이 주민은 회사의 보복이 두렵다면서 익명을 요구했고, 회사 측이 병자와 노인을 가리지 않고 마을 주민의 집으로 찾아와 땅을 넘기도록 강요했다고 말했다. "부자들은 우리를 없는 사람 취급해요. 똑바로 보거나 이야기를 들으려 하지도 않죠."

다른 주민들 역시 회사에서 보낸 사람들이 집으로 찾아와 문을 두드리며 강제로 들어오기도 했다고 증언했다. 회사 측의 요구는 한결같았다. 사업을 확장하도록 최대한 빨리 땅을 넘기라는 것이었다.

이후 IFC를 찾아가 이러한 혐의에 관해 물었다. IFC 측은 회사가 '환경과 사회적 위험 관리에 대한 고객의 책임을 규정하는 IFC의 사업 수행 기준'에 따라 토지 취득과 환경영향평가를 진행했다고 답했다. "투자와 관련해 구체적인 문제 제기나 분쟁이 있으면 고객과 협의해 문제 해결을 지원할 것입니다."

IFC는 한 성명서에서 MHP의 가금류 사업을 지원한 투자가 '일자리를 창출하고 우크라이나 경제의 핵심 원동력인 농업 부문의 발전을 촉진'했으며, 식품안전기준과 에너지 효율을 개선하는 데 도움을 주었다고 주장했다. '경제 상황이 어려운 와중에도 MHP는 확장 계획을 실행하고 있으며, 이에 따라 회사의 직접고용이 늘어날 것으로 보인다.'

MHP의 IR 및 홍보 담당자 아나스타샤 소보튜크는 비옥한 흑색토로 유명한 우크라이나가 '세계의 곡창지대'로서 엄청난 잠재력을 지녔다고 설명했다. 소보튜크는 회사가 환경 규제를 준수하고 지역사회와 장기적인 관계를 구축했으며, 임대한 토지에 시장 가격보다 높은 임대료를 지불한 적도 많았다고 주장했다. "저희는 사람들에게 아무것도 강요하지 않습니다. 회사의 평판이 달린 문제니까요. 저희는 이곳에서 오랫동안 사업을 할 것이고, 그러기 위해 토지가 필요합니다."

소보튜크는 사업에 반대하는 목소리가 있다는 점을 인정하면서도 일부 비판 세력은 다른 속내가 있을지 모른다며 의혹을 제기했다. "일각에서는 MHP가 경쟁에서 앞서 있다고 보고…… 회사를 상대로 흑색선전을 벌이기도 합니다."

키이우의 NGO인 우크라이나 국립생태센터NECU의 환경 보호 전문가인 나탈리아 콜로미에츠도 MHP와 다른 기업들의 경쟁에 우려를 표했다. 콜로미에츠는 대규모 농장이 우크라이나에 적합하지 않으며, 그 대신 중소 규모의 프로젝트를 지원해야 한다고 보았다. 개발 기구들은 지원 사업이 이루어지는 지역의 주민들이 어떤 생각을 가지고 있고 무엇을 걱정하는지에 더 관심을 기울여야 마땅했다.

NECU는 MHP의 농장 인근 지역에서 MHP의 사업이 '생태와 건강에 끼칠 악영향을 걱정하는 목소리가 날로 커지고 있으며, 회사가 토지 임대 계약에 서명하도록 주민들을 압박한다'는 보고를 수차례 받았다. 그녀는 기업과 정부, 투자자들이 일단 이러한 프로젝트를 추진하기 시작하면 지역민의 목소리에 거의 귀를 기울이지 않는다며 안타까워했다.

우리가 세계 각지에서 만난 지역 주민들과 마찬가지로 빈니치아 사람들은 세계은행 밑에 IFC라는 기구가 있다는 사실조차 모르고 있었다. 그러니 IFC 내부에 투자의 영향을 받는 지역 주민이 항의할 수 있는 소명 기구가 있다는 사실은 더더욱 알 리가 없었다. 주민들은 사업 계획에 관한 이야기를 어디서도 듣지 못했고, 계획에 효과적으로 반대할 수 있는 시기가 한참 지나고 나서야 무슨 일이 벌어지는지 알았다.

"공사를 시작하기 전에 지역사회와 논의해야 했지만, 그런 논의는 전혀 없었어요." 마을의 학교 근처에서 만난 한 교직원이 말했다. 학교는 확장 공사 중인 농장 근처에 있었다. "회사는 우리를 모아놓고 농장을 만들고 있다는 사실을 통보했죠."

이어 그녀는 이렇게 덧붙였다. "사업 계획을 놓고 투표를 했다면, 주민들은 반대표를 던졌을 거예요."

앞서 조사한 ISDS가 그랬듯 국제 원조와 개발 제도는 빈곤국에 영향을 끼치기 위해 만들어졌지만, 차츰 유럽으로까지 영향력을 확대했다. 개발 기구들은 기업이 사업을 확장하도록 지원했을 뿐 아니라 어려움에 빠진 기업을 도우러 나섰다.

"한번 상상해보자고." 조사 결과를 듣던 개빈이 말했다. "국제복지 제도는 실제로 작동하고 있어. 다만 그 제도가 가장 필요한 사람들에게 도움을 주지 않을 뿐이지."

"경쟁과 모험 이야기를 입에 달고 사는 자본가들이 실패의 충격을 막아줄 제도를 마련해두었다는 것도 참 묘한 일이야."

개빈은 권력자들이 자신을 정당화하기 위해 사용하는 전략을 '유용한 프로파간다'라고 불렀다. 그는 언제나 이러한 프로파간다를 꿰뚫어 보는 듯했다. 이는 우리가 중앙아메리카, 아프리카 등 세계 각지에서 만난 활동가들과 개빈의 공통점이었다.

"이제 잠시 쉴 텐가? 다음에 어디로 갈지도 좀 생각하고?"

우리는 고개를 저었다. 미얀마에서 신경 쓰이는 문제를 또 하나 발견했기 때문이다.

3

SILENT COUP

기업 유토피아

울타리를 둘러 특구를 만들다

지도처럼 설계한 독재

미얀마에 머무는 동안 우리는 미얀마의 상업 수도 양곤을 거점으로 삼았다. 양곤은 인구가 700만 명이 넘는 미얀마의 최대 도시였다. 또한 양곤은 11세기에 세워져 여러 제국의 지배를 거친 유서 깊은 도시였다.

18세기 꼰바웅 왕조 시절 양곤에는 동인도회사의 공장이 들어섰고, 19세기 대영제국은 이곳을 영국령 버마의 수도로 삼았다. 그리고 20세기 들어 양곤은 제2차 세계대전 중에 일본에 점령당했으며, 1948년에는 미얀마가 독립하면서 신생 독립국의 수도가 되었다.

양곤은 2005년까지 미얀마의 수도로 남아 있었지만, 그해에 군사정부는 행정 기능을 북쪽에 있는 계획도시 네피도로 옮기고 수도를 이전했다. 이후 양곤은 대규모 반정부 시위의 중심지가 되었다. 2007년에 벌어진 '사프란 혁명' 때에는 수십만 명의 승려와 학생, 시민이 거리로 쏟아져 나왔고, 정부군은 총격을 가하며 시위를 진압했다.

2015년 말에는 아웅 산 수 치가 이끄는 정당이 총선에서 압승을 거두었다. 하지만 이후 사실상 미얀마의 총리 역할을 한 수 치는 라카인 주에 모여 사는 소수민족 로힝야족 학살을 방조하고 언론을 탄압했다는 이유로 국제사회의 비난을 받았다. 우리는 이 모든 사태가 벌어지기 전인 2015년 봄에 양곤을 찾았다.

양곤은 각양각색의 헝겊 조각을 잇댄 천 같았다. 도시에는 허물어져 가거나 개조한 식민지 시대의 건물과 판자촌, 공사장이 뒤섞여 있었고, 때로는 번지르르한 현대식 개발지에 티 없이 깨끗한 판유리로 뒤덮인 건물들이 높이 솟아 있었다. 그중 하나가 바로 IFC에서 개발 금융을 지원받은 샹그릴라 호텔이었다.

미얀마에서 원하는 곳을 여행하기란 쉽지 않았다. 도로와 국내선 항공편이 제대로 갖춰져 있지 않아서가 아니었다. 개발 계획이 진행 중인 지역을 비롯해 우리가 찾아가려는 몇몇 장소에 들어가려면 특별한 허가가 필요했지만, 우리는 그런 허가를 받지 못했기 때문이었다. 그렇다고 출입이 제한된 곳을 몰래 들어갈 생각은 없었다. 그 대신에 우리는 딱 두 번 양곤 밖의 다른 지역을 방문했다. 첫 번째는 수도 네피도였다. 미얀마어로 '왕의 자리'라는 뜻을 가진 네피도는 논과 사탕수수밭 한가운데에 50억 달러를 들여 건설한 계획도시였다.

우리는 동이 트자마자 양곤 밖으로 나섰고, 북쪽으로 다섯 시간 동안 차를 몰아 네피도에 도착했다. 네피도의 공식 인구는 100만 명이었지만, 화창한 일요일 낮인데도 도시는 으스스할 만큼 인적이 없고 조용했다. 새로 포장한 도로를 따라 가지를 친 관목과 꽃이 늘어서 있었다. 그 뒤로는 커다란 건물과 별장식 호텔, 쇼핑몰이 보였는데 하나같이 부드러운 파스텔색으로 칠해져 있었다. 에어컨을 설치한 펭귄 우리가 있는 동물원과 골프장도 있었다. 사람만 빼고는 없는 게 없어 보였다.

직원들과 이야기를 나누기 위해 몇몇 시설에 들렀다. 손님이 없어서 대화할 시간이 충분했지만, 직원들은 긴장한 듯했고 이름을 밝히지 않으려 했다. 이유는 분명했다. 정부가 두려워서였다.

"이곳은 안전하지 않아요. 정권이 바뀌었는데도 달라진 게 없어요." 2년 전 일자리를 찾아 네피도에 온 한 남성이 말했다.

도로는 최대 20차선에 달했고, 눈에 보이지 않는 곳까지 멀리 뻗어 있었다. 반정부 시위가 벌어졌을 때 임시 활주로로 쓸 수 있도록 도로를 설계했다는 소문이 나돌 정도였다. 거대한 의사당 건물 주위에는 해자가 설치되어 있었다. 도시는 커다란 구역으로 나뉘어 있고, 이집트의 타흐리르 광장처럼 많은 사람이 자연스럽게 중앙에 모일 수 있는 공공장소가 없었다.

우리보다 먼저 이곳을 찾은 인도 출신의 기자는 도시의 전경을 보고 '지도처럼 설계한 독재'라고 평했다. 그의 말대로 네피도는 처음부터 사람들을 통제하기 위해 설계한 도시 같았다. 하지만 이처럼 철저한 계산에 따라 수도를 만들고 이를 치적으로 내세우려 한 정부의 의도는 네피도로 강제 이주하거나 살던 곳을 떠나야 했던 사람들의 사연이 알려지면서 빛이 바랬다. 2006년 위키리크스가 공개한 미국의 외교 전문은 '몇몇 체포 사례'를 언급하며 미얀마 정부가 '이전을 거부한 공무원들에게 무거운 징역형을 내리거나 연금 지급을 거부'했다고 전했다. 태국의 한 신문은 미얀마 정부가 '거대한 수도를 바깥 세계와 차단하기 위해' 주변 지역의 주민을 몰아냈다고 보도했다. '마을이 통째로 지도에서 사라졌고 주민들은 조상 대대로 수백 년간 일군 땅에서 쫓겨났다.'

경제특구의 난민들

양곤 밖으로 나선 두 번째 여정의 목적은 많은 논란을 불러일으킨 대규모 개발 사업인 틸라와 경제특구Special Economic Zone를 직접 보는 것이었다. 당시 이곳은 일본의 원조 기관인 일본국제협력기구JICA에서 자금을 일부 지원받아 건설 중이었다. 틸라와는 우리가 처음으로 방문한 경제특구였다.

지난 50년간 전 세계에서 절반이 넘는 국가가 경제특구 형태로 영토 안에 별도의 구역을 만들었다. 국제노동기구ILO는 3,500개가 넘는 각국의 경제특구에서 일하는 노동자 수가 영국 인구와 비슷한 6,600만 명에 이른다고 추산했다(대부분 가난하고 젊은 여성이었다). 어마어마한 숫자였다. 경제특구의 노동자가 모두 모여 산다면 그곳은 세계에서 스물다섯 번째로 인구가 많은 나라가 될 것이었다.

미얀마에서는 이미 수십 개의 외국 기업이 틸라와에 공장을 세우기로 합의했으며, 정부는 이를 경제 대변혁의 일환으로 홍보하며 장차 많은 일자리가 생길 거라고 기대했다. 정부는 틸라와에 기업을 유치하기 위해 내국인이 누리기 힘든 최고 수준의 인프라와 전력망 등 특별한 인센티브를 제공했다. 미얀마뿐 아니라 경제특구를 만드는 국가는 보통 투자자들에게 세금과 각종 규제를 면제해주겠다고 제안했다. 각국의 경제특구는 이름만 비슷한 것이 아니었다. 경제특구에는 사회의 다른 영역과 민주주의의 영향에서 자본을 효과적으로 보호하고, 이러한 조치가 국가의 발전을 촉진하리라 선전한다는 공통점이 있었다.

우리는 틸라와 인근에서 29세의 농부 아예 킨을 만났다. 그는 경제특구가 건설되면서 땅과 생계 수단을 잃은 수백 명의 주민 중 한 사람이었다.

킨은 살던 집이 공사로 철거된 뒤 임시로 지은 집에 우리를 초대했다. 우리는 울퉁불퉁한 마룻바닥에 앉아 작은 컵에 따른 차를 마시며 그의 이야기를 들었다. 킨은 경제특구가 건설 중인 땅에서 태어나고 자랐지만, 그와 다른 가족들은 그곳에서 쫓겨나 '재정착 지역'으로 이주했다. 이제 그들이 살던 곳은 금싸라기 땅이 되었기에 선택의 여지가 없었다.

킨은 어떻게든 새로 살 집을 마련했지만, 이전보다 형편이 어려워졌고 채소를 심거나 가축을 키울 공간도 없었다. 그는 나라가 경제 변혁을 추진한다는데 어떻게 자신들은 더 가난하고 절망적인 처지로 내몰릴 수 있냐며 한탄했다. "우리 가족은 여태 농사만 짓고 살았어요. 그런데 지금은 농사지을 땅조차 없어요. 희망은 사라지고 절망만 남았죠."

재정착 지역에 있는 다른 주민들은 정부가 토지 보상금을 지급해야 하지만 아직까지 한 푼도 받지 못했고, 받는다고 해도 보상금이 얼마나 될지 알 수 없다고 말했다.

"스트레스 때문에 밤에 잠을 못 자요." 56세의 주민 도 윈은 경제특구가 들어서기 전에 과일나무를 심고 가축을 길렀지만, 이제는 하루하루 끼니를 걱정하며 사느라 스트레스가 심하다고 말했다.

재정착 지역을 지나 경제특구 건설 현장 쪽으로 가는 중에 69세의 주민 우 미야 흘리앙을 만났다. 그는 원래 살던 집이 아직 철거되지 않고 남아 있다고 했다. 그곳에서 만난 다른 주민들처럼 흘리앙은 경제특구 개발이 자신의 삶에 어떤 영향을 미칠지 꿈에도 몰랐다. 그의 집은 곧 철거될 예정이지만 언제 집이 철거될지, 보상금을 받을 수 있을지, 앞으로 어디서 살아야 할지 등 모든 것이 막막하기만 했다. 그는 특구 건설 자체에는 반대하지 않지만, 너무나 많은 사람이 큰 희생을 치르고 있다고 말했다. "많은 사람이 고통에 시달리고 있어요."

틸라와 근처에서 들은 이야기는 비단 미얀마만의 문제가 아니지만,

미얀마에는 어느 때보다 많은 외국인 투자자가 사업을 위해 몰려들었고 개발에 따른 이익과 비용이 불공평하게 분배되리라는 우려가 커지고 있었다.

정부는 미얀마를 외국 자본에 더 '매력적인' 국가로 만들고자 서둘러 새로운 법과 정책을 도입하고 있었다. 지역 활동가들은 인권을 보호하고 인권 침해 사례를 기록하기 위해 용기를 내어 힘을 모으려 했지만 어려움이 많다고 토로했다. 한 활동가는 주민들이 불안과 두려움에서 벗어나지 못한다고 말했다. "마을 주민들은 정부에 대항할 수 없다고 생각해요."

투자자의 권리는 보장되고 강화된다

미얀마로 가기 전, 우리는 런던에 있는 미얀마 대사관을 찾아가 영국 주재 미얀마 대사를 인터뷰했다. 미얀마 정부가 외국인의 투자를 유치하는 동시에 더 많은 국민의 필요에 맞게 균형 있는 발전을 추진하는지, 경제계획에 국민의 인권을 보호하는 장치를 마련해두었는지를 정부 관계자에게 직접 묻기 위해서였다.

런던 중심부에 있는 부촌 메이페어의 찰스 스트리트에서 까르띠에, 프라다 같은 명품 매장이 있는 모퉁이를 돌자 대사관이 나왔다. 여담이지만, 미얀마 대사관에서 하이드 파크를 지나 조금만 걸어가면 2012년 여름 줄리언 어산지가 망명을 신청하고 들어간 에콰도르 대사관이 있다. 어산지는 몇 년간 그곳에 머물렀지만, 2019년 봄 경찰이 대사관에서 그를 체포해 벨마시 교도소에 수감했다.

미얀마 대사관이 있는 으리으리한 5층짜리 주택 건물에 도착하자 대사가 검은색 벤츠 차량에서 내려 걸어 들어가는 모습이 보였다. 우리는 조심스레 그를 따라 안으로 들어갔고, 계단을 올라가 기다란 소파가 있는 큰 응접실에서 기다렸다. 잠시 후 우리는 한 사무실로 안내를 받았고, 그곳에서 대사와 정식으로 인사를 나누었다. 대사는 미얀마–영국 비즈니스협회MBBA의 설립자인 케이스 윈과도 이야기를 나눌 수 있게 자리를 마련했다.

우리는 자리에 앉아 질문하기 시작한 지 얼마 지나지 않아 작전상의 실수를 저지르고 말았다. 미얀마의 인권 문제를 둘러싼 우려를 너무 빨리 거론한 것이다. 대사는 자리에서 벌떡 일어나 사무실을 나선 뒤 돌아오지 않았다. 하지만 인터뷰는 거기서 끝이 아니었다. 윈이 우리와 함께 남아 있었기 때문이다. 그는 대사관에서 공식 직책은 없는 듯했지만, 미얀마 내의 외국인 투자에 관해 미리 준비해온 설명을 들려주었다.

미얀마와 영국의 복수 국적자인 윈은 영리한 사업가라는 인상을 주는 인물이었다. 윈은 미얀마가 투자자에게 '무한한' 기회를 제공하는 나라라고 힘주어 말했다. 공인회계사였던 그는 1995년 은행가이자 영국 무역사업부의 고문이었던 피터 고드윈과 MBBA를 설립했다. MBBA는 홈페이지에서 '산업계의 대화'를 촉진하고 미얀마와 영국 기업에 '포럼과 네트워크'를 제공하는 것을 목표로 한다고 밝혔다.

"물론 미얀마는 이제 막 문을 열고 시장경제를 받아들였습니다. 아직 초기 단계지만 매우 긍정적인 방향이죠. 미얀마는 세계에서 인구가 가장 많은 인도와 중국 사이에 있다는 엄청난 전략적 이점을 가지고 있어요."

윈이 이야기를 이어갔다. "지금은 다들 눈코 뜰 새 없이 바빠요."

지금까지 많은 법이 통과되었고, 개혁이 한창 진행 중이에요. 정부 공무원들은 이러한 변화를 따라잡고자 다국적 기구에서 교육을 받고 있고요. 전부 시간이 걸리는 일이죠. 교육, 서비스, 건축, 회계, 법률, 기회를 찾는 변호사들, 롤스로이스, 전력 회사, 석유와 가스 회사 등 수많은 영국 사업자가 관심을 보이고 있어요. (……) 기회는 정말 무궁무진합니다.

그는 사람들이 새로 발견한(혹은 처음으로 접근할 수 있게 된) 부를 향해 몰려들고 있다는 듯이 이야기했다. "모두가 미얀마에 줄을 대거나 한몫 끼어들려 하고 있어요." 2015년 한 해 동안 미얀마의 외국인 투자는 사상 최고치인 80억 달러를 기록했다.

우리는 외국 자본에 갓 문을 연 미얀마에서 기업에 혜택을 주는 국제 제도가 어떻게 새로운 땅에서 영향력을 넓히고 뿌리를 내리는지 직접 확인할 수 있었다. 엘살바도르, 남아프리카공화국 등 앞서 방문한 나라들은 우리 두 사람이 아직 어렸을 때인 1990년대에 미얀마와 같은 일을 겪었다. 그 외에 다른 나라들은 그보다 앞서 냉전과 반식민 운동의 시대에 같은 변화를 경험했다.

2013년 3월, 미얀마의 대통령 테인 세인은 유럽 순방 중 미얀마 역사상 처음으로 브뤼셀을 방문했다. 브뤼셀에서 그는 지속적인 개혁을 추진한다는 이유로 열렬한 환영을 받았다. 호세 마누엘 바로소 유럽연합 집행위원장은 미얀마와 유럽연합의 관계가 '새로운 국면'을 맞고 있으며, '더 많은 대화, 더 많고 더 나은 원조, 더 많은 무역과 투자'가 이루어질 것이라고 선언했다. 이듬해 유럽연합은 미얀마의 경제성장을 지원하겠다며 투자 조약을 협상하기 시작했다. 그런데 이 조약에는 유럽 기업에 미얀마 정부를 제소할 권한을 주는 조항이 포함되어 있었다.

2013년 3월 미얀마는 '외국 중재판정의 승인 및 집행에 관한 협약'('뉴욕 협약'이라고도 한다)에 가입했다. 1950년대에 처음 체결된 이 협약은 국가가 투자자-국가 소송에서 승소하든 패소하든 재판소의 판결을 따르도록 규정했다. 그리고 다른 국가가 배상금 지급을 거부하면, 협약에 가입한 국가는 경우에 따라(예를 들어 외국 은행 계좌나 외국 공항에 그 나라의 돈이나 비행기가 있다면) 그 나라의 자산을 압류할 수 있었다.

미얀마 현지의 보도에 따르면 이 협약의 장단점을 검토하는 데 참여한 국회의원은 여섯 명뿐이었다. 아웅 산 수 치는 이 협약이 외국인 투자 유치의 전제 조건이라며 지지를 표명했다.

농촌을 비롯한 각계각층의 시민사회단체들은 큰 충격에 빠졌다. 그들은 이 협약에 어떤 위험이 도사리고 있는지 국회의원보다 더 잘 알았다. 시민사회단체들은 ISDS를 받아들이면 외국인 투자자의 권리가 강해지고 국가가 그들을 보호해야 하는 의무가 생기면서 이제 막 첫발을 뗀 미얀마의 민주주의가 흔들릴 것이라고 경고했다.

또한 시민사회단체들은 미얀마가 현재 많은 개혁을 추진 중이므로 공익을 위한 개혁을 어렵게 만들거나 더 큰 비용을 치르게 하는 협약에 가입함으로써 정책적 자유를 포기해서는 안 되며, 정부가 제대로 된 민주적 토론 없이 그러한 협약을 체결해서도 안 된다고 강조했다.

OECD 역시 미얀마의 정책 개혁을 유심히 지켜보고 있었다. 2014년 OECD가 발표한 보고서는 미얀마의 법률이 대체로 개방경제에 적합하지 않다고 지적하면서 미얀마를 북한에 이어 세계에서 두 번째로 외국인 투자에 제약이 많은 나라로 평가했다. 훗날 OECD는 자신들이 권고한 많은 정책이 '미얀마의 투자 환경을 크게 개선한 개혁에서 중요한 역할'을 했으며, '투자자 보호 제도를 강화'해 투자자들에게 '미얀마는 안전한 투자처'라는 확신을 주는 데 이바지했다고 주장했다.

외국 대기업에 미얀마가 이윤을 창출할 수 있는 안전한 투자처라는 확신을 주어야 한다는 주장은 투자자들이 새로운 부를 찾아 미얀마로 몰려든다는 윈의 이야기와 사뭇 달랐다. 윈의 설명은 위험을 감수하는 태도를 강조하는 자본주의 프로파간다에 들어맞았지만, 전자는 그렇지 않았기 때문이다.

OECD의 보고서는 우리가 조사 중인 또 다른 문제도 언급했다. 국가가 어떻게 경제특구 등의 정책으로 전례 없이 많은 영토를 민간투자자의 손에 넘기는가 하는 문제였다.

OECD는 미얀마에서 외국인 투자자가 매입하거나 임대할 수 있는 토지가 제한적이라는 점을 지적했다. 예를 들어 1987년에 제정된 법은 외국인이 한 번에 1년 이상의 재산권을 취득할 수 없게 금지했다. 하지만 이제 각종 개혁으로 상황이 변하기 시작했다. 이제 외국인 투자자는 미얀마 기업과 협력하거나 그 기업에 투자해 내국인과 동일한 조건으로 토지를 취득할 수 있었다. 또 2014년에 제정된 경제특구법은 경제특구 내의 외국인 투자자가 최대 50년까지 장기 임대 계약을 체결하고 계약을 25년 더 연장할 수 있도록 보장했다.

미얀마뿐 아니라 세계 각지에서 우리는 이렇게 긴 시간 동안 투자자의 권리를 보장하는 정책을 보고 충격을 받았다. 민주주의 국가의 정치인이나 유권자는 보통 가까운 미래에(예를 들어 다음 선거에) 관심을 두지만, 우리가 조사한 각종 제도와 정책은 대개 수십 년에 달하는 긴 시간에 걸쳐 효력을 발휘했다.

경제특구의 승자는 누구인가

우리는 미얀마에서 새로운 아이디어를 얻어 개빈에게 전했다. 이제 다음 목표는 각국이 어떻게 민간투자자에게 영토를 넘기고 있는지 자세히 살펴보는 것이었다.

런던에 있는 싱크탱크 국제환경개발연구소의 변호사 로렌조 코툴라는 경제특구가 세부적으로는 저마다 차이가 있지만, 대체로 국내법 일부를 적용받지 않거나 별도로 수정한 법을 적용받는다는 공통점이 있다고 설명했다.

따라서 경제특구는 물리적으로 분리된 공간일 뿐만 아니라 다른 곳에서 통하는 규칙이 반드시 적용되지는 않는 예외적인 공간이기도 했다. 경제특구는 보통(때로는 노골적으로) 투자자의 공장에 저렴하고 고분고분한 노동력을 제공하겠다고 약속했다. 노동 착취 공장의 노동권 침해 사례를 다룬 무수한 보고서를 보면 경제특구가 약속한 일자리의 실상이 어떤지 알 수 있었다.

ILO에 따르면 '노동조합들은 경제특구를 전통적인 노사관계가 적용되지 않는 섬 같은 곳이자…… 세계 경제에서 바닥을 향한 경쟁(자본을 유인하기 위해 노동, 복지, 환경 등에 관한 규제와 지출을 경쟁적으로 줄이는 일 - 옮긴이)이 벌어지고 있음을 알리는 신호로 보았다'. 그리고 이러한 공간이 세계 각지에 들어선다는 것은 곧 한 지역에서 노동자들이 뭉쳐 임금 인상이나 노동 환경 개선을 요구하면 기업은 언제든 그곳을 떠나 다른 지역으로 옮겨갈 수 있다는 뜻이었다.

세계은행은 경제특구를 연구하고 홍보하는 많은 보고서를 발표했다. IFC를 비롯한 세계은행의 기관들은 민간기업에 투자하는 한편, 개발도상국 정부에 어떻게 하면(예를 들어 어떤 법률을 개정하면) 민간투자자를 유치할 수 있을지 조언했다. 경제특구는 그 기관들이 개발도상국에 제안하는 단골 메뉴였다.

2008년, IFC 산하의 투자환경자문서비스기구는 경제특구를 다음과 같이 설명했다.

한 국가 안에서 지리적으로 경계가 정해진 별도의 구역으로, 경계 바깥의 영토와는 다른 사업 규칙을 적용받는 곳이다. 경제특구에는 주로 투자 환경, 국제 무역 및 관세, 세금과 관련된 별도의 규칙이 적용되며, 이에 따라 경제특구에서는 해당 국가의 다른 지역보다 자유롭고 효율적인 사업 환경이 조성된다.

이처럼 정부가 법을 제정하고, 영토를 양도하고, 경제특구에서 사업을 하는 투자자에게 인센티브를 제공하는 동안 민간이 소유하고 운영하는 경제특구의 수는 날로 늘어났다. 경제특구 건설은 투자자-국가 소송이나 원조·개발 활동처럼 그 자체로 하나의 사업이 되었다.

경제특구 중에는 특정 산업에 초점을 맞춘 곳도 있었다. 조사하는 동안 우리는 수출가공구역EPZ, 경제자유구역EFZ, 기업장려구역enterprise zone 등 많은 약어와 용어를 익혀야 했다.

중앙정부를 넘어 지자체들까지 특정 지역에서 사업을 하도록 투자자에게 인센티브를 주기 시작했다. 지자체들은 경제특구와 비슷한 사업 모델을 받아들여 투자 유치 경쟁을 벌였다. 2013년, 워싱턴 주는 보잉이 시애틀에서 새 제트기를 만들도록 2040년까지 87억 달러 규모의 세금 감면 혜택을 제공했다. 당시 기준으로는 미국 역사상 주정부가 지급한 가장 큰 규모의 보조금이었다(이처럼 지방정부가 기업에 막대한 혜택을 주는 경우는 이것이 처음은 아니었으며, 이후로도 계속되었다).

세계경제포럼의 홈페이지에 올라온 한 기사는 도시를 '권력과 자본의 중심지'로 묘사하면서 지자체들이 외국인의 직접투자를 유치하기 위해 필사적으로 경쟁하고 있으며, 경제적 이익을 제공하겠다고 홍보하는 지역 기관의 수가 국가 기관의 50배에 달한다고 설명했다. 한 예로 세계 투자진흥기관협회WAIPA에는 170개의 기관이 회원으로 있었는데, 그중 3분의 1 이상이 중앙정부가 아니라 도시나 지방의 기관이었다.

컬럼비아 대학교에서 나온 한 연구는 전 세계의 지자체에서 운영하는 무역·투자 홍보 기관의 수가 8,000개에 이른다고 추산했다. 그런가 하면 세계은행에서 나온 한 연구는 지역의 기관들이 '대체로 더 혁신적'이라고 주장했다.

중앙아메리카에서도 기업을 위해 별도의 구역을 만들려는 시도가 잇따랐다. 2012년, 온두라스 정부는 장차 기업이 통치하는 도시를 만들겠다며 '시범 도시'라는 급진적인 계획을 제시했다. 미국의 보수 경제학자인 폴 로머의 지지를 받은 이 계획의 골자는 별도의 법률과 조세·사법·경찰 제도를 마련해 기업 친화적인 방식으로 도시 전체를 운영하는 실험을 해보자는 것이었다. 온두라스 대법원은 이를 위헌으로 판결했지만, 지지자들은 이후로도 비슷한 계획을 추진했다. 하지만 온두라스 정부의 제안은 우리가 미얀마에서부터 조사하기 시작한 현상을 다른 방식으로 표현한 것일 뿐, 근본적인 차이가 없어 보였다.

우리는 위트레흐트 대학교의 연구원으로 수년간 경제특구를 연구한 패트릭 네벨링을 만났다. 그는 경제특구는 흔히 '일반적인 영토와 다른 규칙을 따르며, 심지어는 상당한 자율성을 보장받는 자체 경찰력을 보유할 수도 있다'고 설명했다.

민간투자자에게 영토를 일부 제공한다는 발상은 고대 로마의 '자유구역'까지 거슬러 올라갈 만큼 역사가 깊으며, 경제특구를 옹호하는 사람들은 때로 경제특구를 '자연스러운' 정책으로 포장하기 위해 이 같은 역사를 인용했다. "(지지자들의 이야기는) '인류가 석기시대를 벗어난 이래로 이런 일을 해왔다'는 말이나 다름없어요."

네벨링의 설명에 따르면 최초의 현대적 경제특구는 1940년대 푸에르토리코에서 처음 만들어졌다. 하지만 푸에르토리코는 사실상 미국의 식민지였기에 경제특구는 자칫 식민 제국이 강요한 제도로 보일 수 있었다. 이에 따라 경제특구의 주창자들은 보통 푸에르토리코가 아닌 다른 곳을 경제특구의 발상지로 소개했고, 푸에르토리코의 이야기는 세상에 널리 알려지지 않았다. 그들이 푸에르토리코 대신 경제특구의 발상지로 지목한 곳은 아일랜드의 섀넌이었다.

네벨링은 이를 경제특구를 전 세계로 확대하기 위한 전략적 선택으로 보았다.

1950년대와 1960년대에는 영국의 제국주의를 경험한 아일랜드에서 경제특구 개념이 나온 것처럼 포장하는 편이 바람직해 보였습니다. (……) 아일랜드는 비동맹 운동에 참여하지 않았지만, 유럽의 빈국으로서 서방 세계 바깥에 있는 나라처럼 보였죠. 경제특구의 주창자들은 이런 식으로 경제특구 모델을 식민주의를 극복하려는 시도로 포장해 다른 지역에 판매할 수 있었습니다.

네벨링은 섀넌이 경제특구의 지지자들이 전파하려는 이야기에 '알맞은' 곳이었으며, 주로 프로파간다의 도구로서 경제특구가 전 세계로 널리 퍼지는 데 중요한 역할을 했다고 설명했다. 한 예로 중국은 섀넌의 사례에서 영감을 받아 1980년에 처음으로 경제특구를 세웠다.

세계은행의 경제학자 더글러스 장은 2012년에 발표한 보고서에서 '지난 30년간 중국이 이룬 엄청난 경제성장은 인류 역사상 유례가 없는 성장 기적'이며, 경제특구가 중국의 '눈부신 발전'을 이끌었다고 평가했다. 그는 경제특구가 투자와 수출, 임금을 포함해 많은 수익을 가져다주 었을 뿐 아니라 정책의 변화를 촉진했다고 보았다. 중국은 경제특구 안 에서 시장경제를 시험했으며, 경제특구를 다른 지역들이 따라야 할 본보 기로 삼았다는 것이다.

우리는 개빈을 만나 사람마다 경제특구를 전혀 다른 방식으로 설명 한다는 사실을 이야기했고, 경제특구를 더 자세히 알아보기 위해 아일랜 드와 중국으로 갈 계획이라고 전했다.

"대단한데. 또 하나 중요한 문제를 알아냈어."

개빈은 경제특구의 주창자들이 경제특구를 더 매력적이고 덜 '제국 적인' 정책으로 포장하기 위해 푸에르토리코가 아닌 섀넌을 발상지로 내세웠다는 네벨링의 주장에 큰 관심을 보였다.

"교묘한 속임수야." 그가 나지막이 말하며 자세를 고쳐 앉았다. "자 네들이 가장 중요하게 생각하는 문제를 놓치지 않도록 조심해야 해. 민 주주의에 끼치는 영향 말이야."

"경제특구 안에 있는 기업들이 민주주의의 영향에서 벗어난다면 큰 문제야. 그리고 국가 전체가 경제특구를 '본보기'로 삼는다면 문제는 더 심각해지겠지. 그러면 특정 구역이 아니라 모두의 문제가 될 테니까."

불굴의 오뚝이가 시작한 일

켈트족의 여신 시온나의 이름을 딴 섀넌 강은 아일랜드에서 가장 길고
큰 강이다. 섀넌 강은 아일랜드 서부를 동과 남으로 구분하는 경계를 이
루며 360킬로미터를 굽이쳐 흐르다가 9세기에 바이킹이 세운 유서 깊은
도시 리머릭 부근에서 대서양으로 흘러 들어간다.

섀넌 강은 아일랜드의 사회·경제·정치 역사에서 중요한 역할을 해
왔다. 이 강은 수백 년에 걸쳐 주요 무역로였으며, 17세기에 영국이 아일
랜드를 식민지로 삼는 과정에서는 전략적으로 중요한 전선이 되었다. 영
국과의 전쟁 이후 아일랜드는 기근과 페스트에 시달렸으며, 영국은 아일
랜드에서 가톨릭을 금지하고 수많은 아일랜드인을 다른 영국 식민지에
계약 노동자로 보냈다.

우리는 오늘날 기업이 세운 제국을 추적하기 위해 런던에서 저가 항
공사인 라이언에어의 비행기를 타고 섀넌 공항에 도착했다. 20세기 중

반, 아일랜드에서는 섀넌 강의 이름을 따 새 공항과 산업 구역을 만들었고, 이후 중국을 비롯한 세계의 여러 나라가 이 구역에서 영감을 얻어 경제특구를 만들었다.

섀넌 공항은 제2차 세계대전 중에 지어졌다. 공항이 건설된 섀넌 강하구 습지의 물을 빼내는 데만 몇 년이 걸린 대형 공사였다. 1945년, 아일랜드는 미국과 협정을 맺어 모든 미국 항공편은 반드시 섀넌 공항을 경유하거나 기착하도록 하고 아일랜드 항공편은 보스턴, 시카고, 뉴욕의 공항을 독점적으로 이용하도록 했다. 이에 따라 종전 이후 상업 항공사들은 북아메리카를 오가는 대서양 항공편을 운항하기 위해 섀넌 공항을 이용했다. 당시에는 항공기에 연료를 많이 실을 수 없었기 때문에 대서양을 건너려면 섀넌 공항을 경유해야 했고, 섀넌 공항은 유럽과 북아메리카를 잇는 주요 관문으로 자리매김했다. 그리하여 존 F. 케네디와 무하마드 알리 등 많은 유명 인사가 섀넌을 찾았다.

우리는 저녁 늦게 섀넌 공항에 도착했다. 기내용 가방만 가지고 왔기 때문에 곧장 공항에서 나와 택시를 탈 수도 있었지만, 섀넌 공항은 이번 조사에서 중요한 장소인 만큼 천천히 둘러보기로 했다.

공항의 한쪽 벽에는 전쟁 이후 공항의 역사를 보여주는 흑백사진들이 걸려 있었다. 고위 관리와 유명 인사들이 비행기에서 내리거나 고급 자동차를 타고 인파 사이를 지나는 모습이 보였다. 전후 호황기의 열기가 느껴지는 사진들이었다.

우리가 도착했을 때는 면세점을 비롯해 공항에 있는 상점이 전부 문을 닫았다. 이제 술, 담배, 향수 등을 파는 면세점은 공항 검색대와 마찬가지로 세계 어느 공항에서나 흔히 볼 수 있지만, 세계 최초로 면세점이 문을 연 공항은 바로 이곳이었다. 1947년 브렌던 오리건이라는 지역 사업가의 설득으로 아일랜드 정부가 공항에서 환승 및 출국하는 승객과 상품, 항공기에 일반적인 관세 절차를 면제하는 면세공항법을 제정하면서 이곳에 처음 면세점이 들어섰다.

　그런데 오리건이 이룬 혁신은 이뿐만이 아니었다. 그는 섀넌에 산업 구역을 제안해 이 작은 도시의 명성이 멀리 베이징에까지 퍼지도록 이끌었다. 미얀마를 비롯해 세계 각지에 들어선 수많은 경제특구의 역사는 이곳에서 비롯되었다. 우리는 며칠간 많은 인터뷰를 할 예정이지만, 우리의 조사는 공항에 내린 순간부터 시작되었다.

　공항에서 만난 친절한 택시 기사는 우리가 무엇 때문에 아일랜드의 외딴 도시까지 왔는지 궁금해했다. 이유를 설명하자 기사는 싱긋 웃으며 '불굴의 오뚝이Bash On Regardless'라는 오리건의 별칭을 알려주었다. 브렌던 오리건Brenden O'Regan의 머리글자를 따서 만든 이 별칭은 그가 포기를 모르는 선구적 기업가로서 얻은 명성을 잘 보여주었다. 택시를 타고 식스마일브리지라는 작은 마을을 지나는 동안 기사가 말했다. "여기가 오리건이 태어난 마을이에요."

　이 지역에 오래 산 주민들 중에서 2008년 90세로 사망한 오리건의 이야기와 그가 이룬 혁신을 모르는 사람은 아무도 없었다.

　1960년대 말과 1970년대에 오리건과 일한 경제학자 톰 켈러허를 리머릭 인근에 있는 그의 사무실에서 만나 이야기를 들었다. "오리건은 사람들에게 동기를 불어넣는 위대한 인물이었습니다. 아무리 엉뚱한 아이디어라도 허투루 넘기지 않았죠."

　오리건은 제1차 세계대전이 끝나갈 무렵인 1917년에 태어났고, 젊은 시절 호텔 경영을 공부하기 위해 유학을 떠났다. 이후 그는 케이터링 사업을 했지만, 그보다는 창의적인 시도를 멈추지 않은 사업가이자 지대한 영향력을 끼친 제도를 발명해 지역을 바꾼 인물로 더 잘 알려져 있었다. 그가 발명한 제도란 1959년에 설립된 섀넌 자유구역이다.

당시 섀넌 공항과 인근 지역은 어려움을 겪고 있었다. 항공 기술이 발전하면서 대서양을 건너는 항공기에 재급유를 할 필요가 없어졌기 때문이다. 이제 더 먼 거리를 비행할 수 있게 된 항공기들은 섀넌 공항을 거치지 않고 곧장 대서양을 건넜다.

지역 경제는 무너지기 일보 직전이었다. 전해오는 이야기는 오리건이 그러한 위기를 극복하려면 '하늘에서 비행기를 끌어내려야 한다'고 주장했다고 한다. 그리하여 그는 놀라운 제안 하나로 정부의 이목을 끌었다. 이 지역에 별도의 '자유구역'을 세우고, 그 구역에서 일자리를 만들고 지역의 소멸을 막는 데 도움을 주는 외국인 투자자에게 규제와 세금을 면제하자는 것이었다. 섀넌은 외국인 투자자들이 자유구역에서 사업을 하는 대가로 일정 기간의 특별 면세와 관세 감면, 연구 보조금 등의 혜택을 제시했다. 제안을 받아들여 자유구역으로 이전한 기업에는 거대 다이아몬드 기업 드 비어스의 자회사와 보철 기구, 보행 보조기 등 의료용품을 만드는 짐머 등이 있었다.

공항 옆에 들어선 자유구역은 면적이 약 26만 제곱미터에 지나지 않았지만, 전 세계에 그와는 비교할 수 없을 만큼 막대한 영향을 끼쳤다. 이후 세계 각지에서는 섀넌을 따라 비슷한 산업 구역을 만들기 시작했으며, 여기에 관여하는 기업과 국제기구의 수도 점차 늘어났다.

세상의 중심이 되다

다음 날 아침 우리는 자유구역으로 향했다. 정문으로 들어가 커다란 공장과 사무실 건물을 지나는데도 이야기를 나눌 만한 사람은 보이지 않았다.

다들 안에서 바쁘게 일하고 있었다. 자유구역 바로 앞에 작은 편의점과 카페가 보여 커피를 마시러 들어갔다가 은퇴한 교장인 63세의 메리를 만났다. 그녀는 친구와 함께 앉아 있었는데 말하기를 좋아하는 듯했다. 오리건과 자유구역에 관해 잘 아느냐고 묻자 메리는 힘차게 고개를 끄덕였다.

섀넌 태생인 메리는 어린 시절 이곳에 얼마나 신나는 일이 많았는지 즐겁게 이야기했다. "우리는 섀넌이 세상의 중심인 줄 알았어요." 자유구역이 생기면서 교통량이 증가한 덕분에 공항은 영업을 계속할 수 있었다. "케네디 대통령이 왔을 때는 정말로 온 나라가 멈춘 것 같았어요. 수천 명이 공항으로 몰려들었죠. 정말 대단했어요." 그녀가 웃으며 말했다. "로널드 레이건이 왔을 때하고는 딴판이었어요."

종전에는 공항을 경유하는 유명 인사들이 이곳을 찾았다면, 이제는 기업 임원, 자유구역의 사례를 배우려는 정부 관료 등 새로운 방문객들이 전 세계에서 찾아왔다. "제가 근무한 학교에도 자유구역에서 일하는 부모를 따라 각지에서 온 아이들이 있었어요. 그런 아이들은 6개월이나 1년, 5년씩 이곳에 머물다 떠났지만, 어찌 됐든 전 세계 곳곳에서 사람들이 찾아왔어요."

지역을 외국인 투자의 중심지로 바꾸려 한 오리건의 계획은 200여 년 만의 신도시 개발로 이어졌다. 공장의 노동자들이 살 수 있도록 습지를 메워 만든 신도시가 바로 섀넌이었다.

섀넌 출신의 경제 컨설턴트인 폴 라이언은 섀넌을 이렇게 묘사했다. "아예 처음부터 새로 만든 도시로, 영국의 신도시 밀턴 케인스와 아주 비슷했어요. '집을 거꾸로 돌려 뒤편이 앞으로 오게 하자'는 1960년대식 주택 설계나 녹지, 공용 공간까지 모든 게 비슷했죠."

우리가 방문했을 때 섀넌은 인구가 9,673명인 작은 도시였다. 외국 기업이 자유구역에서 사업을 벌였지만, 도시의 규모는 크게 성장하지 못했다. 리머릭 등 인근 도시나 오리건의 고향 식스마일브리지 같은 마을에서 출퇴근하는 노동자가 많았기 때문이다.

21세기 초에 이르러 경제특구는 아르헨티나, 캄보디아 등 전 세계로 퍼졌다. 그중에는 섀넌 국제개발컨설턴트 SIDC에서 일한 라이언 같은 섀넌 출신 컨설턴트의 조언을 따라 경제특구를 세운 곳도 많았다.

라이언은 경제특구의 장점으로 어떤 정책을 전국적으로 시행하기 전에 미리 시험해볼 수 있다는 점을 꼽았다. "개발도상국에서 새로운 정책, 새로운 사업 방식을 시험하고 싶어 한다고 생각해보세요. (……) 특정한 목적에 따라 국가 전체와 분리된 구역을 만들고 그곳에서 새로운 정책을 시도할 수 있다는 것이 경제특구의 성공 요인 중 하나입니다."

라이언은 섀넌이 작은 도시로 남은 이유는 그 무엇보다도 외국인 투자를 유치하는 데 성공했기 때문이라고 보았다. "섀넌이 어느 정도 성장한 뒤에는 섀넌에서 성공을 거둔 정책을 다른 지역에도 적용할 수 있었어요. 그러다 보니 섀넌처럼 별도로 운영되는 구역을 키울 필요가 없어졌죠. 하지만 섀넌은 이후로도 훌륭한 성공 사례로 남았고, 오늘날에도 그 이름이 널리 알려져 있어요."

라이언은 섀넌의 성공에 큰 영향을 끼친 또 다른 요인으로 스미스타운의 개발을 꼽았다. 스미스타운은 인근에 있는 산업단지이자 섀넌에 들어선 대기업의 하청 업체가 된 아일랜드 기업들이 있는 위성구역이었다.

"스미스타운처럼 지역 산업이 성장할 수 있는 기반을 마련해야 합니다." 그러지 않으면 지역의 기업이 혜택을 볼 수 없다는 것이 그의 주장이었다.

라이언의 말에는 일리가 있었지만, 우리가 다른 경제특구에서 목격한 현실과 차이가 있었다. 다른 곳에서는 지역의 산업과 공동체가 혜택을 얻도록 보장하는 정책을 크게 중시하지 않았기 때문이다.

섀넌에서 배우자

2005년 이후 섀넌 자유구역에는 아일랜드의 다른 지역과 같은 12.5퍼센트의 법인세율이 적용되었다. 이제 이곳에 있는 업체는 대부분 제조업이 아니라 서비스 기업이었다. 과거 자유구역에서 제공한 혜택을 국가정책으로 삼아 아일랜드 전역으로 확대하면서 섀넌에 있는 투자자들은 특별한 혜택을 받는다고 보기 어려워졌다.

섀넌 상공회의소 회장 케빈 톰스턴은 사업의 성격이 바뀌었으며, 시간이 갈수록 섀넌과 다른 지역을 가르는 울타리와 관세 통제가 사라졌다고 설명했다. 우리는 그를 섀넌에 있는 한 쇼핑몰의 사무실에서 만났다. 그가 작은 빌딩 모형들로 이루어진 섀넌의 미니어처를 보여주며 이야기를 이어갔다. 섀넌을 둘러싼 울타리와 관세 통제는 본래 자유구역의 관세율이 0퍼센트였기 때문에 생겼지만, 이후 아일랜드 전역의 관세율이 섀넌과 똑같아졌다. "(날이 갈수록) 울타리는 낮아졌고, 자유구역에서 제공하는 혜택은 의미가 없어졌어요. 어차피 수출품은 대부분 관세가 없는 유럽연합으로 가니까요. 이제 입구에 붙어 있는 섀넌 자유구역이라는 이름은 사실상 마케팅용이나 다름없죠."

우리는 이 지역의 개발을 담당하는 국영 회사 섀넌 그룹의 사무실에서 전략 책임자인 패트릭 에드먼즈를 만나 비슷한 이야기를 들었다. "이제 특수한 목적이 없는 범용 자유구역은 차별화할 수 있는 점이 거의 없어요. 이대로는 한계가 있죠." 에드먼즈 같은 전략가들에게 이는 해결해야 할 숙제였다. "아일랜드는 이미 국가적 차원에서 투자자들을 유인하는 정책을 펴고 있어요. 그렇다면 섀넌을 차별화하는 방법으로 뭐가 있을까요?"

2004년까지만 해도 섀넌에서는 정부의 지원을 받는 '섀넌 개발'이라는 회사가 지역 당국이 맡아야 할 도시와 정부 서비스를 책임지고 있었다. 당시에도 이러한 기능은 보통 지자체에 이전되었지만, 섀넌에서는 여전히 섀넌 개발이 자유구역에 대한 권한을 가지고 있었다.

우리가 섀넌을 찾아갔을 때 섀넌 공항은 런던, 뉴욕, 바르샤바 등지를 오가는 정기 항공편과 보스턴, 프랑크푸르트 등지를 오가는 계절 항공편을 운영하고 있었다.

섀넌 공항은 걸프 전쟁 중에 미군의 경유지로 쓰였으며, 9·11테러 이후에는 이라크 침공에도 이용되었다. 2007년, 아일랜드 인권위원회는 비밀 구금·심문 장소로 가는 CIA의 용의자 인도용 항공기가 섀넌 공항을 급유지로 이용했다는 증거를 조사했다. 위원회가 검토한 증거들 중에는 쿠웨이트 태생의 독일 국적자 칼리드 엘 마스리가 아프가니스탄으로 이송되어 몇 달 동안 고문을 당한 사건도 있었다(하지만 테러 활동과 관련된 증거는 나오지 않았고, 수사기관도 그를 기소하지 않았다). 위원회는 '엘 마스리의 납치에 이용된 항공기가 섀넌에 기착했다'고 밝혔다.

아일랜드는 NATO에 가입하지 않은 채 군사적 중립 정책을 유지하고 있었기에 섀넌 공항의 군 관련 사업은 큰 논란을 불러왔다. 이에 따라 아일랜드에서는 2000년대 내내 섀넌 공항의 미군을 대상으로 한 시위가 벌어졌다. 하지만 이러한 논란과 별개로 섀넌 공항은 군 병력의 환승지로 이용되면서 많은 수익을 벌어들였고, 상업 항공편 축소에 따른 손실을 어느 정도 메울 수 있었다. 2001년 이후 섀넌을 거쳐 간 미군의 수는 250만 명에 달할 것으로 추정되었다.

섀넌워치Shannonwatch라는 활동가 단체는 미군이 섀넌 공항을 중동전쟁의 기착지로 이용하는 것에 반대해 캠페인을 벌여왔다. 일요일 아침, 우리는 이 단체에서 오랫동안 활동한 에드워드 호건을 만나 공항 근처까지 걸어갔다. "바로 저기예요." 호건이 활주로 건너편에 있는 군용기 한 대를 쌍안경으로 들여다보며 말했다.

"대다수 병력은 민간 전세기를 타고 지나갔겠지만, 우리는 그 비행기에도 무기가 실려 있다는 걸 확인했어요." 호건이 얇은 철조망 옆에 서서 이야기했다. 활동가들이 이곳에서 촬영한 비행기 중에는 '록히드 C-130 허큘리스'라는 군용 수송기가 있었는데, 이 군용기는 무기화된 모델을 비롯해 다양한 모델이 있었다.

우리는 수십 년 동안 세계를 휩쓴 거대한 조류(국제 투자와 경제특구의 확대)나 국제적 사건(미국의 군사작전)과 작은 도시 섀넌 사이에 이토록 많은 접점이 있다는 사실에 놀랐다.

또 하나 놀라운 것은 섀넌이 맡은 상징적 역할이었다. 국가정책이 바뀌면서 경제특구 섀넌이 가진 차별점은 사라졌지만, 섀넌이라는 이름은 여전히 마케팅 수단으로 쓸모가 있었다. 이전에도 우리는 비슷한 이야기를 들은 적이 있었다. IFC는 미얀마의 5성급 호텔에 대한 투자가 외국인 투자자들에게 미얀마에서 편히 사업할 수 있다는 신호를 줄 것이라고 주장했다.

섀넌 출신의 컨설턴트들은 1960년대와 1970년대부터 대만, 말레이시아, 이집트, 스리랑카 등지에서 새로운 경제특구를 설계하는 데 참여했다. 또한 그들은 경제특구 개발의 노하우를 알려주는 교육과정을 개설했고, 각국 정부의 대표들이 이 과정을 들으러 왔다.

훗날 중국의 주석이 된 장쩌민은 1980년 경제특구 순회단의 대표로 섀넌을 방문해 3주간의 교육과정을 이수했다. 당시 중국의 주석이었던 덩샤오핑은 중국 경제를 국제 자본에 개방하는 실험을 준비 중이었고, 장쩌민이 섀넌에서 돌아온 해에 중국 최초의 경제특구인 선전 경제특구를 설립했다.

이후 섀넌에는 중국의 고위급 인사가 많이 찾아왔으며, 2005년에는 국무원 총리였던 원자바오가 섀넌을 방문했다. 이들은 경제특구의 발상지에 경의를 표하고 경제특구 모델을 받아들인 덕분에 중국이 경제 대국으로 부상할 수 있었다며 감사를 전했다.

톰스턴의 이야기에 따르면 섀넌에서 원자바오의 방문 행사를 준비하던 중 중국 대사가 주최 측에 한 가지 요청을 했다고 한다. 총리가 섀넌에 있는 툴리글래스 언덕에서 바람이 몰아치는 회색 산업 지대를 내려다보며 잠시 사색할 수 있도록 시간을 달라는 것이었다.

"13억 인구가 사는 중국의 지도자가 그런 부탁을 했다니요." 톰스턴은 초강대국의 정치지도자가 아일랜드 서부의 작은 도시 섀넌에 와서 겸손한 모습을 보인 광경을 떠올리며 믿기지 않는다는 듯 목소리를 높였다. "우리에겐 그저 별 볼 일 없는 장소였지만, 섀넌을 찾은 중국인들은 경제특구가 시작된 곳을 보고 싶어 했어요."

톰스턴은 중국의 지도자들이 경제특구 모델을 받아들여 섀넌보다 훨씬 큰 규모로 발전시켰다며 이것이 얼마나 대단한 일인지 설명하려 애썼다. "중국인들은 섀넌이라는 작은 도시에서 만든 모델을 바탕으로 발전과 성장을 이뤄냈어요. (……) '우리보다 앞서간 사람들은 어디서부터 어떻게 시작했을까?' 중국인들은 이런 물음을 던질 줄 알았던 거죠."

노동자의 권리가 없는 나쁜 일자리

뉴욕에 있는 뉴스쿨의 국제학 교수 조너선 바흐는 1960년대와 1970년대에 필리핀 등지에서 설립한 초기 경제특구는 '노동 수용소'나 다름없었다고 말했다. "노동자를 데려와 기숙사에 수용한 뒤, 다 쓰고 나면 버리고 새로운 노동자를 데려오는 식이었죠. 그러다가 사업 비용이 많이 비싸지거나 시위가 벌어지면 기업들은 짐을 싸서 다른 곳으로 옮기는 겁니다."

몇몇 국가는 경제특구의 투자자에게 국내 노동법 적용을 공식적으로 면제했다. 파키스탄에서는 경제특구의 노동자들이 파업이나 다른 노동쟁의를 할 수 없게 금지했다. 서아프리카의 토고에서는 노동 문제 조사관들이 경제특구에 들어가는 것조차 어려웠다. 나이지리아는 수출가공구역 법령에 다음과 같은 조항을 만들었다. '수출가공구역 내에서 조업을 개시한 후 10년 동안 파업이나 직장 폐쇄가 없어야 한다.'

노동법 적용을 명시적·공식적으로 면제하지 않는 곳에서도 지역 당국이 경제특구에서 발생하는 노동권 침해를 외면한다는 비판이 끊이지 않았다.

경제특구에서 발생한 시위나 노동권 침해 사례는 가끔 언론에 오르내렸지만, 경제특구의 규모와 경제특구에서 일하며 생계를 잇는 사람의 수를 생각하면 언론의 관심은 지극히 미미한 수준이었다.

우리는 CIJ로 돌아와 경제특구가 전 세계로 확산된 과정을 도표로 정리했다. 경제특구는 ISDS, 국제 원조·개발 제도와 거의 비슷한 시기에 성장한 듯했다.

오늘날과 같은 형태의 경제특구는 20세기 중반 공식적인 식민 통치가 사라져가는 시기에 등장했으며, 냉전이 끝나갈 무렵인 1990년대에 본격적으로 널리 퍼졌다.

그러다가 2008년 금융위기 이후에는 미얀마, 쿠바 같은 나라에서도 경제특구를 세우면서 그 인기가 더욱더 높아졌다. "10년 전만 해도 경제특구가 없었던 나라들도 이제는 경제특구를 이미 만들었거나 만들 계획을 세우고 있습니다." 세계은행의 경제특구 전문가인 토머스 파롤은 2015년 〈이코노미스트〉와의 인터뷰에서 그렇게 단언했다.

그해에는 지부티, 모잠비크, 남수단이 경제특구를 만들 계획을 세웠다. 그런가 하면 심지어 별도의 규칙이 적용되는 영토 안에 또 다른 특별 구역을 만들었다. 가령 영국 영토이자 조세회피지인 케이맨 제도는 2011년 틈새시장을 노리고 '기술 구역tech zone'을 만들었다. 이처럼 경제특구를 만들고 관리하는 나라가 늘어나면서 경제특구 컨설팅 산업은 아일랜드를 넘어 전 세계에서 활기를 띠었다. 2017년, 중국 정부는 자국 기업이 지금까지 '해외에 99개의 경제·무역 협력 구역을 설립했다'고 밝혔다.

경제특구를 개발하는 이들은 대개 경제성장을 촉진하고 현지 근로자를 위해 수많은 일자리를 창출한다는 목표를 내세우곤 했다. 그러나 경제특구를 떠받치는 노동자와 경제특구에 의지해 살아가는 수많은 사람들의 목소리는 거의 바깥으로 전해지지 않았다.

개빈은 그들을 찾아가 직접 이야기를 들어보라고 권했다. 우리는 그의 조언대로 다음 계획을 세웠고, 새넌에서 영감을 받아 중국 최초이자 가장 유명한 경제특구를 만든 선전으로 향했다.

중국의 비자 발급 절차는 복잡하고 불확실하며, 특히 외국 언론인에게는 위협적이기까지 하다. 그런데 알고 보니 경제특구에는 다른 규칙이 있었다. 경제특구를 방문하는 사람은 도착 즉시 5일간의 특별 비자를 받을 수 있다는 것이었다.

보통은 사업차 출장을 간 사람들이 이 비자를 이용했지만, 때로는 관광객들이 이를 활용해 인구 1,000만 명이 넘는 대도시가 된 선전의 테마파크를 찾거나 경제특구의 유명 공장 인근에서 저렴한 가격에 쇼핑을 하기도 했다. 조사해보니 선전은 홍콩에서 기차로도 갈 수 있었다. 주강 하구 동쪽에 있는 홍콩은 삼면이 남중국해로 둘러싸여 있지만, 북쪽으로는 선전과 경계를 맞대고 있다.

홍콩은 1997년 일국양제 원칙에 따라 '고도의 자치'를 보장하는 조건으로 중국에 반환되었다. 홍콩 반환 협정에 따라 중국은 홍콩을 50년간 '특별 행정구'로 지정했다. 2047년 이후 홍콩은 중국 본토에 완전히 통합되거나 아예 독립할 수도 있으며, 그때가 되면 어떤 일이 벌어질지는 지금도 큰 논란거리다.

우리는 세계에서 가장 붐비는 공항인 홍콩 국제공항에 내렸다. 홍콩 내의 긴장이 고조되는 와중에도 공항은 출장자와 관광객으로 떠들썩했다. 홍콩에서는 민주주의와 독립을 요구하는 운동이 거세지고 있었고, 젊은이들은 거리로 나와 지도자를 직접 선출할 권리를 달라고 외쳤다.

우리는 런던에서부터 연이은 비행으로 녹초가 되었다. 공항 밖으로 나오자 습한 날씨에 숨이 막힐 듯했다. 공항에서 탄 버스가 아파트, 사무실, 호텔 등 높고 가느다란 건물들이 있는 거리를 가로질렀다.

우리가 예약한 저가 호텔은 거리 쪽으로 문이 나 있었고, 위층으로 올라가는 작은 엘리베이터가 있었다. 우리는 구석에 작은 샤워실과 화장실이 불쑥 튀어나와 있는 좁다란 방에 머물렀다. '관 모양 아파트', '닭장 아파트'로 악명 높은 홍콩에서는 싱글 침대 하나가 겨우 들어가고 침대 아래에 모든 물건을 욱여넣어야 할 만큼 좁은 방에서 지내는 것이 전혀 이상한 일이 아니었다.

고층 건물과 은행, 기업 사무실이 빽빽이 들어선 홍콩은 런던과 마찬가지로 세계에서 손꼽히는 금융 도시다. 인구가 700만 명이 넘는 홍콩은 세계에서 인구 밀도가 가장 높은 도시이며, 많은 사람이 심각한 빈부 격차와 높은 물가에 시달리는 곳이다.

홍콩에서 가장 높은 건물은 118층짜리 국제상업센터다. 이 건물에는 세계적인 은행과 기업의 사무실이 자리하고 있으며, 그 위에는 5성급 리츠칼튼 호텔과 고급 레스토랑이 12층 이상을 차지하고 있다. 또 옥상에는 세계에서 가장 높은 곳에 설치된 수영장과 바가 있다. 이 호화로운 최신식 건물은 2010년에 완공되었지만, 2009년 공사 도중 대나무로 만든 발판이 무너지면서 여섯 명의 건설 노동자가 추락해 사망하는 사고가 벌어져 공사가 일시 중단된 적이 있었다.

홍콩은 한때 역사상 가장 유명한 칙허회사인 동인도회사의 전초기지였다. 영국은 동인도회사가 인도에서 재배한 아편을 중국의 차와 거래하기 시작한 이후 홍콩을 직접 지배하기 시작했고, 이로 인해 19세기에 두 차례의 아편전쟁이 벌어졌다. 그리고 20세기에 이르러 홍콩은 아시아에서 제조업이 가장 발전한 곳으로 성장했고, 1990년대 이후에는 국제 금융 중심지로 발돋움했다.

우리는 19세기 영국 여왕의 이름을 딴 빅토리아 항 북쪽의 번화지 구룡반도로 향했다. 이 지역은 2013년 에드워드 스노든이 미국 국가안보국의 대규모 감시 행위를 폭로한 뒤 몸을 숨긴 곳이기도 하다. 스노든은 처음에는 고급 호텔에 머물렀지만, 이후 상점과 저가 게스트하우스, 환전소 등이 있는 복합단지 충킹 맨션의 아파트에서 망명 신청자들과 부대끼며 지냈다.

하지만 우리가 홍콩에 온 목적은 선전에 가기 위해서였다. 다음 날 우리는 통역사로 고용한 젊은 여성을 만났다. 통역사는 홍콩 시민들이 장차 민주주의를 실현할 방법을 두고 어떤 이야기를 나누는지 들려주었다. 우리는 최근에 일어난 시위에서 그녀와 같은 청년들이 한 역할에 푹 빠져 이야기에 귀를 기울였다.

통역사는 우리의 이야기에도 관심을 보였다. 우리는 아일랜드에서 시작된 프로젝트가 어떻게 홍콩 옆에 있는 선전 경제특구에 영감을 주고 전 세계로 퍼져나갔는지 설명했다. 이제는 우리가 사는 런던에서도 중국 사업가들이 기업장려구역을 짓고 있었다.

우리는 통역사를 따라 길모퉁이에 있는 가게로 가서 심 카드를 샀다. "선전에서 쓸 거예요. 짐은 호텔에 두세요. 내일 가져갈 물건은 신중히 고르셔야 해요. 노트요? 호텔에 두세요."

13

아시아의
노동자 수용소들

선전에서 보낸 5일

다음 날 우리는 선전으로 가는 기차를 탔다. 열차에는 입석뿐이었고, 선전으로 가는 커플과 가족들이 가득 타고 있었다.

기차가 도착한 뒤에는 부유해 보이는 관광객, 정장을 입은 직장인들과 줄을 서서 기다렸다. 주위를 둘러보니 대기실 곳곳에 감시 카메라가 있었다. 살짝 떨리는 마음으로 필요한 서류를 작성한 뒤, 이민국 직원이 5일간 경제특구 안에서만 유효한 비자를 여권에 붙여주기를 기다렸다.

통역사는 다른 줄로 들어갔고, 우리는 밖으로 나와 선전역 앞의 크고 번잡한 광장에서 어렵게 다시 만났다. 그녀는 긴장한 듯한 모습이었다.

통역사는 2014년 수많은 또래 청년과 홍콩의 역사적인 '우산혁명'에 참여했다. 당시 홍콩에서는 민주화 시위가 79일간 이어졌다. 그녀는 시위에서 생전 처음 최루탄을 맛보았고, 폭력적인 진압에 큰 충격을 받왔다고 했다. '선을 넘는' 일에 큰 위험이 따를 수 있음을 깨닫는 경험이었다.

우리가 홍콩을 찾았을 때는 많은 홍콩 시민이 유명 서적상 몇 명이 연달아 실종된 사건으로 불안에 떨고 있었다. 중국 공안 당국이 실종자들을 어딘가에 감금했다는 소문이 파다했다. 실종자들은 모두 중국에서 금지된 정치 서적을 판매하는 유명 독립서점과 관련되어 있었다. 그중 한 명인 람윙키는 이후 선전과 홍콩의 접경 지역에서 납치당했다고 증언했다. 하지만 우리가 선전에 있을 때는 아직 그 사실을 알 수 없었다. 우리는 세계 어느 도시보다 감시가 삼엄해 보이는 곳에서 곤경에 처한 노동운동가들을 만날 예정이었기에 신경이 잔뜩 곤두서 있었다.

2010년, 선전에서는 경제특구 설립 30주년을 기념해 불꽃놀이가 펼쳐졌다. 중국의 주석 후진타오는 선전 경제특구를 '기적'이라 불렀다. 이곳에 있는 수많은 공장에서는 아이폰과 의류를 비롯해 전 세계에 판매되는 수출품을 생산했다. 게다가 이제 화려한 대도시가 된 선전의 경제 총생산은 다른 나라의 경제특구를 모두 합한 것과 맞먹을 정도였다. 밤이 되자 머리 위로 고층 건물의 광고판이 번쩍였다. KFC, 맥도날드, 세븐일레븐 등 익숙한 상표들이 보였다.

도시 어디를 가나 건물과 전봇대에 달린 감시 카메라가 눈에 들어왔다. 몇몇 카메라는 회전하면서 주변을 감시했다. 보이지 않는 곳에서 누군가가 우리를 미행하는 듯한 느낌을 지우기 어려웠다. 선전에서는 대기업을 두 팔 벌려 환영하면서도 사람들은 철저히 통제하고 있다는 오싹한 느낌이 들었다.

2000년대 들어 중국 정부는 선전에서 이른바 '황금방패' 프로젝트를 시범 운영하며 공공장소에 CCTV 20만 대를 설치했다. 황금방패는 휴대전화, 정부가 의무적으로 발급하는 신분증에서 얻은 생체 정보와 CCTV를 비롯한 영상 자료를 연결해 방대한 데이터베이스를 구축하는 프로젝트였다. 중국 정부는 범죄를 막겠다는 명분을 내세웠지만, 이러한 시스템은 정국이 불안정할 때 통제를 강화하는 데에도 쓰일 수 있었다. 한 예로 캐나다 출신의 언론인이자 작가인 나오미 클라인이 〈롤링스톤〉에 기고한 글에 따르면 중국의 한 기업은 '특정 장소에 평상시보다 많은 수의 사람이 모이면 카메라가 경찰에 경고를 보내도록 하는' 소프트웨어를 개발했다.

하지만 이렇게 감시가 삼엄한 와중에도 선전을 비롯한 중국 전역에서는 점점 많은 수의 노동자가 시위에 나서고 있었다. 홍콩에서 우리는 이 같은 시위를 꾸준히 기록해온 NGO 중국노동통신의 활동가들을 만났다. 그들은 중국에서 벌어지는 시위가 2014년 1,300건에서 이듬해 2,700건으로 늘어났으며, 선전과 인근의 광둥 성에서는 하루에 한 건 넘게 시위가 벌어진다고 설명했다.

노동자들은 근무 환경에 항의해 시위를 벌이기도 했지만, 때로는 사업자가 해고수당과 사회보험금을 지급하지 않고 일방적으로 공장을 폐쇄하면서 시위에 나섰다.

시위에 나선 일부 노동자는 정부에 도움을 요청하기도 했다. 2015년 7월에는 거대 패스트패션 브랜드 유니클로에 납품하는 선전 공장의 노동자 100여 명이 광둥 성의 성도 광저우로 가서 지역 당국에 탄원서를 제출했다. 노동자들은 회사 측이 느닷없이 공장을 닫고는 밀린 임금과 수당을 떼어먹은 채 잠적했다고 말했다. 하지만 당국은 이들을 만나기는 커녕 경찰을 불러 선전으로 이송했다.

노동 착취 도시

1979년 1월, 74세였던 덩샤오핑은 중국을 외국인 투자자에 개방하려는 계획에 따라 미국을 방문하는 기념비적인 행보를 보였다. 당시 백악관에서 열린 환영식을 취재한 〈가디언〉의 조너선 스틸은 중국의 고위 인사들이 도열하고 열아홉 발의 예포가 울려 퍼지는 와중에 바깥에서 '새빨간 콜라 배달 차량'이 지나가는 광경을 보고 이렇게 말했다. '미국의 사업가들은 중국에서 미국의 무역과 기술, 신용 수요가 생기면 막대한 돈을 벌 수 있으리라 기대했다. 콜라 배달차는 그들이 품은 기대에 어울리는 상징이었다.'

이듬해인 1980년, 덩샤오핑은 선전 경제특구를 설립했다. 설립 초기만 해도 선전은 농어촌 지역에 세운 작은 구역에 지나지 않았다. 정부는 투자자를 유치하기 위해 경제특구에 자체적으로 세금과 다른 인센티브를 결정할 권한을 주었다. 그런데 선전에는 기업을 끌어들일 만한 또 하나의 이점이 있었다. 바로 시골 지역에서 온 수백만 명의 이주민이 제공하는 노동력이었다.

1950년대 말, 중국에서 도시화를 억제하기 위해 도입한 호구제도는 이주민의 권리를 심각할 정도로 제한했다. 사람들은 이 제도에 따라 호구가 등록된 곳에서만 의료 및 교육 보조금을 비롯한 각종 사회 서비스를 이용할 수 있었다. 이주 노동자들은 임시로 거주 허가를 받을 수 있었지만, 이는 노동자의 지위와 권리를 사용자의 손에 맡기는 결과로 이어졌다.

선전에서 만난 노동운동가들에 따르면 일부 사용자는 노동자에게 보증금을 요구하거나 신분증을 압수하는 등 갖가지 방법으로 노동자들을 옥죄었다. 선전에서는 많은 노동자가 공장 기숙사에 살았고, 따라서 이들에게 실직이란 일할 곳과 살 곳을 동시에 잃는 일이었다.

1990년대와 2000년대 초, 선전의 노동자들이 안전장치가 없는 공장에서 미키마우스 책, 텔레토비 인형, 리복 신발 같은 물건을 만드느라 장시간 노동에 시달린다는 보도가 나오면서 선전은 '노동 착취 세계화'의 대명사가 되었다. 경제특구 내의 모든 노동자가 낮은 임금을 받지는 않았지만, 노동 환경은 끔찍한 수준일 때가 많았다. 이곳에서는 추가 수당 없이 강제로 초과근무를 하는 것이 일상이었고, 수많은 노동자가 일을 하다가 몸을 다쳤다.

노동자들은 호구제도 때문에 열악한 환경에 맞서기가 더욱 어려웠다. 2003년, 중국의 북부 도시 한단에서 대학 졸업생이 신분증을 소지하지 않았다는 이유로 구금되었다가 사망하는 사건이 벌어진 이후 정부가 호구제도를 일부분 고치기는 했지만, 그 이상의 변화는 없었다. 이주 노동자들은 여전히 동등한 권리를 갖지 못했고, 사회 서비스를 이용하는 데 어려움을 겪었다.

게다가 이후 선전이 제조업에서 기술, 금융 분야로의 '업그레이드'를 공격적으로 추진하면서 노동자들은 새로운 난관에 부딪혔다. 산업의 성격이 바뀐다는 것은 곧 많은 노동자가 일할 곳이 사라진다는 뜻이었다.

세계 각국에서는 5월 1일을 메이데이, 즉 노동절로 기념한다. 이날은 중국의 중요한 명절 중 하나이며, 선전은 '노동자 도시'의 전형이라해도 과언이 아니다. 그러나 노동절을 맞은 선전에서는 노동권을 요구하는 행진이나 집회를 찾아볼 수 없었다. 오히려 도시는 생산자가 아니라 소비자를 위한 쇼핑의 날을 맞은 듯했다. 상점들은 휴일에도 문을 열었고, 직원들은 북적북적한 거리에서 확성기를 들고 물건과 세일 행사를 홍보했다.

우리는 상점가를 몇 군데 둘러본 뒤, 택시를 타고 룽강 지구로 향했다. 그곳에서 노동운동가들과 미국, 유럽으로 수출하는 안경을 만드는 공장의 노동자들을 만나기로 했다. 1980년대 말에 문을 연 이 공장은 인근 지역의 재개발로 새 사무실과 고급 아파트가 들어서면서 곧 문을 닫을 예정이었다.

우리는 익명을 요구한 60세의 이주 노동자를 만났다. 광저우 서부 출신인 그는 1997년 선전으로 왔다가 2년 뒤 공장에서 일하는 중에 몸을 다쳤다. "테이블과 의자를 납땜하다가 눈에 불똥이 튀었어요." 그는 병원에 가서 정식으로 진단서를 받았지만, 회사 측은 보상을 받고 싶으면 일을 그만두라고 말했다.

우리는 그가 같은 공장에서 일하는 아들과 함께 사는 작은 원룸에서 이야기를 나누었다. "이 건물에 사는 사람은 다 공장 직원이에요." 그는 방의 대부분을 차지한 침대에 맨발로 걸터앉았다.

이제 공장이 문을 닫으면서 두 사람과 다른 동료들은 사실상 강제 퇴직을 당할 처지에 놓였다. 이것이 금융 중심지로 재탄생하려는 선전의 현실이었다. 선전은 쓸모가 없어진 수많은 이주 노동자를 그들이 일궈놓은 땅에서 몰아내고 있었다.

그날 늦은 오후, 우리는 그 공장 노동자의 아들과 룽강의 거리를 걸었다. "다른 일자리를 구하기도 힘들어요. 이제 이곳에는 새로 문을 여는 제조업 공장이 없어요. 공장 대신 사무실이 생기고 있죠."

도시의 여느 지역과 마찬가지로 길거리, 공장 주변, 교차로, 버스 정류장 등 어디를 가나 감시 카메라가 눈에 띄었다.

"정부는 무섭지 않아요. 제 권리를 위해 싸울 겁니다." 그가 단호하게 말했다. 하지만 그는 선전을 떠나 광저우 서부로 돌아가야 할 것 같다고 덧붙였다. 이제 선전에서는 이주 노동자로 살기가 갈수록 어려워지고, 많은 사람이 도시를 떠나고 있었다.

2015년, 중국은 1990년 이후 약 7억 5,000만 명이 '빈곤에서 벗어났다'는 이유로 국제적인 찬사를 받았다. 유니세프는 중국이 '전 세계의 빈곤 퇴치에 크게 기여했다'고 치켜세웠다. 유엔이 극빈층의 수를 절반으로 줄인다는 밀레니엄 개발목표를 달성한 것은 중국의 발전 덕분이었다.

다른 통계들도 세계의 이목을 끌었다. 중국의 1인당 국민소득은 1990년 200달러에서 2000년 1,000달러로 다섯 배가 늘어났다. 그리고 2010년에는 1인당 국민소득이 5,000달러에 이르면서 중국은 중간소득 국가로 올라섰다.

그러나 표면적인 수치만으로는 자세한 내막을 알 수 없었다. 빈곤에서 벗어난 사람은 대부분 빈곤선(하루에 몇 달러로 살아가는 수준)을 간신히 넘었을 뿐이며, 빈부 격차는 엄청나게 심각해졌다.

선전에서 만난 노동자들은 선전이 화려한 대도시로 변하면서 생활비가 치솟았다고 말했다. 이제 수십 년 동안 이주 노동자들이 살았던 동네 전체가 철거되고 있었다. 공장들이 임금이 더 낮은 다른 아시아 국가나 중국 내륙 지방으로 이전하면서 많은 노동자가 직장과 집을 동시에 잃었다.

조너선 바흐 교수는 시장, 노동, 자본에 관한 아이디어를 실험하고, 이를 다른 지역으로 전파하는 것이 선전 경제특구가 처음에 세운 목표였다고 설명했다. 정부는 이곳에서 단기 노동 계약, 성과 기반 임금 등 여러 정책을 실험한 뒤 전국으로 확대했으며, 이 과정에서 선전의 과제도 점차 바뀌었다.

바흐에 따르면 이제 선전의 과제는 '어떻게 하면 최대한 많은 노동자를 끌어올 수 있을까?'에서 '어떻게 하면 더 많은 임금을 요구하는 저숙련

노동자를 쫓아낼 수 있을까?'로 바뀌었다. "이것이 바로 세계 경제에서 각국이 벌이는 경쟁의 본모습입니다. 그리고 경제특구의 기본 아이디어는 한 국가 안에서도 서로 다른 관할권을 가진 구역을 만들어 경쟁을 유도하자는 것이었죠."

노조는 꿈도 꾸지 마세요

우리의 다음 목적지는 캄보디아의 수도 프놈펜이었다. 캄보디아 역시 뒤늦게나마 경제특구 설립에 뛰어들었다. 캄보디아는 이웃 국가인 베트남과 더불어 선전을 떠나는 공장들의 다음 정착지로 주목받았다. 2005년, 캄보디아에서는 경제특구법이 제정되었다. 하지만 다른 나라의 유사한 법과 달리 캄보디아의 경제특구법은 경제특구에 사업장을 차리는 외국인 투자자에게 면세 혜택을 제공하지 않았다. 그렇다면 캄보디아의 경제특구법은 어떤 내용이었을까?

처음에 캄보디아 정부는 경제특구 내의 기업에 노동법 적용을 면제하는 법을 만들고자 했다. 경제특구법을 협의한 과정을 잘 아는 전문가에 따르면 캄보디아 상무부는 변호사들에게 기술적 조언을 구하며 이렇게 물었다고 한다. "어떻게 하면 노조가 없는 경제특구를 만들 수 있을까요?"

우리는 캄보디아의 노동권 단체인 노동인권동맹센터CENTRAL의 톨라 모은 사무국장을 만나 이야기를 들었다. "투자자들이 경제특구에서 사업을 할지 고민하자 정부는 새로운 법을 제정해 경제특구 내에서는 현행 노동법을 적용받지 않도록 보장하려 했습니다." 정부가 처음에 세운 계획은 '결사의 자유, 단체 교섭의 자유도 없고, 파업할 권리도 없는' 구역을 만드는 것이었지만, 노조들이 거세게 반대하자 한발 물러섰다.

그러나 정부는 경제특구에 대한 접근을 제한하고 노동권 단체가 들어오지 못하게 막는 등 다양한 수단을 동원해 사실상 경제특구 안에서 노조를 조직할 수 없게 만들었다.

우리가 방문했을 때 캄보디아는 최근 몇 년간 두 자릿수의 경제성장률을 기록하고 있었다. 이에 따라 프놈펜에서는 건설 경기가 호황을 맞아 호텔과 식당, 주거용 고층 건물이 줄줄이 들어섰고, 부동산 가격이 가파르게 올랐다. 또한 캄보디아는 새로운 산업 개발의 거점으로 주목받았고, 경제특구 몇 곳이 문을 열면서 많은 공장이 들어섰다. 그런 만큼 경제특구를 둘러싼 시위도 잦아졌다.

프놈펜에서 차를 타고 서쪽으로 한 시간 정도 가자 캄보디아 최초의 경제특구인 프놈펜 경제특구 PPSEZ가 나왔다. 차로 꽉 막힌 먼지투성이 도로를 느릿느릿 따라가다 보니 위압감을 주는 정문이 나왔다. 정문 안으로 들어서자 새것처럼 깨끗한 포장도로 주위로 공장이 늘어선 광경이 펼쳐져 딴 세상에 온 듯한 기분이 들었다.

우리는 캄보디아에 머무는 동안 이곳을 두 차례 방문했다. 첫 번째는 프놈펜 경제특구를 대표하는 홍보 회사와 함께였다. 회사 측은 가죽 시트와 에어컨을 갖춘 사륜구동 차량에 우리를 태워 안내해주었고, 덕분에 40도가 넘는 바깥의 더위를 잊을 수 있었다. 프놈펜 경제특구는 정부가 아니라 민간기업이 관리하고 있었다. 우리는 관리 건물에서 경제특구의 일본인 CEO 우에마쓰 히로시를 만났다.

우리는 에어컨이 있는 시원한 사무실에 앉아 우에마쓰의 이야기를 들었다. 그는 프놈펜 경제특구의 설립 목표가 부유한 선진국, 특히 일본의 제조업체를 유치해 공장을 세우는 것이라고 설명했다. "2007년만 해도 캄보디아에는 일본 공장이 거의 없었지만, 태국과 베트남에는 이미 많았습니다." 그가 경제특구 설립 당시의 상황을 요약했다.

그런데 10여 년이 지난 지금, 프놈펜 경제특구는 44개의 일본 기업과 13개국의 32개 기업을 유치하는 데 성공했다. 이곳에는 야마하의 공장이 들어섰고, 코카콜라도 공장을 짓고 있었다. 이름이 잘 알려지지 않았지만 팀버랜드, 퓨마, 애플, 올드네이비 같은 대형 브랜드의 자회사나 공급사도 있었다.

우에마츠는 캄보디아에서 하는 일에 만족한다고 말했다. "가끔은 썩 내키지 않아도 노조 활동가들을 직접 만납니다. 필리핀에서는 노조를 만날 때면 불투명한 유리로 가려진 곳에서 경비원을 대동하고 각별히 조심해야 했죠."

하지만 캄보디아라고 해서 전투적인 노동자들이 없는 건 아니었다. 2013년 말, 캄보디아 전역에서는 수천 명의 노동자가 거리로 나와 월 160달러의 최저임금을 요구하며 시위를 벌였다. 당시의 월 최저임금은 그 절반 수준인 85달러였다. 정부는 결국 시위대를 달래고자 최저임금을 140달러로 인상했다. 우리가 우에마츠와 이야기를 나눈 때에도 프놈펜의 국회 앞에서 수백 명의 시위대가 경찰과 충돌했고 두 명이 머리를 다쳤다. 국회에서 노동자들이 자율적으로 세력을 조직하는 것을 더욱 어렵게 만드는 새 노동조합법을 통과시키면서 벌어진 시위였다.

이틀 뒤, 우리는 캄보디아에서 힘겹게 투쟁하고 있는 독립노조 중 하나인 '의류노동자민주노조연합CAWDU'의 통역사와 툭툭을 타고 다시 한 번 프놈펜 경제특구를 찾아갔다. 이번에는 의류 공장에서 해고된 노동자들을 만나기로 했다.

이들은 자신에게 잘못이 있다면 독립노조를 만들려 한 것뿐이라고 말했다. "노조에서 일하거나 노조와 관련되어 있다는 사실이 사장한테 알려지면 진짜 끝장이에요." 의류 공장에서 포장 일을 했던 29세 노동자

렝 소펜의 이야기다.

우리는 경제특구 정문 근처에 있는 카페에서 그들을 만났다. 노동자들은 옆 테이블에 앉은 건장한 체구의 남성을 보고 긴장한 듯했다.

렝은 실직한 뒤 다른 공장에서 다시 일자리를 구했지만, 문제는 거기서 끝이 아니었다. "처음에는 보통 단기 계약을 맺어요. 새 공장에서는 제가 노조와 관련되어 있다는 걸 알고 계약이 끝나자마자 해고했어요."

캄보디아에서 노조를 만들었다는 이유로 노동자를 해고하는 건 공식적으로 불법이다. 노조 조직을 방해하는 행위 역시 마찬가지다. 캄보디아의 경제특구에서 제품을 공급받는 다국적기업들은 노조를 결성할 권리를 명시적으로 인정하는 기업 행동강령을 채택했다. 우리는 그중 6개사에 연락해보았지만, 답변한 회사는 스케쳐스와 리바이스뿐이었다.

스케쳐스는 노조 결성권을 보장하는 미국 신발유통소매협회FDRA의 지침을 준수한다고 밝혔다. 하지만 이 회사는 우리가 다음에 찾아간 캄보디아의 맨해튼 경제특구에서 제품을 생산했는지 묻자 긍정도 부정도 하지 않았다. 리바이스는 캄보디아의 경제특구에서 제품을 공급받지 않는다고 주장했지만, 프놈펜 경제특구에 있는 한 청바지 공장의 납품업체 명단에는 리바이스의 자회사인 도커스가 포함되어 있었다.

그러나 렝을 비롯해 인터뷰에 응한 노동자와 활동가들은 모두 같은 결론을 내렸다. 경제특구 안에서는 노조를 조직해 노동자의 권리를 지키고 증진하기가 훨씬 더 어렵다는 것이었다.

캄보디아는 1950년대 초에 프랑스에서 독립했지만, 이후에도 외세의 영향에서 자유롭지 못했다. 1965년, 베트남 전쟁을 벌이는 중에 미국은 이웃한 캄보디아로까지 전선을 넓혀 폭격을 가했다. 1970년에는 군부의 쿠데타로 캄보디아 국왕이 축출되고 새로운 친미 우파 정권이 들어섰다. 1975년에는 폴 포트가 이끄는 크메르루주(좌익 반군 세력)가 정권을 장악했고, 이른바 '킬링필드'라 불리는 악명 높은 대량 학살을 주도했다.

이후 1985년에 집권한 훈 센 정부는 2023년까지 정권을 유지했으며, 훈 센 총리는 동남아시아에서 가장 오래 집권한 비非왕실 출신 지도자로 기록되었다. 캄보디아의 노동자 대다수는 훈 센이 이끈 집권당과 정치적으로 연결된 황색노조에 속해 있으며, 황색노조는 사실상 노동자가 아니라 정부와 사용자를 대변한다는 비판을 받아왔다. 그에 반해 독립적으로 활동하는 노동운동가들은 불확실한 혐의로 구타나 구금, 수감을 당하거나 살해되기까지 했다. 2004년 1월에는 캄보디아 왕국 노동자 자유노조의 창립자이자 지도자로 야당인 삼랑시당을 지지한 체아 비체아가 길에서 신문을 읽던 중 총에 맞아 숨지는 사건이 벌어졌다.

2013년, 세계은행은 「빈곤층은 모두 어디로 갔는가?」라는 보고서에서 캄보디아가 지난 10년간 '세계 최고 수준의' '엄청난' 경제성장을 이루었고, 극빈층의 비율을 52퍼센트에서 21퍼센트로 낮추며 '모두의 예상을 뛰어넘는' 성과를 거두었다고 극찬했다.

보고서는 그러면서도 '극빈층에서 벗어난 사람 대다수가 빈곤선을 간신히 넘었을 뿐이며, 여전히 작은 충격에도 극도로 취약한 상태여서 언제든 다시 빈곤에 빠질 수 있다'고 인정했으며, '특히 보건과 교육 분야에서의 인간 개발이 중요한 과제로 남아 있다'고 지적했다. 하지만 보고서의 전반적인 내용은 캄보디아의 성공담을 칭찬하는 데 초점을 맞추고 있었다.

캄보디아는 오랫동안 농업이 경제의 주축이었고 쌀, 고무, 대두 등 많은 농작물을 수출했다. 지금은 섬유와 관광이 가장 큰 외화 수입원이지만, 노동자들의 임금과 노동 환경은 처참한 수준이다. 2015년, 국제노동조합연맹이 발표한 세계노동권지수는 캄보디아를 최하위 등급으로 평가하고 '노동권이 지켜진다는 보장이 없는' 나라로 분류했다.

캄보디아의 1인당 국민소득은 이웃 국가인 베트남과 라오스보다 훨씬 낮은 수준에 머물러 있었다. 유엔과 인권 단체들은 캄보디아 정부가 언론 및 표현의 자유와 정치 참여를 제한한다고 비판했다. 또한 캄보디아는 산림벌채율이 매우 높은 국가였다. 캄보디아에서는 대규모 건설과 농업 프로젝트를 위해 막대한 토지를 개간하고 국립공원이나 야생동물 보호구역에서 불법으로 나무를 베어내어 멸종위기종을 위험에 빠뜨리는 일이 비일비재했다. 그뿐만 아니라 정부 당국과 기업들이 토지 강탈을 일삼는다는 의혹도 나날이 커지고 있었다.

수면 아래의 움직임과 균열

캄보디아 의류생산자협회GMAC는 최저임금을 인상하는 데 반대하는 주요 단체 중 하나다. 우리는 프놈펜에 있는 의류생산자협회 사무실에서 사무총장 켄 루를 만나 이야기를 들었다. "저는 최저임금을 믿지 않습니다. 제가 믿는 건 시장의 힘이에요. 열심히 일하는 노동자는 원래라면 훨씬 많은 돈을 벌 수도 있겠지만…… 게으름뱅이들을 지원하는 비용을 내야 하죠."

하지만 그가 게으름뱅이로 묘사한 사람들의 이야기는 달랐다. "한 달에 140달러로는 부족하지만, 그래도 어떻게든 버티고 있어요." 36세의 의류 공장 노동자 소카 칸은 낮은 임금으로 남편과 아이들을 부양하고 있었다. 다른 노동자들은 최저임금으로 한 명이 아끼며 살 수는 있어도 한 가족이 먹고살기는 어렵다고 말했다.

캄보디아 경제특구의 노동자 중 여성의 비율은 95퍼센트에 달했는

데, 이러한 수치가 나온 이유는 성 역할에 대한 고정관념과 관계있어 보였다. 예를 들어 2015년 아시아개발은행ADB에서 나온 연구보고서에는 다음과 같은 언급이 있었다. '여성은 손놀림이 민첩하고 반복적인 업무를 잘 견디는 편이어서 경제특구의 노동집약적 공정에 적합하며, 파업 등으로 생산을 방해할 가능성도 남성보다 낮다고 한다.'

우리는 프놈펜에서 미국 노동총연맹산업별조합회의AFL-CIO의 산하 단체인 연대센터의 캄보디아 사무소를 찾아갔다. 이날 오후에는 정부가 많은 비판을 받아온 노동조합법을 통과시켰다. 전국에서 활동하는 독립노조의 대표들은 이에 맞서 공동성명서를 준비하고 있었다. 사무소에서 우리는 캄보디아 식품서비스노동자연맹의 부회장인 오 테팔린을 만났다. 테팔린은 경제특구에서 노조를 조직하기가 얼마나 힘든지 설명했다.

쉽지 않은 일이에요. 노동자들은 구역별로 나뉘어 있고, 노조 대표들 사이에는 장벽이 있어서 안에서도 (노동자들과) 정보를 공유하기 힘들어요. (……) 조합원들과 조율이 필요할 때는 약속을 잡아야 하는데, 특구 측에서 우리를 들여보내지 않으면 노조 지도자나 활동가가 노동자들의 문제를 묻거나 약속을 잡기가 어려워요. 하지만 그런 장애물이 있어도 노동자들의 시위를 막을 수는 없었죠.

이어 우리는 차를 타고 동쪽으로 네 시간을 달려 메콩 강을 지난 뒤, 베트남과의 국경 지역에 있는 도시 바벳으로 향했다. 바벳은 2006년에 맨해튼 경제특구가 문을 연 곳이었다. 이 지역은 독립노조가 없었지만(어쩌면 독립노조가 없었기 때문에) 경제특구가 설립된 이후 전투적인 노동운동의 중심지가 되었다.

바벳은 미국이 1969년부터 1970년까지 비밀리에 수행한 '메뉴 작전'으로 가장 많은 폭격을 받은 지역에 속했다. 당시 미국은 제2차 세계 대전 중 일본에 투하한 것보다 더 많은 양의 폭탄을 캄보디아에 투하했다. 지금은 푸른 들판과 먼지 쌓인 넓은 도로가 펼쳐진 이 지역에 거대한 경제특구 세 곳과 많은 카지노가 들어서 있다.

세계 각국에서는 기업이 수출과 수입을 더 편하게 할 수 있도록 국경도시나 항구 주변에 경제특구를 설립하는 경우가 많았다. 그 결과 경제특구 주변 지역에서는 보통 상점과 서비스 시설, 주택과 인프라를 최대한 빠르게 짓는 임시변통식 개발이 성행했다. 그리고 이렇게 마구잡이로 개발된 지역은 안정감과 인간미가 없는 삭막한 분위기를 풍겼다.

맨해튼 경제특구의 정문에서 이메일로 연락을 주고받은 관리자의 이름을 댔다. 그 관리자는 자리에 없었지만 우리를 들여보내주었다. 특구 안으로 들어서자 긴 도로를 말없이 걷고 있는 노동자들의 행렬이 보였다. 일부는 점심을 먹으러, 일부는 집으로 가는 길이었다. 다들 일이나 노조에 관해 이야기하기를 꺼리는 듯했다.

한 34세의 의류 공장 노동자에게 몇 가지 질문을 하자 퉁명스러운 대답이 돌아왔다. 그 노동자는 한 달에 140~150달러를 받는다고 했다. 노조에 가입했느냐고 묻자 자신은 아무것도 모른다며 말을 끊었다. 다른 사람들도 마찬가지였다.

다행히 특구 밖의 카페에서 같은 공장에 다니는 다섯 명의 여성을 만나 좀 더 자세한 이야기를 들을 수 있었다. 다들 노조에 가입하지 않았고 가입하라는 권유조차 받은 적이 없지만, 그 대신에 주로 공장을 대표해 중재 역할을 하는 직장위원shop steward이 있다고 했다. 그들 중 한 명이 '공장에 노조가 있으면 요구 사항을 전달할 수 있어서 좋을 것 같다'고 말했다. "우리는 보통 와서 일만 하고 남편이나 아이들을 챙기러 집으로 돌아가요. 그게 다예요."

캄보디아 노동연맹CLC의 아스 쏜 대표는 노동자들이 노조에 관해 잘 모르는 것이 당연하다고 말했다. "몇 년 전 바벳의 경제특구에서 총파업이 있었고, 노동자 세 명이 총에 맞아 숨졌어요. 그때와 비교하면 지금은 정말 엄격해졌죠. 이제는 특구에서 노조를 조직할 수도 없고 그 안에서 뭔가 얘기하려고 하면 그냥 막아버려요."

그런데 이처럼 독립노조를 조직하지 못하게 막자 의도하지 않은 결과가 나타났다. "이곳에서는 가끔 흥미진진한 일이 벌어집니다. 임금 인상을 원하는 노동자들이 리더 없이도 알아서 뭉치는 거예요. 이제는 노동자들이 요구하고 싶은 것이 있으면 특구 전체에서 파업이 벌어집니다. 하지만 우리가 내부에 쉽게 들어가지 못할 때는 관리가 되지 않아서 폭력 사태가 벌어지곤 해요."

수면 아래에서 무언가가 들끓고 있었다. 캄보디아 정부가 경제특구를 특히 중시하는 것은 노조를 무력화하기 위한 시도의 일환인 듯했다. 그러나 노조를 조직할 기회가 줄어들고 엄중한 단속이 이어지는 와중에도 어떤 사람들은 머지않아 불만이 폭발하리라 생각했다. 경제특구의 노동자들은 언제까지고 일만 하고 있지 않을 것이었다.

기업이 만드는 도시

도시를 운영하는 억만장자 사업가

선전은 중국 최초의 경제특구로 유명하지만, 아시아 최초는 아니었다. 아시아 최초의 경제특구는 인도의 칸들라 경제특구였다. 냉전이 한창이었던 1965년에 설립된 칸들라 경제특구는 외국인 투자자에게 유리한 세금·관세 제도와 인도의 여느 지역보다 수준 높은 인프라를 제공했다.

칸들라 경제특구의 개발위원 크리샨 쿠마르에 따르면 이 특구가 처음에 세운 목표 중 하나는 수출을 촉진하고 외화를 벌어들이는 것이었다. 칸들라 경제특구는 설립 초기에 큰 성공을 거둬 전 세계의 이목을 끌었다. "1970년대와 1980년대 초에는 중국에서도 찾아왔다고 들었어요. 지금이야 중국이 우리보다 훨씬 앞서 있지만요." 하지만 주변을 다녀보아도 그 빛났던 역사의 흔적을 찾기 어려웠다. 성공은 그리 오래가지 않았고, 이제는 녹슨 간판만 이곳에 경제특구가 있음을 알려주었다.

특구에는 도로마다 공장이 늘어서 있었다. 우리는 들어가도 괜찮다는 곳이 나올 때마다 멈춰 서서 안을 들여다보았다. 유럽과 미국에 스테인리스 주방용품을 수출하는 샤르다 메탈 인더스트리의 공장 안은 어두컴컴하고 찌는 듯 더웠다. 노동자들이 바닥에서 금속을 두들겨 모양을 만들고 다듬느라 땀을 뻘뻘 흘리고 있었다.

1990년대 초, 인도는 전국에 일곱 개의 경제특구를 세웠다. 2000년대 말에는 계획·건설 중이거나 운영 중인 특구가 500개를 넘어섰다. 2005년, 의회는 날로 늘어나는 경제특구를 감독하기 위해 새로운 경제특구법을 제정했다. 인도의 정당들은 좌우 가릴 것 없이 경제특구를 개발 전략으로 추진했다.

한편 인도는 경제특구 외에도 기업을 위해 또 다른 형태의 구역을 실험했다. 모든 것을 민간의 손에 맡기는 도시를 만들기로 한 것이다. 그 대표적인 예가 인도 최초로 기업 하나가 건설과 운영을 전부 맡은 도시 라바사였다. 뭄바이 외곽에 자리한 라바사는 칸들라 경제특구에서 남쪽으로 900킬로미터 떨어져 있었다. 우리는 두말할 것도 없이 이곳을 다음 목적지로 정했다.

라바사는 억만장자 사업가 아지트 굴랍찬드가 300억 달러를 투자한 프로젝트였다. 그는 도시를 걸어 다니기 알맞게 설계하자는 운동인 '뉴어바니즘New Urbanism'의 원칙에 따라 라바사를 건설하겠다고 공언했다. 다만 라바사를 책임지는 주체는 어디까지나 기업이었으며, 시장이 아니라 라바사 코퍼레이션 리미티드Lavasa Corporation Limited, LCL라는 회사의 이사회에서 임명한 관리자가 도시를 운영할 예정이었다.

2013년, 뉴델리의 싱크탱크 정책연구센터의 연구원 페르시스 타라포레발라는 LCL이 '주민의 삶 전반에 걸쳐 광범위한 권한을 행사한다'고 경고했다. LCL은 '퇴거와 과세, 토지 사용 및 설계를 결정하고 관리 기관과 규정을 바꿀 권한을 가지며, 이러한 절차에 반대하는 사람들의 권리를 통제'할 수 있었다.

라바사의 도시 관리자 무쿤드 라티는 전체주의에 가까운 라바사의 관리 모델을 계속 유지해서는 안 된다고 말했다. "지금은 LCL이 임시로 도시를 운영하고 있지만, 결국에는 라바사를 민주적인 도시로 만들어야 할 겁니다. 하지만 그건 도시 개발을 마치고 난 뒤의 이야기죠."

국제 비영리단체 뉴시티스는 라바사가 '막힘없는 전력 공급, 초고속 인터넷, 전자 거버넌스, 마실 수 있는 수돗물, 최소한의 자동차만 다니는 걷기 좋은 도시 공간 등 인도의 여느 도시에서 찾아볼 수 없는' 시설을 갖출 것이라고 말했다. 그러나 소수의 주민만 그러한 시설을 이용하리라는 건 불을 보듯 뻔한 일이었다.

인도 전체의 1일 최저임금은 2달러에 불과했지만, 라바사에서 가장 저렴한 아파트는 1만 7,000~3만 6,000달러에 거래되고 있었다. 물론 개발을 진행할수록 학교와 상점 등에서 일할 사람이 필요하므로 LCL은 더 저렴한 주택을 공급할 예정이었다. 하지만 라바사에서 가장 중요한 주민은 저렴한 주택에 사는 사람들의 서비스를 받는 부유층이었다.

우리는 '올 아메리칸 다이너'라는 식당에서 밥을 먹었다. 식당 안에는 이름대로 다이너diner(미국식 간이식당 - 옮긴이)에서 볼 법한 빨간색 칸막이 의자들이 놓여 있었고, 1950년대에 유행한 로큰롤 음악이 작은 스피커에서 흘러나왔으며, 적당히 큼지막한 햄버거가 나왔다. 하지만 창밖에는 인도 서부를 가로지르는 사하야드리 산맥의 파릇파릇하고 완만한 산들이 보였다.

우리는 19세기 후반 다이너가 탄생한 미국에서 1만 3,000킬로미터쯤 떨어진 곳에 있었다. 그 무렵 인도에서는 영국 왕실이 동인도회사의 권한을 넘겨받아 직접 통치하면서 '브리티시 라지British Raj', 즉 영국령 인도 제국의 시대가 열렸으며, 영국의 식민 지배는 1947년까지 이어졌다. 식민 통치 시기에 만들어진 대표적인 시설 중에는 높은 산지에 지은 피서용 휴양지 '힐 스테이션 hill station'이 있었다. 정신없이 바쁘고 소란한 도시 생활에 지친 식민지 관리들은 이곳으로 휴가를 떠나곤 했다.

라바사는 1948년 인도가 독립한 이후 더는 짓지 않은 힐 스테이션을 다시 개발하기 시작했다. 면적이 100제곱킬로미터에 달하는 산지를 개발해 최대 30만 명을 수용할 수 있는 다섯 개의 마을을 만드는 것이 라바사의 계획이었다. 라바사는 수차례 개발을 연기한 끝에 20년 내로 완공하겠다는 목표를 밝혔지만, 여전히 갈 길이 멀어 보였다. 개발지 주변에는 콘크리트와 철골이 훤히 보이는 미완공 건물이 가득했다.

당시 공사 중인 가장 큰 건물은 라바사 국제컨벤션센터였다. 이곳은 다국적 호텔 체인 아코르Accor가 운영을 맡아 국제 행사 장소로 쓸 예정이었다. 하지만 우리가 찾아갔을 때는 공사가 중단된 상태였고, 뒤편에 짓고 있는 신축 아파트도 뼈대만 세워져 있었다.

또 다른 휴양 시설인 타운 앤 컨트리클럽도 텅 비다시피 했다. 그곳에서 우리는 고객 관리 담당자인 제니 페이레이를 만났다. 인도의 동쪽 끝에 위치한 마니푸르 주 출신인 그녀는 1주일에 6일간 일하고 1만 3,800루피(약 185달러)를 받는다고 했다. "(쉬는 날에는) 청소와 세탁을 하고 가게에서 장을 봐서 점심과 저녁을 만들어 먹어요." 그녀가 거주하는 주민보다 주말에만 찾아오는 관광객이 훨씬 많은 이 도시의 생활이 어떤지 이야기했다. "동료들은 다 친구예요. 지금은 남자친구도 없어요. (……) 직원들은 대부분 싱글이에요."

인공 호수 주변에는 이탈리아 리비에라에 있는 고급 휴양도시의 이름을 딴 포르토피노 거리가 있었다. 거리를 따라 호숫가를 걷다 보니 전면이 유리로 덮인 웅장한 건물이 나왔다. 라바사 안내센터가 있는 건물이었다. 안에는 사람이 없었지만, 기업을 홍보하는 낙관적인 문구가 곳곳에 붙어 있었다. 받침대에 놓인 작은 터치스크린 모니터에는 라바사를 홍보하는 자료가 나와 있었다. '고객을 최우선으로 생각하는' 라바사에서는 자연과 조화를 이루어 생활하고, 배우고, 일하고, 즐길 수 있다는 내용이었다. 무인 안내 데스크 뒤편에는 라바사의 로고가 붙어 있었다. 사람이 새로 변해 날아가는 모습을 표현한 클립아트식 그림이었다.

건물 4층으로 올라가보니 짓다가 방치한 듯한 방이 죽 늘어서 있었다. 여기저기 상자가 가득했고, 페인트칠이 안 된 벽에는 전기 설비가 힘없이 늘어져 있으며, 바닥에는 전선이 널브러져 있었다. 천장에 습기가 차서 생긴 얼룩이 가득한 방도 있었다. 많은 개발 지역이 그렇듯, 이곳 역시 번지르르한 겉모습을 한 꺼풀 벗겨보면 보잘것없었다. 라바사라는 이름조차 미국의 한 브랜드 컨설팅 회사가 만든 것이었다. 힌디어처럼 들리면서도 시적이고 신비로운 느낌을 주지만 아무 의미가 없는 단어였다.

우리는 다시 건물 밖으로 나왔다가 우연히 라바사에서 하룻밤을 보내고 집으로 가는 다발과 비디 샤 부부를 만나 이야기를 들었다. "뭄바이는 찜통 같지만 여기서는 편하게 쉴 수 있어요." 엔지니어인 다발이 말했다. "라바사는 친구와 친척들 이야기를 듣고 알았어요. 다들 이곳은 날씨가 아주 좋고 모든 게 계획적으로 잘 돌아간다더군요. 인도에는 계획대로 돌아가는 게 아무것도 없는데, 여기는 더 체계적이면서도 효율적이고 깨끗한 편이죠."

"그렇다고 해서 인도 도시의 문제를 전부 해결한 건 아니에요. 처음부터 끝까지 계획해서 만든 도시인 만큼 물가가 엄청나게 비싸요." 비디가 덧붙였다. "다들 이곳을 휴가나 주말에 오기 괜찮은 곳 정도로 생각할거예요. 시설이 그렇게까지 좋지는 않거든요. (……) 휴양지로는 괜찮아도 살 만한 곳은 아니에요."

맑은 공기를 팝니다

다음 목적지는 2010년 건국 1,000주년을 맞은 베트남의 하노이였다. 우리는 이 유서 깊은 도시의 일부 지역이 민간의 손에 넘어가면서 어떤 변화가 있었는지 알아보기 위해 이곳을 찾았다. 하노이의 번잡한 구시가지에는 복잡하게 이어진 좁은 골목마다 스쿠터가 가득해 이리저리 피해 다니기 바빴다. 머리 위를 올려다보면 발코니에 널린 빨래와 어지럽게 얽힌 전선이 눈에 들어왔다.

해가 지고 나서야 여기저기 불이 켜지고 상점들이 문을 열었다. 작은 카페에 모인 사람들이 낮은 의자에 쪼그리고 앉아 있었다. 바구니를 뜻하는 항보Hàng Bồ 거리처럼 여러 거리의 이름에는 오래전부터 이곳에 모여 장사한 사람들의 흔적이 남아 있었다. 길모퉁이에서는 나이 든 여성들이 조상을 기리는 의식으로 가짜 지폐를 태우고 있었다.

전 세계의 수많은 관광객이 이 지역에서 풍기는 활기에 이끌려 이곳을 찾아왔다. 하지만 몰려드는 관광객은 많은 상류층이 이곳을 떠난 원인이기도 했다. 이에 따라 하노이 곳곳에는 출입을 제한하는 거대한 고급 주거단지가 들어섰다. 한 구역 전체를 갈아엎는 대규모 공사로 농장과 논밭이 사라졌으며, 이전에 공동주택이 있었던 곳에는 민간이 운영하는 복합단지가 들어섰다.

부유층은 높은 담장과 24시간 상주하는 민간 경비원을 갖춘 단지를 만들어 몸을 숨김으로써 도시의 노점상과 교통체증, 공해에서 벗어날 수 있었다. 모양이 썩 좋지는 않아도 확실한 방법이었다. 우리는 많은 개발단지가 소수의 부유층을 위한 푸른 오아시스의 이미지를 내세우며 담장 안에서는 더 깨끗한 공기와 환경을 누릴 수 있다고 콕 집어 광고하는 것을 보고 충격을 받았다.

우리는 하노이 북서쪽에 있는 주거단지를 찾아갔다. 수십억 달러를 들여 만든 시푸트라 국제도시 복합단지는 '북새통 같은 하노이 안의 평화로운 오아시스'라는 홍보 문구를 내걸었다. 사방이 담장으로 둘러싸인 이 단지는 3제곱킬로미터 너비의 농지를 개발해 만든 곳이었다. 단지 안의 베이지색 주택에는 울창한 정원이 딸려 있었고, 주택의 월 임대료는 4,000달러에 달했다. 단지 안에는 초대형 쇼핑몰과 민간 병원이 건설 중이었고, 넓고 조용한 도로 양옆에는 고급 승용차와 야자수, 그리스 신들의 조각상이 늘어서 있었다. 사립학교에서 놀고 있는 아이들 소리만이 이곳에도 사람이 살고 있음을 알게 해주었다.

2000년대 초 최대 5만 명까지 거주할 수 있는 단지로 개발된 시푸트라는 하노이 최초의 '통합 신도시 개발 사업'이자 대규모 부동산 개발을 전문으로 하는 인도네시아의 대기업 시푸트라 그룹 Ciputra Group이 처음으로 해외에서 진행한 프로젝트였다. 우리 눈에 이곳은 주민들이 바깥세상과 교류할 필요조차 없도록 설계한 별세계처럼 보였다.

단지 밖에서 인근에 사는 40세의 주민 람을 만났다. 람은 한때 논과 벚나무, 금귤, 복숭아나무로 뒤덮인 이 지역에서 어떻게 어린 시절을 보냈는지 이야기했다. 이제 그는 자신의 집 일부를 개조한 가게에서 맞춤형 액자를 파는 작은 사업을 하고 있었다. 그의 가게에 시푸트라 주민이 찾아오는 일은 많지 않았다. "부자들이나 외국인들은 크고 화려한 쇼핑몰에 갈 테니까요. 우리는 바로 근처에 살지만 찾아오는 사람은 별로 없어요."

"예전에는 대부분 가난했지만, 지금은 그렇지 않죠." 람이 눈에 띄게 심해진 하노이의 빈부 격차를 언급했다. "저야 어느 정도 먹고살 만하니 그렇게 신경 쓰지는 않아요. 하지만 누구는 돈이 넘쳐나는데 누구는 찢어지게 가난한 것도 사실이죠."

"이쪽에는 평범한 사람들이, 저쪽에는 부자들이 살아요." 59세의 주민 미엔이 말했다. 미엔도 람처럼 집에서 차와 담배, 생수와 탄산음료를 파는 작은 가게를 운영하고 있었다. 시푸트라에서 길 하나를 건너면 나오는 그녀의 방 한 칸짜리 집 앞 인도에는 작은 플라스틱 의자 몇 개가 흩어져 있었다. 미엔은 손님들 틈에서 매트리스가 없는 철제 침대 프레임에 걸터앉아 있었다. "그래도 이 동네 사람들은 먹고살 만한 편이에요."

도시 반대편에서는 또 다른 단지가 한창 개발 중이었다. 하노이 동쪽 끝에 있는 80억 달러 규모의 에코파크였다. 에코파크는 체계적으로 조성한 녹지 공간, 전통문화를 재현하기 위해 만든 올드타운, 골프 코스 등과 같은 시설을 갖추었으며, '인간과 자연의 완벽한 조화'를 추구하겠다고 홍보했다. 에코파크 개발은 총 3단계에 걸쳐 진행되었는데, 우리가 찾아갔을 때에는 캘리포니아 사막 지역에 있는 휴양도시의 이름을 딴 팜스프링스가 완공되어 1단계 개발이 막 끝난 참이었다.

에코파크는 외국인이 건설한 시푸트라와 달리 베트남 부동산 회사들의 합작투자로 개발되었다. 물론 베트남 회사들 역시 외국인 투자자와 거주자들을 유치하기 위해 애썼다. 이를 위해 에코파크는 7,000만 달러를 들여 단지 안에 런던 대학교 학위를 수여하는 베트남 영국국제대학교 캠퍼스를 지었다.

평일 오후에 이곳을 찾아가보니 거리는 보행자보다 경비원이 훨씬 많아 보일 만큼 한산했다. 수영장 뒤편의 텅 빈 가게에는 1,600달러짜리 플로어 램프(바닥에 세워놓는 긴 램프 - 옮긴이)가 진열되어 있었다.

에코파크는 베트남 사람 대다수가 꿈도 꾸지 못할 만큼 비싼 주거지였고, 지역사회의 연이은 항의로 공사가 여러 차례 지연되었다. 2006년에는 시위가 거세져 공사가 잠시 중단되었고, 2009년과 2012년에 다시 시위가 벌어지자 경찰은 지역 주민들을 향해 최루탄을 쏘고 몇몇 시위자를 체포했으며, 언론인들을 구타하기도 했다.

에코파크 근처에서 만난 주민들은 이곳을 개발하는 과정에서 수천 명이 강제로 땅을 포기해야 했으며, 농사를 짓던 많은 사람이 삶의 터전을 잃고 일자리도 구하지 못한 채 빚더미에 앉았다고 말했다.

쌀농사를 짓고 살았던 주민 푸도 그중 한 명이었다. 그의 가족은 에코파크 개발로 땅을 잃고도 충분한 보상을 받지 못했고, 지금도 일자리를 못 찾고 있었다. "다들 땅을 팔고 싶어 하지 않았어요. 농사꾼은 농사지을 땅이 있어야 하니까요. 공장에서 일하는 사람은 공장이 있어야 하는 것처럼요. 이제 땅도 없는 마당에 어떻게 먹고살아야 할지 모르겠어요." 83세인 푸는 다른 일을 하기엔 너무 늙었다고 말했다. "할 수 있는 일이 아무것도 없어요."

지난 20년간 베트남의 극빈층 비율은 60퍼센트에서 20퍼센트가 조금 넘는 수준으로 떨어졌다. 하지만 그와 동시에 빈부 격차가 심각해졌으며, 자산이 3,000만 달러가 넘는 슈퍼리치super rich의 수가 10년 사이 세 배로 늘어났다. 빈부 격차는 전국적으로도 심각했지만, 특히 도시에서 두드러졌다.

몬트리올 대학교의 다니엘레 라베는 하노이에서 이미 35개 신시가지가 완공되었고, 200개 이상의 신시가지가 개발 중이라고 추정했다. 라베는 두 개의 중요한 법이 제정된 것을 계기로 신도시 개발이 호황을 맞았다고 보았다. 하나는 2003년에 제정된 새로운 토지법이고, 다른 하나는 2007년 지역 당국에 토지 재개발 권한을 이양한 법이었다(그전까지는 총리가 결정권을 가지고 있었다). 그 후 베트남은 외국인의 기업 및 부동산 소유에 대한 오랜 규제를 완화하면서 이 같은 추세에 불을 지폈다.

라베에 따르면 신도시 개발이 유행하면서 지난 몇 년간 베트남 전역에서 시위가 들끓었다. 터전을 잃은 사람들은 자신의 땅이 얼마나 소중하고, 땅이 없으면 할 수 있는 일이 얼마나 적은지 절실히 깨달았다.

"사람들은 개발 사업에서 일자리를 얻지도 못합니다. 신도시는 가정부 같은 가사 서비스 외에 많은 일자리를 만들 계획이 없어요. 주민들과 그 자녀들에게는 바람직한 상황이 아니죠."

민간이 만드는 미래

다음으로 우리는 동남아시아에서 미국 남동부의 플로리다로 향했다. 플로리다 역시 야심 차고 때로는 비현실적이기까지 한 대규모 개발의 실험장이 되었다. 그중 하나는 월트 디즈니사가 디즈니 리조트 근처에 만든 독특한 주거단지인 셀러브레이션 Celebration 이다. 디즈니는 몇 년간 단지의 중심 지역과 골프 코스를 소유하고 있었지만, 이후 민간투자자에게 매각했다. 디즈니가 떠난 뒤, 이곳은 이상적인 미국 소도시를 실물 크기의 모형으로 재현한 듯한 기이한 마을이 되었다.

깔끔한 포장도로를 따라 울창한 나무와 라벤더색, 목화색, 연노랑 등 부드러운 색으로 칠해진 건물이 늘어서 있었다. 마을 중심가 곳곳에 달린 스피커에서 백화점이나 쇼핑몰 엘리베이터에서 나올 법한 음악이 흘러나왔다. 인공 호수 건너편에는 아르데코 양식(1910~1930년대에 유행한 디자인 양식 - 옮긴이)으로 지은 영화관이 있었다. 신경 써서 가꾼 듯한 노란 꽃 덤불 사이에 커다란 나무 표지판이 서 있었다. 호수 공원 입구를 알리는 이 표지판에는 이런 문구가 적혀 있었다. '셀러브레이션 주민증 필요. 공원 구역은 해가 지면 문을 닫습니다.'

마을의 작은 중심가에는 그나마 몇몇 가게에 손님이 있었는데, 그중 하나는 고급 애완견 간식을 파는 빵집이었다. 근처에 있는 바에 앉아 메뉴판을 보니 뒷면에 셀러브레이션의 역사가 간략히 나와 있었다. 1996년 6월 18일에 처음으로 이곳에 주민들이 입주했는데, 그들은 전해에 열린 추첨에서 입주권을 얻었다. 현재 셀러브레이션에는 8,502명이 살고 있으며, 평균 가구 소득은 9만 2,000달러, 주택의 중간 가격은 54만 3,800달러였다.

우리는 셀러브레이션에서 한 시간쯤 차를 타고 달려 다른 장소를 찾았다. 2080년까지 최대 50만 명이 거주할 수 있으며 '필요한 모든 기능을 갖춘' 신도시가 들어설 부지였다. 이 프로젝트는 환경에 악영향을 끼칠 것이라는 우려와 배후에 있는 사업자의 비밀스러운 태도로 많은 논란을 불러일으켰다.

개발 계획에 따르면 이 부지에는 총면적이 2.6제곱킬로미터(올랜도 시내와 비슷한 크기)에 이르는 중심가와 거주 구역이 들어설 것이었다. 이 밖에도 부지 안에는 사무용 건물 단지, 고층 호텔과 아파트, 학교, 병원, 공원, 대학교, 고속도로와 철도가 지어질 예정이었다.

이 부지는 예수 그리스도 후기성도교회(흔히 '모르몬교'라고도 한다)가 소유한 거대한 목장 지역 데저레트 랜치Deseret Ranch 안에 있었다. 예수 그리스도 후기성도교회는 어마어마한 땅을 사들이며 플로리다에서도 손꼽히는 대지주가 되었다. 데저레트 랜치의 면적 역시 처음보다 여섯 배 가까이 늘어나 1,100제곱킬로미터에 이르렀다. 이곳에 있는 목장에서는 카길, 트로피카나 같은 대기업에 소와 오렌지를 팔고 사냥꾼이나 다른 기업에 토지를 임대한다는 이야기가 있었지만, 데저레트 랜치 측은 땅을 어떤 식으로 활용하는지 자세히 알려주지 않으며 이렇게 말했다.

'당사는 예수 그리스도 후기성도교회의 민간투자 계열사로서 재무 정보나 생산품 및 고객에 관한 자세한 사항을 공개하지 않습니다.' 교회 홍보실 역시 우리의 질문에 답해주지 않았다.

탬파 대학교 사회학과 부교수인 라이언 크레이건은 교회가 이처럼 폐쇄적인 태도를 취하는 것이 어제오늘 일은 아니라고 말했다. 크레이건은 과거에 로이터 통신과 함께 모르몬교의 재정을 분석해 교회가 소유한 부동산의 가치가 350억 달러에 이를 거라고 추정한 적이 있었다. 그는 모르몬교의 재정은 내부를 알 수 없는 '블랙박스'나 다름없으며, 교회 측은 수년 전만 해도 교인들에게 매년 재무 정보를 공개했지만 이제는 그마저도 중단했다고 설명했다. "모르몬교가 가진 토지가 얼마나 되는지 알아보겠다고요? 행운을 빕니다. (……) 교회의 실제 자산이 얼마인지는 아무도 몰라요."

구름이 잔뜩 낀 어느 평일 오후, 우리는 모르몬교 선교사들이 이끄는 목장 투어에 참가했다. 눈앞에 끝없이 펼쳐진 들판에는 오렌지 나무와 풀을 뜯는 소가 가득했다. 목장에는 자그마치 4만 마리의 소가 있다고 했다.

다음 날 우리는 인근에 사는 54세의 간호사이자 환경운동가 제니 웰치를 만났다. "개발되기 전까지만 해도 목장은 조용한 곳이었어요. 1980년에 여기로 이사 왔을 때는 앞으로 개발될 일이 없어서 좋다고 생각했죠. 이곳은 환경적으로 매우 중요한 땅이에요."

"우리는 계속해서 싸우고 또 싸웠어요." 조경사이자 플로리다 토종 식물협회 회원인 카리타 보드리는 모르몬교의 계획을 둘러싸고 '다윗과 골리앗'의 싸움이 벌어졌다고 말했다. "이 사업은 일반적인 주택 개발과 달라요. 이 지역 전체가 플로리다 주에서 마지막 남은 황무지예요." 교회는 전례가 없는 대규모 개발 계획을 세웠고, 이는 플로리다 주 전체의 생태에 막대한 영향을 끼칠 것이었다.

데저레트 랜치 개발에 얼마나 많은 물이 쓰일지, 새로 건설할 도로가 어떤 영향을 끼칠지, 개발하지 않고 보존할 땅은 얼마나 되는지도 논란의 대상이었다. 보드리는 환경 단체들이 처음부터 우려를 제기하는 동시에 지역 생태계를 보호할 더 좋은 방안을 제안하면서 개발에 관여하려 했다고 설명했다. 하지만 정부는 결국 수십 년간 플로리다의 남북을 잇는 야생동물보호구역을 만들려 한 노력에 '종지부를 찍는' 계획을 승인했다.

보드리는 이 계획을 '말 그대로 도시 한가운데에 또 다른 도시'를 만드는 일이라고 묘사했다.

물론 개발에는 오랜 시간이 걸릴 것이고, 세부 계획에는 더 많은 승인이 필요할 것이다. 하지만 보드리는 안심할 수 없었다. "주요 지침과 보존 구역의 크기, 필요한 완충지대의 면적까지 전부 정해졌고 승인까지 마쳤어요. (⋯⋯) 제가 보기에 환경 훼손은 이미 돌이킬 수 없어요."

우리는 플로리다에서 북쪽으로 2,000킬로미터 넘게 떨어진 버몬트주에서 또 다른 대규모 도시 건설 계획에 맞서는 주민들을 만났다. 모르몬교 창시자인 조셉 스미스가 태어난 곳의 인근 지역을 개발하는 사업이었다. 이번에는 교회가 아니라 유타 출신의 사업가인 데이비드 홀이 개발을 추진했다. 홀은 석유와 가스 산업에 쓰는 정교한 시추 기구를 팔아 큰돈을 번 인물이었다.

우리가 찾아간 곳은 사우스로열튼이라는 마을 인근 지역이었다. 사우스로열튼은 그림 같은 풍경을 자랑하는 뉴잉글랜드 지방의 작은 마을로, 수백만 명이 시청한 인기 드라마 「길모어 걸스」의 오프닝 영상에도 등장한 적이 있었다. 이 지역 일대에 들어서자마자 시위의 흔적이 눈에 들어왔다. 전봇대에 붙은 스티커, 게시판의 포스터, 잔디밭에 세워진 커다란 표지판 등 곳곳에 '힘을 합치면 뉴비스타스NewVistas를 막을 수 있습니다'라는 문구가 적혀 있었다.

'뉴비스타스'는 이 일대에 몇 개의 도시를 건설하는 프로젝트의 이름이었다. 홀은 19세기 초에 조셉 스미스가 남긴 기록에서 영감을 얻어 계획을 세웠다. 그는 이 프로젝트를 미래지향적 개발 사업으로 홍보하며 21세기에 걸맞은 새로운 도시 모델과 경제 시스템을 건설하겠다고 공언했다. 세부 계획에는 주거와 상업, 농업, 제조업 시설을 전부 갖춘 3층짜리 '표준 건물'의 자세한 도안이 나와 있었다. 이 건물은 로봇 장치를 이용해 내부의 벽과 바닥을 움직여 사람이 사는 작은 공간을 쉽게 재배치할 수 있도록 설계되었다. 개발 계획에는 그 밖에도 '워크웨이 포드웨이 Walkway-podway' 시스템(고가 보도와 지하철을 합친 것과 비슷한 형태이다)이라는 교통·운송 수단과 사용자의 건강 상태를 점검하는 최첨단 화장실 등이 포함되어 있었다.

뉴비스타스의 각 도시는 1만 5,000~2만 5,000명 규모의 공동체 50개로 구성되며, 완공 시 최대 100만 명까지 수용할 수 있었다. 홈페이지의 설명에 따르면 뉴비스타스에서는 '자본주의 경제구조'에 따라 '정치 집단보다 기업 도시와 같은 생산적인 사업체에 가까운 공동체'를 조직할 계획이었다. 그뿐만이 아니라 뉴비스타스는 '토지 활용, 교통, 환경' 등 흔히 정부가 관리하는 문제를 전부 기업의 손에 맡기고자 했다.

"뉴비스타스는 조셉 스미스가 남긴 공동체에 관한 글을 제 나름대로 해석한 결과입니다." 우리는 유타 주 프로보에 있는 홀과 전화로 이야기를 나누었다. 그는 자신의 계획에 어느 정도 논란의 여지가 있다는 점을 인정했다.

홀은 이 계획을 위해 버몬트 주의 시골 땅을 대량으로 사들였다. 우리가 도착했을 무렵 그는 이미 60만 제곱미터에 이르는 땅을 매입했고, 앞으로 훨씬 더 많은 땅을 살 계획이었다.

이 계획이 널리 알려진 것은 젊은 사서 니콜 앤탈의 날카로운 관찰력과 조사 덕분이었다. 앤탈은 누군가가 지역의 땅을 계속 사들인다는 사실을 알아채고 이를 추적해 뉴비스타스 프로젝트를 폭로했다. 우리는 한 식당에서 앤탈을 만나 저녁을 먹으며 이야기를 나누었다. 앤탈은 처음에 자신이 밝혀낸 사실을 도저히 믿을 수 없었고, 특히 계획의 어마어마한 규모에 충격을 받았다고 말했다. "버몬트 주 전체가 뒤집힐 만한 일이죠. (……) 어떤 사람이 집 한 채를 사서 새로운 시도를 해보는 것과는 차원이 다르니까요. 우리가 사는 지역에서 이런 프로젝트를 밀어붙인다는 게 영 마음에 들지 않아요." 지역 주민이라면 다들 공감할 만한 이야기였다.

"뒤통수를 세게 얻어맞은 기분이었어요." 58세의 주민 제인 후폐는 홀이 세운 상의하달식 개발 계획이 지역사회를 완전히 무너뜨릴지 모른다고 걱정했다.

"계획이 알려진 뒤에는 다들 곧장 행동에 나섰어요." 마이클 사카라는 또 다른 주민이 15년 전 아내와 지은 집 앞에 앉아 이야기했다. "우리는 지역의 미래를 지키고 우리의 생활 방식과 공동체를 유지할 겁니다."

사카는 뉴비스타스에 반대하고 앞으로 이와 비슷한 대규모 개발 사업을 막기 위해 주민들이 조직한 버몬트 공동체연합의 임원이었다. 사카의 말에 따르면 이 지역에서는 '가능한 한 도시와 마을의 중심지를 집중적으로 개발하고 농촌은 전원생활을 위해 보존하는' 방향으로 개발의 우선순위를 결정하므로 뉴비스타스 같은 대규모 개발 사업과 전혀 맞지 않았다.

또한 사카는 홀이 구상한 기업식 공동체 구조를 두고 조지 오웰의 소설에 나올 법한 전체주의 사회를 실험해 '외부의 영향을 받지 않는 독립된 기업 도시'를 만들고자 한다고 비판했다.

게다가 홀의 계획은 모르몬교 측에서도 환영받지 못했다. 2016년, 교회의 대변인은 이렇게 밝혔다. "뉴비스타스는 민간사업이며 본 교회와 관련 없습니다. (……) 하지만 본 교회는 몇 가지 이유로 이 사업에 찬성하지 않습니다."

홀은 각계의 비판과 반대에도 개의치 않는 듯했다. 그는 '토지 통합'을 사업의 첫 단추로 보고 계속 밀어붙일 생각이었다. 하지만 이후 그는 조금씩 태도를 바꾸었고, 2018년에는 뉴비스타스를 둘러싼 논란에 지쳤다고 토로했다. 2021년, 홀은 결국 계획을 포기하고 매입했던 땅을 판 뒤 지역을 떠났다.

런던의 로열독스

우리는 런던으로 돌아와 템스 강 인근 지역을 재개발하는 10억 달러 규모의 프로젝트 로열독스 기업장려구역으로 향했다. 이 프로젝트는 우리가 아일랜드와 중국 등지에서 본 특별 구역과 마찬가지로 민간투자를 장려할 목적으로 추진되었으며, 완공 시 런던 최초의 기업장려구역이 될 것이었다.

템스 강 인근 지역은 100여 년 전 산업과 무역이 번창했던 곳이다. 대영제국은 식민지 무역이 호황을 맞으며 해양 인프라 수요가 늘어나자 1880년 이곳에 로열앨버트 부두를 건설했다. 하지만 제국이 무너지고 영국이 해상 패권을 잃은 뒤, 부두와 그 주변 지역은 쇠락의 길을 걸었다. 2013년, 중국의 개발 회사 어드밴스드 비즈니스 파크Advanced Business

Park, ABP는 그레이터 런던 당국Greater London Authority(런던을 포함하는 행정구역의 최상위 지방자치단체 – 옮긴이)에게서 로열앨버트 부두 인근의 땅 14만 제곱미터를 사들였다. 이후 ABP는 중국 최대 민간투자회사인 중국민생투자와 손잡고 개발에 나섰다. 중국민생투자의 회장은 이곳을 '국제적인 플랫폼이자 중국 기업과 자본이 유럽 시장에 진출하기 위한 기반'으로 만들겠다고 선언했다.

차를 타고 개발 현장에 도착하자 울타리와 '허가 없이 들어가면 고발 조치함'이라는 경고 문구가 적힌 표지판 너머로 ABP의 사무실이 있는 화려한 유리벽 건물이 보였다. 건물 안에는 『아름다운 중국 고전 회화The Most Beautiful Chinese Classical Paintings』라는 책과 재개발 이후 부두의 모습을 나타낸 모형이 전시되어 있었다. 경비원이 우리를 보더니 카메라를 집어넣으라고 지시했다.

개발 구역이 속한 뉴엄 구와 런던 기업사무국은 개발을 허가하는 과정에서 지역 주민의 참여를 배제했다는 비난을 받고 있었다. 두 기관 모두 우리의 연락에 답해주지 않았다.

이 프로젝트는 '민간이 소유한 공공 공간Privately-Owned Public Spaces', 줄여서 'POPS'라고 하는 새로운 형태의 도시 공간을 조성하는 사업이었다. POPS는 대중에게 열려 있지만 어디까지나 민간 소유자가 운영하는 공간이다. 따라서 POPS에서는 다른 공공시설과 달리 소유자가 집회나 사진 촬영 같은 행위를 제한할 수 있었다.

지역 주민들은 '도시를 되찾자'라는 캠페인과 무단침입 시위를 벌이며 반발하기 시작했다. "로열독스 기업장려구역은 런던에 맞지 않는 모델이에요." 녹색당의 시안 베리를 만나 이야기를 들었다. "런던은 사업지를 찾는 기업에 많은 이점을 제공하는 도시로서 이미 큰 성공을 거뒀어요. 이제 더는 대기업에 공공 토지, 세금 감면처럼 관대한 인센티브를 제공해서는 안 됩니다. 새 시장이 공정한 세금과 충분한 사회주택, 지역 당국이 관리하는 진짜 공공 공간을 보장할 수 있도록 사업을 재협상하길 바랍니다.”

로열독스는 아시아의 많은 경제특구와 마찬가지로 투자자에게 세금 감면, 자본 세액공제 확대, 규제 문제를 간소화하는 통합 기구 설립 등 여러 인센티브를 제공할 계획이었다. 런던 시장실에서 내놓은 홍보자료에 따르면 로열독스는 ‘런던 및 그 밖의 지역과 투자 유치 경쟁’을 벌였으며, ‘투자자를 끌어오고 입주자를 확보하려면 다양한 인센티브’를 제시해야 했다.

몇 년 뒤인 2022년, 〈가디언〉은 로열앨버트 부두 인근의 공사가 중단되었으며, 원대한 개발 계획이 좌초하기 직전이라고 보도했다. 그레이터 런던 당국은 공사 연기를 이유로 개발업체에 ‘최종 해지 통보서’를 전달했다고 밝혔다. 런던 동부를 대표하는 노동당 소속 런던 의회 의원인 운메시 데사이는 다음과 같이 유감을 표했다. “이 프로젝트는 런던 동부의 발전을 이끌 것이라 기대를 모았지만, 개발 구역은 텅 빈 유령도시로 전락하고 말았습니다. 참으로 안타까운 상황입니다.”

금융이 왕이다

세금 없는 천국

인도양 한가운데에 있는 작은 섬나라 모리셔스는 한때 가난에서 영영 벗어나지 못할 것이라는 이야기를 들었다. 노벨 경제학상을 받은 경제학자 제임스 미드는 모리셔스가 1968년 영국에서 독립하기 전 발간한 저서에서 석유나 광물처럼 채굴할 수 있는 천연자원이 없는 이 나라는 사실상 발전 가능성이 없다고 주장했다. 모리셔스는 남부 아프리카의 동부 해안에서 2,000킬로미터 가까이 떨어져 있어 다른 나라와 교류하기 어려웠다. 게다가 모리셔스의 경제는 17세기에 네덜란드의 동인도회사(제국의 확장과 안정을 도운 또 다른 칙허회사)가 사탕수수를 들여와 노예노동을 이용해 재배하기 시작한 이후 사탕수수 수출에 전적으로 의존했다.

유엔은 모리셔스가 독립한 직후 수도 포트루이스에 사무실을 열었다. 그로부터 50여 년 뒤, 우리는 같은 사무실에서 모리셔스 주재 유엔 상주조정관 사이먼 스프링겟을 만나 이야기를 들었다. "경제학자들은 모리셔스가 독립국으로서 살아남을 방도가 없다고 생각했습니다. 모리셔스는 무엇보다도 단일 작물에 의존하는 경제를 다각화하는 방법을 찾아야 했죠."

유엔 사무실은 포트루이스의 해안가에서 멀지 않은 곳에 있었다. 사무실로 가는 길에는 포장 상태가 좋지 않은 도로와 새로 포장한 도로가 번갈아가며 나왔고, 새 도로를 따라 유리창이 반짝이는 신축 건물이 늘어서 있었다. 건물의 아래층에는 고급 샐러드와 신선한 스무디를 파는 식당과 카페가, 위층에는 전 세계의 엘리트 계층을 상대하는 투자 전문 회사와 금융 서비스 회사가 들어서 있었다. 이 작은 섬나라에 수많은 투자·금융 회사가 들어선 것을 보면 그동안 이곳에 무슨 일이 있었는지 짐작할 수 있었다. 모리셔스는 조세회피지로 탈바꿈했다.

이제 모리셔스에서는 관광과 금융 서비스업이 호황을 누리고 있었다. 모리셔스는 전 세계의 부유층 사이에서 하얀 산호가 있는 해변과 호화로운 신혼여행 상품 외에도 매우 낮은 세율과 철저한 금융 비밀 보장으로 유명했다. 2017년 모리셔스에는 120만 인구보다 많은 130만 명의 관광객이 찾아왔으며, 역외 금융 산업에는 2만 1,000개가 넘는 회사가 등록되어 있었다. 하지만 그중 대다수는 모리셔스의 낮은 세율과 '아무것도 묻지도 따지지도 않는' 태도를 이용하기 위해 세운 페이퍼 컴퍼니로, 모리셔스에 따로 사무실을 차리지 않았다.

개발경제학자들은 모리셔스의 경제 관련 통계를 보고 경악했다. 1980년대 초 2,000달러에도 미치지 못했던 모리셔스의 1인당 GDP는 2016년 러시아, 브라질보다 높은 9,600달러로 늘어났다. 그러는 사이에 기대수명이 늘어나고 아동 사망률은 줄어들었으며, 주택 소유율은 자그마치 90퍼센트에 달했다.

'모리셔스의 기적'이라고도 불리는 이러한 변화는 얼핏 동화 같은 경제 발전 사례로 보였다. 모리셔스는 분명 이전과 전혀 다른 국가로 거듭났다. 하지만 모리셔스는 이를 위해 논란의 여지가 큰 방법을 택했고, 기업과 엘리트 계층이 자산을 숨기고 세금을 포탈하고 도로와 병원 같은 공공 인프라에 돈을 내지 않도록 돕는 비밀보장지역이 되었다. 우리는 어떻게 이런 일이 벌어졌는지 자세히 알아보고자 했다.

모리셔스는 1992년 역외사업활동법을 제정하고 '국제사업회사' 제도를 만들어 외국인이 일반 대중은 물론 정부 당국에까지 많은 정보를 공개하지 않고도 신속하게 회사를 만들 수 있도록 했다. 이와 더불어 모리셔스는 세율을 낮추고 다른 나라들과 국제 조세 조약을 체결했다. 그리하여 이후 모리셔스에서는 역외 산업이 호황을 맞았다.

2015년 기준 모리셔스에 등록된 국제사업회사의 자산은 6,300억 달러가 넘었으며, 이는 모리셔스 GDP의 50배가 넘는 규모였다. 모리셔스의 역외 산업이 초기에 빠르게 성장할 수 있었던 것은 인도와 맺은 조세 조약 덕분이었다. 모리셔스는 이 조약에 따라 영주권자가 인도에 투자하면 자본이득세를 면제하는 등 여러 혜택을 제공했고, 인도의 부유층과 기업들은 모리셔스를 매력적인 사업 거점으로 여기기 시작했다.

2016년, 인도는 수년간 조약에 따른 비용 문제를 놓고 모리셔스와 논의한 끝에 재협상을 거쳐 자본이득세 면제 조항을 폐지했다. 하지만 이러한 변화는 기존에 설립된 법인에 소급 적용되지 않았다.

그러는 사이에 모리셔스는 부유한 외국인이 더 쉽게 자국의 부동산을 구입하고 영주권을 취득할 수 있도록 규제를 완화해 자산 관리 산업을 키우려 했고, 아프리카 대륙의 관문을 자처하며 사하라 사막 이남 아프리카에 투자하는 다국적기업들을 유치하고자 했다.

〈아프리카 비즈니스 리뷰〉에 따르면 2017년 기준 모리셔스에 등록된 국제사업회사 중 약 60퍼센트가 아프리카에 투자했다. 모리셔스의 외교·지역통합·국제무역부 장관이었던 비슈누 루치미나라이두는 기자 회견에서 '아프리카는 오늘날 세계 경제에서 가장 중요한 지역'이라고 강조했다.

모리셔스는 또한 동남아프리카공동시장Common Market for Eastern and Southern Africa, COMESA을 비롯한 아프리카의 주요 무역 블록에 가입했으며, 워싱턴 DC를 대신해 투자자-국가 중재 소송을 맡겠다고 나섰다. 사실상 국제 자본에 필요한 모든 서비스를 제공하는 것이 모리셔스의 목표인 듯했다.

그러나 모리셔스의 금융 서비스업이 성장하면서 이를 비판하는 목소리도 거세졌다. 다른 아프리카 국가와 시민사회단체들은 외국인 투자자가 수익을 해외로 이전하고 아프리카 대륙 내에서 정당한 세금을 내지 않도록 지원한다는 점을 근거로 들어 모리셔스가 빈곤국의 공공자원 유출을 조장한다고 비판했다. 기업들은 모리셔스에 물리적 실체가 있는 사업장을 세우지 않고도 각종 혜택을 누렸으며, 모리셔스에는 여러 기업의 대표 역할을 대신해주는 하청 업체까지 생겨났다.

모리셔스 내 금융 서비스업의 핵심은 세금을 적게 내고, 정보를 공개하지 않고도 역외 회사를 설립할 수 있도록 보장하는 국제사업회사 제도였다. 외국인 투자자들은 이 제도를 활용해 다른 나라에 투자하면서 이윤을 챙기고 자산을 지켰다.

모리셔스는 인도 외에도 40개가 넘는 국가와 조세 조약을 맺었으며, 그중 약 3분의 1이 아프리카 국가였다. 조세 조약의 본래 목적은 기업이 이중으로 세금을 부담하지 않도록 하는 것이었다. 그런데 세계 각국이 너도나도 조세 조약을 맺자 기업들은 조약에서 가장 유리한 조항만 골라 이용하며 세금을 최대한 줄이는 '조약 쇼핑'을 할 수 있게 되었다.

모리셔스는 이른바 '왕복 투자'를 지원하는 곳으로도 유명했다. 왕복 투자란 기업이 해외로 돈을 빼돌린 뒤 외국인 투자로 위장해 다시 들여옴으로써 이중으로 세금 감면 혜택을 받는 행위를 말한다. 2000년부터 2015년까지 인도에 들어온 투자 중 34퍼센트가 모리셔스를 거쳤는데, 그중 상당 부분이 왕복 투자로 추정되었다.

모리셔스에 등록된 기업들이 조세 부담을 줄이기 위해 사용한 또 다른 전략은 '이전 가격 조작'이다. 이전 가격 조작이란 조세회피지에 등록된 모회사가 다른 나라에 있는 자회사에 상품이나 서비스를 공급하면서 실제보다 높은 가격을 매기는 식으로 가격을 조작하는 행위를 말한다. 이러한 거래는 서류상으로만 이루어지며, 세율이 높은 지역에서 낮은 지역으로 돈을 옮기는 데 활용된다.

유엔 아프리카경제위원회UNECA는 매년 아프리카에서 전 세계로 흘러가는 불법 금융 자금이 500억 달러(아프리카 대륙 전체에 들어가는 국제 원조 예산의 두 배 수준)에 이르며, 이로 인해 외화가 유출되고 빈곤이 심해지는 등 심각한 문제가 벌어지고 있다고 주장했다. 또 UNECA는 조세회피지가 '위장 회사, 페이퍼 컴퍼니, 익명 신탁 계좌, 가짜 자선 재단'을 만들도록 허용함으로써 이 같은 상황을 조장했다고 비판했다.

모리셔스 같은 조세회피지는 기업의 비밀을 보장함으로써 기업들이 각종 불법행위를 저지르고 실제로 사업을 하지 않는 곳에 수입을 신고해 합법적으로 탈세를 일삼도록 도왔다. 이 점에서 조세회피지는 세계 각국이 바닥을 향한 경쟁에 내몰리고 있음을 보여주는 또 하나의 사례라고 할 수 있었다.

IMF 역시 이 문제를 인지하고 있었다. IMF는 수익 이전 같은 편법 행위로 개발도상국이 입는 손실이 연 2,000억 달러에 이를 거라고 추산했다. 세계은행의 최고위층 역시 이것이 심각한 문제임을 인정했다.

2015년 세계은행의 김용 총재는 다음과 같이 지적했다. "일부 기업은 활동하는 국가에서 세금을 내지 않기 위해 정교한 전략을 활용하며, 이는 빈곤층에 피해를 주는 부정부패의 일종입니다. 조세 제도를 더욱 공정하게 만들면 공적 개발원조를 제공하는 것보다 쉽게 빈곤층을 도울 수 있습니다."

그 천국은 불평등의 나라

우리는 모리셔스에서 손꼽히는 기업관리회사인 아박스Abax의 사무실을 찾았다. 이 회사는 10여 년 전 세계적인 회계법인 프라이스워터하우스쿠퍼스에서 분사해 포트루이스의 번화한 교외 지역에 자리를 잡았다. 이벤느(프랑스어로 '흑단'을 뜻한다)라고 불리는 이 지역은 한때 사탕수수밭이었지만, 지금은 유리벽으로 된 고층 건물에 수많은 법률, 회계, 금융 서비스 회사가 입주해 있었다.

아박스의 누스라스 부겔루는 모리셔스가 조세회피지라는 비판을 일축했고, 아프리카에서 사업을 확장하려는 기업들이 세금을 덜 내기 위해서가 아니라 정치가 안정되고 사업하기 편하다는 이유로 모리셔스를 찾는다고 주장했다. 부겔루는 모리셔스의 역할을 주로 아프리카 대륙의 연대와 관련지어 설명하면서 아박스가 모리셔스를 기반 삼아 아프리카 전체에 투자를 늘리고 싶어 한다고 말했다. "아프리카에는 자본이 절실합니다. 가장 큰 문제는 위험에 대한 인식이죠."

"모리셔스는 투자자에게 세금을 부과하기를 원하지 않습니다. 우리는 투자자가 어떤 나라에 와서 위험을 감수하고 투자한다면, 반드시 이익을 챙겨갈 수 있어야 한다고 믿습니다." 부겔루는 전 세계의 많은 나라가 매우 낮은 법인세를 부과하는 상황에서 모리셔스가 아프리카 대륙을 잇는 금융 중심지 역할을 할 생각이라면 30~40퍼센트의 세금을 매겨 기업들이 발길을 돌리게 만드는 것은 어불성설이라고 말했다. 그러면서 부겔루는 모리셔스에 돈이 흘러 들어오면 양질의 일자리가 생긴다며 많은 청년이 자신처럼 역외 금융 산업에서 일하기를 원한다고 덧붙였다.

모리셔스를 거점으로 삼은 억만장자는 빠르게 늘어나 3,800명에 이르렀으며, 모리셔스를 잠깐이라도 이용한 사람의 수는 더 많을 것으로 보였다. 모리셔스 정부는 2017년 새 예산안을 세우면서 비시민권자가 모리셔스에 2,500만 달러를 투자하면 5년간 세금 감면 혜택을 부여하기로 했다. 이는 세계 각지의 초고액 자산가와 그들의 가족이 모리셔스에서 자산을 관리하도록 유인하려는 조치였다. 그리하여 모리셔스에서는 부유층에 주거, 식사, 여흥을 제공하는 사업이 호황을 맞았다.

이사회 회의를 위해 모리셔스를 꾸준히 찾는 기업 임원들 역시 항공사, 호텔, 식당의 주요 수입원이었다. 그러나 역외 산업에 종사하는 모리셔스인의 수는 놀라울 만큼 적었다. 계산에 따라 차이는 있지만, 역외 산업과 직간접적으로 관련된 일을 하는 사람의 수는 5,000명에서 1만 7,500명으로 추정되었다.

2018년, 세계은행은 147쪽 분량의 보고서에서 지난 15년간 모리셔스의 빈부 격차가 크게 확대되어 빈곤층의 생활수준을 위협하기에 이르렀다고 경고했다. 보고서는 2001년 이후 소득 하위 10퍼센트와 상위 10퍼센트 간의 소득 격차가 40퍼센트 늘어났으며, 모리셔스가 누린 호황이 '공동의 번영으로 이어지지 않고 불평등을 심화했다'고 지적했다. 세계은행에서 발표한 또 다른 자료에 따르면 여성은 특히 더 불이익을 받았다. 여성의 노동참여율은 남성의 3분의 2 수준이었으며, 민간 부문에서 일하는 여성의 평균임금은 남성보다 30퍼센트 낮았다.

우리는 포트루이스에 있는 세계은행 사무소에서 모리셔스 대표 알렉스 스타이너트를 만났다. 그는 앞서 역외 금융 산업의 관계자들에게 들은 이야기를 되풀이했다. 금융업이 발전하면 아이들이 학교에 계속 다니고 사무직 일자리를 얻기 위해 열심히 공부할 동기가 생긴다는 것이었다.

"장차 어떤 진로를 선택할 수 있을지 아는 것은 아이들의 사고방식에 매우 큰 영향을 줍니다. (……) 아이들이 모리셔스에도 좋은 사무직 일자리가 있다고 생각할 수 있어야 해요." 하지만 스타이너트는 사무직 일자리에도 한계가 있다는 점을 인정했다. "고도로 숙련된 기술을 요구하지 않는 일자리가 많다는 점은 우려할 만합니다. (……) 회사 등록, 정기 연례보고서 작성에 필요한 문서 작업 기술이나 그와 관련된 기초적인 회계 지식만 있으면 충분한 일자리가 많죠."

"매력적인 조세 정책은 분명 모리셔스의 발전에 지대한 영향을 끼쳤습니다. 하지만 지금은 전 세계가 그러한 정책을 엄격히 제한하는 추세이고, 기존 정책을 유지하기가 갈수록 어려워질 겁니다." 따라서 스타이너트는 모리셔스가 '해외 기업이 처음 아프리카에 진출하도록 돕는 통로' 역할을 해야 한다고 보았다. "그렇게 해서 이전에 없었던 새로운 분야가 생긴다면…… 모두가 혜택을 받을 겁니다. 물론 말처럼 쉽지는 않겠지만요."

한편 모리셔스의 프라빈드 주그노트 총리는 〈파이낸셜 타임스〉와의 인터뷰에서 과거에 경제학자 제임스 미드가 모리셔스의 미래를 두고 내놓은 암울한 평가를 되풀이하며 이렇게 주장했다. "모리셔스는 여러 가지로 제약이 많은 작은 섬나라입니다. 천연자원도 전혀 없죠. 모리셔스가 매력적인 나라가 되려면 다른 나라보다 우위를 점하는 부분이 있어야 합니다. 그렇기에 저는 세제상의 이점이 중요하다고 봅니다."

IFC와 조세 회피

작은 섬나라 모리셔스는 우리가 지금까지 조사한 문제를 한데 모아놓은 곳처럼 보였다. 모리셔스는 ISDS를 활용한 소송 사업에 진출하고자 했으며, 조세회피지로서 사실상 국제 금융에 영토를 넘겨주었다. 그리고 우리는 모리셔스에 등록된 일부 기업이 국제개발기구의 지원을 받은 사실도 알아냈다.

세계은행이 2018년에 발표한 보고서나 세계은행의 모리셔스 사무소 대표 스타이너트는 IFC가 모리셔스에 등록된 기업에 투자했다는 사실을 전혀 언급하지 않았다. 하지만 조사해보니 모리셔스에서 IFC의 투자를 받은 기업은 한두 개가 아니었다.

두 명의 영국 사업가가 세운 말라위 망고스Malawi Mangoes도 그중 하나였다. IFC는 이 회사가 아프리카 남부의 최빈국 말라위의 살리마 지역에 있는 농장에서 망고, 바나나의 생과와 비농축 과즙을 아프리카, 중동, 유럽에 수출한다고 소개했다.

2014년, IFC는 말라위 망고스가 사업을 확장하는 데 500만 달러를 지원하도록 승인하면서 이 투자가 농촌에 필요한 일자리를 창출하고, 임금과 각종 수당을 지급해 지역 경제에 돈이 돌게 하며, 민간 부문의 농업 투자를 촉진해 '강력한 전시 효과'를 거둘 것이라고 주장했다.

이 투자는 IFC의 온라인 투자 데이터베이스에 34816번 청량음료 분야의 농업 프로젝트로 등록되어 있었고, 회사의 위치는 말라위로 나와 있었다. 그런데 정작 투자를 받은 회사는 모리셔스에 있었다. 제품을 만드는 곳은 말라위 망고스가 전액 출자한 말라위의 자회사였지만, IFC의 투자금은 '유한회사 말라위 망고스(모리셔스)'로 들어갔다.

IFC의 공시에 따르면 말라위 망고스의 대주주는 암스테르담에 있는 민간투자회사 BXR 그룹이었고, 2대 주주는 '유명한 펀드매니저이자 자선가'인 스튜어트 뉴턴이었다. 그리고 IFC는 투자 공시의 환경적·사회적 검토 사항에 말라위 망고스가 '모리셔스에서 사업 중인 지주회사'라고 명시해두었다. 그러나 회사의 구조가 이렇게 복잡한 이유는 무엇인지, IFC의 투자를 받은 업체가 왜 조세회피지로 알려진 모리셔스에 있는지에 관한 설명은 나와 있지 않았다.

회사 측 자료를 보면 모리셔스에는 두 개의 회사가 등록되어 있었다. 2012년 4월에 설립한 '유한회사 말라위 망고스(모리셔스)'와 2013년 1월에 설립한 '유한회사 말라위 망고스 매니지먼트(모리셔스)'였다. 두 회사는 모두 모리셔스의 국제사업회사로 등록되어 있었으며, 주소 역시 '포트루이스, CNR데스로치스 & 세인트루이스 스트리트, 세인트루이스 비즈니스센터'로 동일했다.

우리는 스타이너트에게 이 투자에 관해 물었지만 답변을 받지 못했고, 말라위에서 사업을 운영하는 회사가 왜 모리셔스에 있는지 직접 알아보기 위해 주소지로 찾아갔다.

주소에 나온 건물을 찾는 데에는 꽤 시간이 걸렸다. 하지만 이 주소가 로저스 캐피털이라는 금융 서비스 회사의 사무실이 있는 '위탁' 주소라는 사실을 금방 알 수 있었다. 로저스 캐피털은 고객이 역외 법인을 세우고 관리하도록 돕고 주소를 빌려주면서 자세한 정보를 비밀에 부치는 회사였다.

건물은 해안가에서 멀지 않은 비교적 평범한 사무실 단지에 있었다. 건물의 경비원은 우리가 주소를 제대로 찾아온 것인지 묻자 대답하지 못했다. 로저스 캐피털의 안내 직원 역시 간단한 질문에도 당황하는 기색이었다. "말라위 망고스에 관해서 이야기해주실 수 있는 분이 있나요? 저희가 제대로 찾아온 건가요?"

우리는 벽에 평면 텔레비전이 걸린 작은 대기실에서 기다리는 동안 작은 유리 탁자에 놓인 잡지를 한가로이 뒤적였다. 〈새빌 로 Savile Row(런던의 고급 양복점 거리 – 옮긴이)〉, 〈패밀리 비즈니스〉 같은 잡지였다. 20분쯤 기다리자 다른 직원이 들어와 사과하며 점심을 먹느라 자리를 비웠다고 했다. 아무래도 우리를 말라위 망고스의 투자자로 착각한 것 같아서, 곧장 우리는 기자이고 말라위 망고스가 IFC에서 받은 투자에 관해 이야기해줄 수 있는 관계자를 만나고 싶다고 설명했다. 직원은 IFC의 투자나 우리가 그 문제에 관심을 가질 만한 이유에 대해 아는 것이 없는 듯했다. 직원은 말라위 망고스가 실제로 이 주소에 등록되어 있는 건 맞지만, 그 외에는 해줄 이야기가 없다고 했다. 사무실에는 더 대화하거나 인터뷰를 할 만한 사람이 없었고, 팸플릿이나 안내 책자조차 없었다.

알아보니 모리셔스에 등록되어 있으면서 다른 곳에서 사업을 운영 중인 회사가 IFC의 투자를 받은 사례는 수십여 건에 이르렀다. 대부분은 사하라 사막 이남 아프리카에 있는 회사였다. 포트루이스에서 이 회사들을 찾아다니는 동안 우리는 프란츠 카프카의 소설에 나올 법한 부조리한 상황을 경험했다. 씨스퀘어드라는 회사의 사무실이 있다는 건물은 포장 상태가 고르지 않은 좁은 도롯가에 있었다. 씨스퀘어드는 가나, 우간다 등지에서 광대역 인터넷 사업을 운영하는 회사로, 설립 당시 구글의 투자를 받았다. 이 회사 역시 IFC의 지원을 받았다. 하지만 사무실에서 만난 남자는 우리가 방문한 건물의 주소조차 확인해주지 않았다.

이어 우리는 IFC의 투자를 받은 사모펀드의 사무실을 찾았다. 건물 안으로 들어가 로비와 회의실 등을 살펴보니 조세회피지를 표시한 지도가 붙은 나무판, 도도새의 해골이 든 유리 장식장, 물줄기를 뿜어내는 모더니즘 양식의 분수대가 보였다. 깔끔한 정장 차림의 젊은 남녀가 우리를 보더니 서둘러 밖으로 내보냈다.

'세계은행 그룹이 관여하는 거래에서는 탈세를 용납하지 않습니다.' IFC의 홈페이지에 나온 문구다. IFC는 합당한 근거에 따라 투자 대상을 선택했는지 확인하기 위해 실사를 거치며, 국제 조세의 투명성 의제를 실천하기 위해 최선을 다한다고 공언했다.

언뜻 엄중한 경고처럼 보이지만, IFC의 표현은 문제를 위법 행위로 교묘히 제한했다. 탈세란 불법적인 방식으로 세금을 내지 않거나 적게 내는 행위를 말한다. 그러나 다국적기업들은 탈세 외에도 온갖 수단을 동원해 세금을 회피했고, 그중에는 법에 어긋나지 않더라도 문제의 소지가 큰 전략이 많았다. IFC처럼 각국 정부의 지원을 받으며 빈곤 퇴치와 공동의 번영을 추구하는 국제기구라면 이러한 전략에 더욱더 주의를 기울여야 마땅했다.

NGO들은 수년 전부터 IFC가 조세회피지를 이용하는 기업에 투자해서는 안 된다고 주장해왔다. 조세회피지를 이용하면 기업이 벌어들인 돈과 납부한 세금에 관한 정보를 정부와 대중에게 숨길 수 있기 때문이다.

옥스팜은 IFC가 조세회피지를 이용하는 기업에 투자하는데도 세계은행이 눈을 감고 있다며 비판했다. IFC의 공시를 분석한 자료에 따르면 IFC에서 한 해 동안 사하라 사막 이남 아프리카에 지원한 투자의 25퍼센트가 모리셔스(약 9퍼센트), 네덜란드, 영국령 저지 섬 등 조세회피지에 있는 회사로 들어갔다. 또한 IFC의 투자를 받은 대다수 기업은 운영 과정에서 핵심 사업과 상관없이 어떤 식으로든 조세회피지를 이용했다. 옥스팜은 세계은행의 투자를 받은 기업들이 정당하게 세금을 내고 있음을 입증하고 이들이 제도의 허점을 이용해 세금을 회피하지 않도록 보장하라고 세계은행에 요구했다.

IFC의 대변인은 옥스팜이 불법 탈세를 문제 삼은 것처럼 왜곡하며,

'역외 금융 산업에는 적법한 용도가 있다'고 강조했다(하지만 그 용도가 무엇인지는 설명하지 않았다). 심지어 대변인은 역외 금융 산업이 '빈곤층을 돕는 투자'를 증진할 수 있다고 주장했다.

하지만 기업이 역외 금융 산업을 합법적으로 활용하는지, 불법적으로 활용하는지 무슨 수로 알 수 있다는 말일까? 대변인의 말은 기업과 IFC의 주장을 무조건 믿으라는 이야기로 들렸다. 파나마 페이퍼스, 파라다이스 페이퍼스처럼 국제적인 탈세 스캔들이 연이어 터지는 마당에 그런 이야기를 곧이곧대로 믿을 사람은 많지 않았다.

한편 국제탐사보도언론인협회와 다른 기자들은 IFC와 네덜란드의 개발은행 FMO에서 투자받은 나이지리아의 대형 발전소 프로젝트가 '모리셔스의 역외 기업 네트워크를 활용해 세금을 내지 않고 신탁회사와 사모펀드로 돈을 빼돌리는 구조로 되어 있었다'고 보도했다.

또한 탐사보도를 지원하는 비영리단체 파이낸스 언커버드Finance Uncovered의 기자들은 우간다의 전력 사업에 참여한 우메메 홀딩스Umeme Holdings라는 회사가 복잡한 투자 구조를 활용해 사업 지분을 매각하면서 3,800만 달러에 달하는 자본이득세를 내지 않았다고 보도했다(이 회사 역시 모리셔스에 등록되어 있었고 IFC의 투자를 받았다).

회사 정보는 공개하지 않습니다

2014년, 말라위 망고스의 창립자이자 대표이사 조너선 제이콥스와 크레이그 하디는 IFC와 FMO 같은 국제개발기구에서 받은 투자 덕분에 아프리카에서 선도적인 농산물 가공 회사로 올라설 수 있었다고 밝혔다.

이 회사는 회사의 정보를 공개하지 않거나 이용할 수 없는 모리셔스에 등록되어 있었으므로 연간 매출과 이익, 납세액 등을 자세히 파악하기 어려웠다. 하지만 말라위 현지에서는 이 회사가 플랜테이션 농장을 확대하기 위해 농지 1,700헥타르를 매입했고, 망고 수출로 140만 달러를 벌었다는 보도가 나왔다.

우리는 회사의 역사를 시간 순으로 정리했다. 영국의 정부 기관인 기업등록소의 기록에 따르면 말라위 망고스는 2009년 영국에서 설립되었다. 그리고 2013년에는 유한회사 말라위 망고스(모리셔스)가 처음으로 주주 명단에 이름을 올렸고, 2015년에는 영국에 있던 법인이 해산했다. 그 사이(2012년과 2013년) 말라위 망고스는 모리셔스에서 국제사업회사 제도를 활용해 두 개의 회사를 세웠다.

요컨대 이 회사는 본래 다른 곳에 세워졌다가 모리셔스로 이전했으며, 이름에서 알 수 있듯 처음부터 말라위에서 망고 사업을 할 계획이었다. 따라서 이 회사가 아프리카로 향하는 관문인 모리셔스에서 영감과 용기를 얻어 아프리카에 진출했다고 보는 것은 앞뒤가 맞지 않는 이야기였다. 말라위 망고스는 애초에 아프리카에서 사업할 생각으로 만든 회사였다.

한편 IFC의 공시에는 말라위 망고스의 현지 사업장에서 어떤 문제가 벌어졌을지 짐작할 수 있는 단서가 있었다. 공시에 따르면 2014년 기준 말라위 망고스의 직원은 600여 명이었고 대다수가 남성이었으며(여성은 85명뿐이었다), 임금이 가장 낮은 직원들은 한 달에 겨우 35달러를 받았다. 또한 IFC는 회사의 직원 교육을 '비재무적 성과 보너스'로 간주했으며, 직원들의 형편이 어려운 시기에는 회사가 옥수수를 사도록 보조금을 지급했다고 설명했다.

공시에서는 말라위 망고스가 '노동, 토지, 물 같은 주요 투입물을 확보할 수 있는 경쟁력'을 갖추었지만, '특히 농장에서 사회적 위험과 난관'에 부딪힐 가능성이 높다고 보았다. '회사가 사회적으로 인정받으며 사업을 운영하기 위해서는 노동력 문제와 지역사회의 기대를 관리하는 일이 무엇보다 중요하다. 사업의 성패는 충분한 노동력을 확보하는 데 달려 있다.'

말라위 망고스는 현지에 플랜테이션 농장을 보유하고 있었고, 계약재배 방식을 활용해 지역의 소농들에게서 과일을 매입하기도 했다. 2017년, 말라위 블랜타이어의 지역 신문 〈마라비 포스트〉는 살리마 지역의 한 추장이 말라위 망고스와의 '부당한 토지 거래'로 수익을 챙겼고, 땅을 잃은 가족들은 제대로 보상받지 못했다고 보도했다. 살리마 지역위원회 사무실에서는 주민들이 추장의 해임을 요구하며 18일 동안 농성을 벌였다.

시위에 참여한 주민 무하마드 칭고만제는 이렇게 말했다. "추장은 아무런 협의도 없이 수상쩍은 계약을 맺어 외국인에게 땅을 팔았고, 정부가 허가했다는 말만 했습니다. 우리는 땅을 개발하는 사업에 반대하는 것이 아니라…… 사업에서 혜택을 얻기를 바라는 겁니다."

우리는 CIJ로 돌아와 개빈에게 이번에 조사한 경제특구와 민간 도시, 조세회피지에 관해 이야기했다.

그리고 우리는 모리셔스와 다른 나라들에서 다음으로 조사할 또 다른 문제를 발견했다. 모리셔스에는 사무실, 병원, 공사 현장, 식당 등 어디를 가든 민간 경비원이 있었다. 또 우리가 각지에서 인연을 맺어 연락을 주고받은 활동가들은 기업들이 토지를 강탈하고 영토 확장에 반대하는 세력을 진압하기 위해 민간 경비업체와 용병을 고용한다고 이야기했다.

독일의 사회학자 막스 베버에 따르면 영토를 지배하는 것은 국가의 고유한 특성이며, 주권 국가만이 영토 안에서 적법한 강제력을 독점적으로 행사한다. 그런데 만약 국가가 강제력을 독점하지 못한다면 무슨 일이 벌어질까?

개빈은 다음으로 '기업 군대'를 조사할 계획이라는 이야기에 진지하게 귀를 기울였다. 그는 우리가 어떻게 몸을 지킬 생각인지 묻고 이렇게 덧붙였다. "이건 정말 중요한 문제야. 총을 지배하는 자가 세계를 지배하니까."

4

SILENT COUP
기업 군대

'스스로' 보호하고 확장하는 기업들

초국가 기구가 필요하다

우리는 각종 사료에서 국제적 제도와 정책을 만들어 기업 제국이 규모와 힘을 키우는 데 이바지한 많은 인물을 발견했다. 전 세계의 엘리트 계층을 포섭해 '자본주의 대헌장'과 이를 시행할 사법제도를 만든 독일 은행가 헤르만 압스, 자국 정부를 압박해 경제특구를 세우고 훗날 중국에까지 영감을 준 아일랜드의 사업가 브렌던 오리건, 빈곤층을 돕는 데 써야 할 국제개발자금을 민간기업에 투자하기 위해 새로운 하부 기관 설립을 주도한 세계은행 총재 등이 그 예다.

이러한 제도들은 '유럽의 월마트'로 불리는 리들, 거대 바나나 기업 치키타 같은 유명 대기업에 많은 혜택을 주었지만, 그에 비해 제도 설립에 기여한 선구자들 중 누구나 알 만한 인물은 많지 않았다. 그러나 이 무명의 선구자들은 우리가 기업 제국의 역사를 이해하는 데 결정적인 도움을 주었다. 그 대표적인 인물이 미국의 경제학자 유진 스탤리다. 스탤리는 1950년대 이후 스탠퍼드 연구소SRI에 몸담았는데, 이곳은 〈타임〉과 공동으로 샌프란시스코 국제산업개발회의를 주최해 헤르만 압스가 넬슨 록펠러, 리처드 닉슨 같은 CEO와 정치인들 앞에서 자신의 제안을 발표하도록 자리를 마련한 기관이기도 했다.

1906년 네브래스카 주의 작은 마을 프렌드에서 태어난 스탤리는 20대 시절 동부로 유학을 떠나 자유시장 경제학을 옹호하는 엘리트 학자들의 본산이었던 시카고 대학교 경제학부 대학원에 입학했다. 그는 시카고 대학교 경제학부를 대표하는 인물인 밀턴 프리드먼보다 몇 년 선배였다. 하지만 스탤리는 로널드 레이건과 마거릿 대처의 조언자로 이름을 날린 프리드먼만큼 역사에 이름을 남기지는 못했다.

우리가 스탤리라는 인물에 관심을 가진 이유는 그가 스물아홉 살이라는 젊은 나이에 시카고 대학교의 조교수로 일하며 쓴 방대한 저서『전쟁과 민간투자자War and the Private Investor』때문이었다. 놀랍게도 이 책은 우리가 각지를 돌며 목격한 현실을 내다본 계획서 같았다. 이 책에서 스탤리는 '후진' 민족의 힘이 강해지면 외국인 고용자·지주와 토착민 사이에 무수한 갈등이 벌어질 수밖에 없으며, 이를 막기 위해서는 다름 아닌 세계정부가 필요하다는 과감한 주장을 펼쳤다.

게다가 스탤리는 이 책을 쓴 1935년에 이미 전 세계에서 기업의 이익을 보호하고 증진하려면 새로운 국제 인프라가 필요하다고 생각하고 국제상업법원과 세계투자은행 기구의 설립을 촉구했다.

우리는 그의 책을 읽으며 중요한 부분에 노란색 형광펜으로 밑줄을 긋고 의견을 나누었으며, 개빈에게도 그 내용을 전달했다. 스탤리는 '세계를 휩쓰는 자본주의의 발전'에 저항하는 것은 무의미한 일이며, 자본주의에 맞서 투쟁한다면 심각한 유혈 사태가 벌어질 수 있다고 경고했다. 그리고 그는 이러한 사태를 예방하려면 '국제 정치를 위한 장기 계획'을 세워 새로운 초국가 기구를 만들고, 그 기구에 국가의 권력을 넘겨야 한다고 주장했다. 하지만 우리가 보기에 그의 제안은 민주주의 없는 평화를 추구하자는 이야기나 다름없었다.

스탤리는 당대의 유럽과 미국의 정치인들이 자국의 국민과 산업, 경제계획(사회주의, 공산주의, 파시즘, 뉴딜 정책 등 계획의 성향과 상관없이)에만 관심을 둔다고 비판했다. 그가 보기에 중요한 것은 국민에게 더 많은 권한을 주거나 국민의 요구에 더 잘 대응하는 일이 아니었다. '각국의 형편이나 정치적 야망, 감정 상태, 정책 변화와 무관한' 초국가 기구를 만드는 것이야말로 국제사회가 나아가야 할 길이었다.

이에 따라 스탤리는 전 세계의 투자자들이 자기 이익을 지키고 폭력 없이 분쟁을 해결하는 데 직접 활용할 수 있는 국제상업법원, 기업의 자금 확보와 사업 확장을 돕는 세계투자은행을 만들자고 제안했다. 그는 자신의 주장이 급진적이라는 사실을 알기에 '이 제안들이 충격적인가?'라며 수사적인 물음을 던졌다. 하지만 세계정부를 만들기까지 수십 년이 걸릴지 몰라도 이를 위해 필요한 일은 '지금 당장이라도 시작할 수 있다'는 것이 스탤리의 생각이었다.

스탤리가 『전쟁과 민간투자자』를 발표하기 2년 전인 1933년, 그의 새 보금자리가 된 시카고에서는 세계박람회가 열렸다. '진보의 세기'라는 주제로 열린 이 박람회는 '과학은 발견하고, 산업은 적용하고, 인간은 순응한다'라는 섬뜩한 구호를 내걸었다. 박람회에 관해서는 기사와 사진 등 많은 자료가 남아 있기에 우리는 스탤리가 어떤 맥락에서 책을 썼는지 미루어 짐작할 수 있었다.

시카고 박람회는 머지않은 미래에 과학기술의 혁신으로 삶이 얼마나 더 행복해질지 보여주겠다고 공언했고, 이를 위해 민간기업을 무대의 중심에 올려 인류의 진보를 이끌 주역으로 내세웠다. 박람회장에서 코카콜라라는 탄산음료가 나오는 자동 분수를 선보였고, 거대 자동차 회사들은 주디 갈란드(1939년작 영화 「오즈의 마법사」에서 도로시 역을 맡은 유명 영화배우이자 가수 - 옮긴이) 같은 연예인들이 공연하는 가운데 새로운 차종을 전시했다.

　　당시는 시카고를 포함한 미국 전역이 심각한 실업과 빈곤에 시달리는 시기였다. 대공황으로 집과 일자리, 저축을 잃은 수많은 사람이 월스트리트와 은행의 정당성에 의문을 제기했다. 부유한 나라에서는 노동자들이 기업과 금융 엘리트 계층에 맞서 들고일어났고, 제국의 식민지에서는 독립운동이 거세졌다.

　　스탤리의 저작은 세계사의 전환점을 예고했다. 그는 억압받는 계층이 정치의식에 눈뜨기 시작하면서 국가의 힘을 이용해 현재의 처지를 바꾸려 할 것이라고 보았다. 정부를 압박해 노동자의 이익을 보호하는 노동법을 제정하고, 실제로 땅을 경작하는 농민을 위해 대규모의 토지 소유를 막는 것이 그 대표적인 사례였다.

　　이에 스탤리는 다음과 같은 물음을 던졌다. 피지배계층의 바람과 반대로 민간투자자들이 권리를 행사하도록 보장해야 할 것인가? 스탤리는 투자자의 권리를 보장하지 않는다면 전 세계가 폭력 분쟁을 넘어 대규모 전쟁에 휩싸일 거라고 전망했다. 당시에도 기업들은 이미 '혁명을 조장하고 사병을 동원한' 경험이 많았기 때문이다.

　　스탤리는 기업이 저질러온 침략의 역사를 설명하면서 서구 열강의 확장을 이끌고 식민지를 통치하며 때로는 자체 경찰력까지 보유했던 칙허회사를 예로 들었다. 그 밖에도 정부의 '특별 허가'를 받은 투자자들은 식민지에서 '정부와 다름없는 권한'을 행사하며 자신들의 말이 곧 법이라는 식으로 행동했다. 가령 아프리카에서 활동한 기업들은 '이대로 굶어 죽을지, 아니면 지금까지의 생활 방식을 버리고 우리를 위해 일할지 선택하라'며 현지의 농부들을 위협해 노른자 땅을 차지했다.

　스탤리는 또 이렇게 질문했다. '거대 과일 회사와 석유 회사들이 보유한 선단과 경제적 자원을 생각해보라. 그들이 스스로를 보호하도록 하는 것이 낫지 않을까?' 시카고 박람회의 주최자들이 그랬듯 스탤리는 인류의 미래가 민간기업의 손에 달려 있으며, 기업이 전 세계로 세력을 넓혀야만 인류가 진보할 수 있다고 믿었다. 따라서 스탤리가 보기에 국제 사회에는 두 가지의 선택지만 있었다. 하나는 국제 투자를 제한하는 것이고(스탠리는 이를 아무짝에도 쓸모없는 잘못된 정책이라고 여겼다), 다른 하나는 '세계 통치기구'를 만들어 폭동과 파업, 무장 반란과 전쟁을 비롯한 갈등을 종식하고 예방하는 것이었다.

　이전까지 우리는 스탤리를 몰랐지만, 그가 쓴 책에서 우리가 여태껏 조사한 문제들을 예견한 대목을 읽고 큰 충격을 받았다. 그는 ISDS나 국제개발제도와 꼭 닮은 제안을 하는 한편, 기업이 어떻게 국가의 영토를 장악하고 그 안에서 강제력을 행사하는지 설명했다. 하지만 스탤리는 이러한 흐름을 거스르기보다 제도로써 뒷받침해야 한다고 주장했다.

100년 전부터 시작한 일

세계은행 같은 국제기구가 세워지고 워싱턴 컨센서스가 나오기 전, 더 거슬러 올라가면 제2차 세계대전이 일어나기 전부터 전 세계의 엘리트 계층은 독립운동과 민주주의의 위협에서 기업의 권력과 이익을 지키고자 힘을 합쳐 야심 찬 계획을 세웠다.

　한 예로 재계의 관심사를 정책 결정 과정에 반영하고자 노력한다는 국제상공회의소는 100여 년 전인 1919년에 설립되었다. 이 단체는 기업과 정부를 잇는 '둘도 없는 통로' 역할을 하고 세계무역기구 같은 기관과 '특별한 관계'를 맺어 '재계의 목소리'를 전달해왔다.

1920년대에는 빈과 제네바에서 '초국가적 자본주의자 연맹'이라 할 만한 모임들이 만들어졌다. 이들은 제1차 세계대전과 대공황을 거치며 거세진 민족주의, 사회주의, 반제국주의의 물결에서 자신을 보호할 계획을 논의했다. 여기에 참여한 인물들 중에는 오스트리아 출신의 유명 경제학자 루드비히 폰 미제스와 프리드리히 하이에크도 있었다(두 사람은 이후 몽펠르랭 학회라는 단체를 만들어 신자유주의를 학문적으로 옹호하는 데 앞장섰다).

매사추세츠 주에 있는 웰즐리 대학의 역사학자 퀸 슬로보디언은 저서 『글로벌리스트 : 제국의 종언과 신자유주의의 탄생Globalists: The End of Empire and the Birth of Neoliberalism』(2018년)에서 이 시기를 탐구했다. 슬로보디언의 설명에 따르면 당시의 논의에 참여한 엘리트들은 규제와 국가를 전면 철폐하고 민간 자본을 해방하기를 바라지 않았다. 이들의 목표는 세계를 지배하는 규칙을 뜯어고쳐 자신들의 이익을 보장하고 '사회정의를 요구하는 대중'에게서 안위를 지키는 것이었다.

1950년대에는 각국의 엘리트를 연결하는 인프라이자 악명 높은 비밀 모임인 빌더버그 회의가 탄생했다. 이 모임에서 오랫동안 활동한 영국의 정치인 데니스 힐리는 〈가디언〉과의 인터뷰에서 빌더버그 회의의 이상은 모든 전쟁의 종식이며, 회원들은 이를 위해 '하나의 세계정부'를 세우려 노력하고 있다 해도 과언은 아니라고 말했다. 힐리의 말은 민주주의 없는 세계 평화를 이룩하자는 스탤리의 제안과 크게 다르지 않아 보였다.

1930년대에 세계정부 설립을 제안한 스탤리의 저서와 비슷한 내용을 다루면서도 더 널리 알려진 글이 또 하나 있다. 이른바 '파월 메모'라는 글이다. 1971년, 11개 기업의 이사로 재직한 미국의 기업 변호사 루이스 파월은 미국에서 가장 강력한 친기업 로비 단체인 미국 상공회의소에 있는 친구 유진 시드너 주니어에게 처음 이 글을 보냈다. 이후 이 글의 존재는 비밀에 부쳐졌지만, 닉슨 대통령이 파월을 대법관으로 지명한 이후 언론에 유출되었다. '파월 메모'는 미국에서 신자유주의가 부상하고 기업이 공공과 정치 영역 전반으로 영향력을 확대하는 당시의 상황을 잘 보여주는 중요한 글로 평가받는다.

이 글에서 파월은 미국의 '사업 및 기업 체제가 심각한 위기에 처해 있으며, 더는 시간이 없다'고 경고했다. 대학생과 기자, 일부 정치인 등 '존중받아 마땅한 사회 구성원들'이 기업가의 시각에 공감하지 않으며 경멸에 가까운 눈길로 기업을 바라보고 있다는 것이 그 이유였다. 따라서 기업들은 체제를 지키기 위해 힘을 합쳐 반격에 나서야 했다. 파월은 개별 기업이나 제품이 아니라 체제를 지지하는 선전 등 여러 전략을 권고하며 이렇게 강조했다. '힘은 체계적인 조직에서 나온다.'

스탤리를 비롯해 우리가 조사 과정에서 알게 된 인물과 기관들이 그랬듯, 파월 역시 장기적인 안목을 가지고 있었다. 그는 기업을 향한 위협에 대응하고 기업이 더 인정받는 세상을 만들려면 기한에 구애받지 않는 장기 계획을 신중히 세우고 실행해야 한다고 촉구했다.

1971년에 나온 '파월 메모'는 미국 사회에 많은 영향을 끼쳤다. 메모가 나온 이후 미국에서는 헤리티지 재단, 카토 연구소 등 보수 성향의 싱크탱크가 잇따라 만들어졌다. 로널드 레이건과 마거릿 대처는 신자유주의를 국가정책으로 추진했으며, 공공과 정치 영역의 논의를 그에 유리한 방향으로 이끄는 일에 매년 수백만 달러가 들어갔다.

그러나 '체제'가 위험에 빠졌다는 파월의 분석에 모두가 동의하지는 않았다. 파월이 메모를 작성한 1971년, 미국의 경제학자 레이먼드 버논은 『궁지에 몰린 주권 Sovereignty at Bay』이라는 책을 출간했다(버논은 훗날 대규모 민영화 계획에 이론적 근거를 제공한 인물로 평가받았으며, '세계화의 아버지'라는 별칭을 얻었다). 이 책에서 버논은 세계적인 기업들은 이미 주권이나 국가 경제력 같은 개념이 이상하리만치 무의미해 보일 정도로 막대한 영향력을 행사하고 있다고 주장했다.

이어 1970년대에는 엘리트 계층을 위한 또 하나의 네트워크 공간인 세계경제포럼이 만들어졌다. 1990년대에는 기업 CEO들이 이끄는 '세계지속가능발전기업협의회'가 탄생했고 유럽기업인원탁회의, 범대서양기업인대화 같은 지역별 모임도 줄줄이 생겨났다. 이러한 단체들이 구체적으로 어떤 일을 하는지는 잘 알려지지 않았지만, 이들이 설립 이후에 끼친 영향은 결코 간과할 만한 것이 아니었다.

'투표로 선출되지 않고 자신의 활동을 설명할 의무를 지지 않으며 매우 체계적이면서도 비밀스러운 조직을 갖춘 그림자 권력이 공공선 개념을 파괴하고 민주주의를 조롱거리로 만들고 있다.' 암스테르담 초국적연구소의 수전 조지는 대기업들이 배후에서 영향력을 행사해 '전 세계의 공공정책'을 입맛대로 주무른다며 그렇게 비판했다.

또 영국의 작가 힐러리 웨인라이트는 오늘날 우리가 기업의 탐욕과 무책임한 빚잔치, 외주화뿐 아니라 '장기 계획을 세울 권한을 기업의 손에 넘긴 채 쪼그라든 국가 형태'에도 의문을 가져야 한다고 지적했다.

앞서 살펴보았듯, 기업들은 보통 선출직 정치인의 임기보다 훨씬 오랜 기간에 걸쳐 계획을 세웠다. 그동안 각지를 돌며 목격한 제도와 정책들은 우리가 태어나기 훨씬 전부터 이미 토대가 마련되어 있었다. 국가와 기업들은 예를 들어 베트남 전쟁 같은 사건이 벌어지는 와중에 취약해진 사람들을 상대로 이러한 제도를 실험했는데, 우리는 베트남 전쟁 당시의 기록에서 또다시 '스텔리'라는 이름을 찾아냈다.

기괴한 청사진

파월의 메모는 전 세계에서 노동·소비자·환경·반제국주의 운동이 힘을 얻은 시기에 세상에 알려졌다.

스탤리가 수십 년 전에 예견한 대로 1970년대 초 식민 제국에서 독립한 신생 국가들은 자국의 산업을 지원하기 위해 법을 바꾸었으며, 때로는 토지소유권을 회수하고 기업을 국유화했다. 그러는 사이 미국에서는 노동자, 소비자, 환경을 보호하기 위해 새로운 규정을 만들고 기업을 규제했다. 정치학자 데이비드 보겔은 이 시기를 두고 미국의 재계 전체가 '전후 유례가 없는 정치적 좌절'을 겪었다고 묘사했다.

그 무렵 스탤리는 시카고 대학교를 떠난 지 오래였다. 역사학자 데이비드 엘리엇의 말을 빌리자면, 그는 '뛰어나지만 비교적 널리 알려지지 않은 학자'였고 '케네디 행정부에서 베트남 정책의 주요 설계자'로 활동하기도 했다.

당시 스탤리가 일했던 SRI는 스탠퍼드 대학 이사회가 명문 대학의 자원을 갖춘 종합 연구 조직을 표방하며 설립한 싱크탱크로서 정부, 군대, 기업을 주 고객으로 삼았다. SRI의 이사진에는 제너럴 일렉트릭, 듀폰 등 대기업에 몸담았던 인물들도 참여했다.

SRI는 1990년대까지 국제산업개발회의를 개최했다(앞서 설명했듯, 1957년에 열린 국제산업개발회의는 〈타임〉과 〈라이프〉를 창간한 헨리 루스의 후원을 받았으며, 독일 은행가 압스가 이 회의에서 '자본주의 대헌장'을 제안했다). 국제산업개발회의는 샌프란시스코에서 4년마다 열렸고, 기업의 CEO와 고위 정치인들이 참석했으며 오스트리아, 인도네시아 등 세계 각지에서 화상회의를 진행하기도 했다.

SRI에서 스탤리는 미국의 대중국 정책과, 다른 동아시아 및 동남아시아 지역에서 공산주의의 진전을 막을 방법을 연구했다. 1961년 그는 존 F. 케네디 정부의 '특별금융조직'을 이끌고 베트남에서 '반게릴라 활동을 지원할 조직적 금융 조치'를 계획했다. 최종 보고서에서 이들은 '특히 농촌 지역에서 군사 행동과 긴밀히 연계한 경제적·사회적 조치를 강화해야 한다'고 촉구했다.

'스탤리 보고서'로도 알려진 이 글은 또 미국이 북베트남을 상대로 공세를 취하는 한편, 남베트남의 마을을 '번영 구역'과 '전략촌'으로 재편하고 주민들을 이주시켜 경제·사회 활동에 집중하도록 유도할 것을 권고했다. 오스트레일리아 출신의 언론인 윌프레드 버쳇은 이 보고서가 사실상 미국이 조만간 실행할 대규모 군사작전에 '청사진'을 제공했으며, 미국은 이를 바탕으로 '남베트남의 농민을 1만 6,000개의 수용소에 몰아넣으려 했다'고 주장했다.

버쳇은 미국의 시도를 농민 전체가 무장 반란에 가담하게 만든 '기괴한' 계획이라고 꼬집었으며, 영국이 식민지 케냐에 만든 강제 수용소와 비교했다. 그러나 그동안 각지를 돌며 국가의 영토를 경제특구에 양도하고 엘리트 계층의 이익을 위한 제도를 '번영'이라는 말로 포장하는 광경을 지켜본 우리 눈에 스탤리의 설계는 소름 끼치도록 현대적으로 보였다.

한편 당시 스탠퍼드 대학교에서는 스탤리의 활동을 비롯해 베트남전쟁에서 SRI가 맡은 역할을 두고 논란이 벌어졌다. 학생들은 대학과 SRI의 관계를 재정립할 방안을 모색하고자 자체 연구 조직을 만들었고, SRI가 어떻게 기업의 해외 전략 수립에 중요한 역할을 했는지에 주목했다. 학생들은 한 보고서에서 SRI의 임원들을 '팽창주의자'로 칭하며 이들이 미국 서부에 있는 기업들의 해외 진출을 돕고자 '전략적 리더십과 기술 인력'을 제공하는 동시에 '초국가적 민간기업 연합'의 발전을 지원했다고 비판했다.

이 밖에도 SRI는 정부와 군의 의뢰로 반란 진압 연구 프로젝트를 맡는 한편, 민간 자본의 해외 진출을 공산주의에 맞선 투쟁으로 포장하며 해외로 나서려는 미국 자본에 전망을 제시했다. 당시 스탤리와 함께 SRI에서 일한 연구자는 신생 독립국에는 여전히 '서구의 지도와 서구적인 개인의 자유 개념'이 필요하다고 주장하기도 했다.

SRI는 결국 스탠퍼드 대학교에서 떨어져 나와 SRI인터내셔널이라는 별도의 회사가 되었다. 이후 SRI는 대기업을 위해 장기적인 시나리오를 세우는 등 새로운 사업을 시작했다(예를 들어 이들은 기업의 이윤에 영향을 주는 사회적·정치적 위험 요인을 고려해 15년 후의 미래를 예상하고 그에 맞는 대응과 해결책을 제안했다). 이러한 장기 시나리오 수립은 지금도 기업 컨설턴트들이 제공하는 주요 서비스 중 하나다.

다국적기업의 수가 날로 증가할 것이라는 스탤리의 예측은 정확했다. 1970년 7,000개에 달했던 다국적기업은 2011년 10만 개로 늘어났으며, 이들이 해외에 세운 계열사는 90만 개에 이르렀다. 그러나 다국적기업의 활동을 감독할 수 있는 나라는 전 세계 어디에도 없었다. 그사이 다국적기업이 가진 자원은 폭발적으로 증가했다(전 세계에서 손꼽히는 대기업의 매출은 대다수 국가의 GDP를 넘어섰다). 또 우리는 스탤리가 제안한 대로 기업들이 국제기구를 활용해 정치적으로 어마어마한 영향력을 행사하는 것을 똑똑히 확인했다.

그러나 다국적기업이 전 세계로 뻗어나가면 모두가 번영과 평화를 누릴 것이라는 약속은 지켜지지 않았다. 민간투자를 확보하고 지원하기 위해 만든 초국가적 제도와 정책은 민주주의와 사회정의를 요구하는 대중의 열망을 잠재우지 못했다.

스탤리는 세계정부를 세우면 갈등을 막을 수 있다고 말했지만, 기업들이 원하는 것을 얻기 위해 강제력을 행사한다는 비판은 끊이지 않았다. 심지어 일부 기업은 폭력과 협박을 핵심 사업으로 삼기까지 했다. 이에 따라 우리는 각지에서 강제력을 동원해 사업을 벌이는 기업을 다음 조사 대상으로 정했다.

파리 떼의 독재

스탤리가 『전쟁과 민간투자자』에서 다룬 기업들 중 하나는 19세기에 설립된 유나이티드 프루트 컴퍼니였다. 현재 이 기업은 '치키타 브랜즈 인터내셔널 Chiquita Brands International(이하 '치키타')'로 이름을 바꾸었다. 치키타는 연 매출이 수십억 달러에 이르고 수십여 개국에서 사업을 운영하는 다국적기업인 만큼, 각지를 다니다 보면 연한 파란색 바탕에 노란색 그림이 그려진 치키타의 로고와, 그 로고가 붙은 바나나를 쉽게 찾아볼 수 있다.

1930년대에 스탤리는 유나이티드 프루트 컴퍼니를 '정부와 다름없는' 기능을 수행한다는 점에서 식민지의 칙허회사에 빗대었다. 이 회사는 위생을 관리하고, 도로를 놓고, 공공 및 민간 건물과 공공시설, 교회, 학교, 호텔, 식당, 병원, 철도를 건설하는 등 도시 전체를 세우다시피 했다. '유나이티드 프루트 컴퍼니는 정부를 세우거나 무너뜨리고, 광활한 플랜테이션 농장을 마음대로 쥐락펴락했으며, 때로는 중앙아메리카의 여러 지역에서 군주에 맞먹는 권력을 휘둘렀다.'

그러나 유나이티드 프루트 컴퍼니는 칙허회사와 달리 식민 지배 정부의 명령에 따라 제국의 영토 확장을 지원하지 않았다. 회사의 목적은 어디까지나 사업의 확장이었으며, 스탤리는 이들이 이윤을 내는 사업에 필요할 때만 지역을 개발했다고 지적했다.

　스탠리의 책이 출간될 무렵, 유나이티드 프루트 컴퍼니는 사업 과정에서 폭력을 동원하는 것으로 악명이 자자했다. 1928년, 콜롬비아에 있는 치키타의 플랜테이션 농장에서는 노동자들이 낮은 임금과 열악한 노동 환경에 반발해 파업에 나섰다. 그러자 정부군은 총격을 가하며 시위대를 가혹하게 진압했고, 이 사건은 이후 '바나나 학살'로 널리 알려졌다. 학살이 벌어지기 전해에 태어난 콜롬비아의 작가 가브리엘 가르시아 마르케스는 훗날 소설 『백년의 고독 Cien anos de soledad』에서 가상의 마을에 사는 플랜테이션 농장 노동자들이 파업을 벌이다 군에 죽임을 당하는 장면을 그려 이 사건을 암시했다.

　1950년에는 라틴아메리카의 또 다른 유명 작가가 작품에서 이 회사를 언급했다. 칠레의 시인 파블로 네루다는 「유나이티드 프루트 컴퍼니」라는 시에서 유나이티드 프루트 컴퍼니와 코카콜라 등 라틴아메리카에 진출한 미국 기업들의 행태를 장엄한 어조로 풍자했다. 이 시에서 네루다는 유나이티드 프루트 컴퍼니가 '이 땅에 바나나 공화국'이라는 새 이름'을 붙였고, '자유의지를 짓밟고 황제의 관을 씌워주고 시기심을 부추기고 파리 떼의 독재'를 불러왔으며, '내 조국, 아메리카의 감미로운 허리'에서 '가장 기름진 땅'을 차지했다고 묘사했다.

　이후 네루다의 시는 미국 기업의 확장에 맞선 민중운동을 독려하는 작품으로 널리 알려졌지만, 유나이티드 프루트 컴퍼니는 이후로도 여러 폭력 사태에 관여했다. 이들은 미국 정부가 과테말라에서 민주적으로 선출된 사회민주주의 성향의 대통령 하코보 아르벤스를 상대로 행동에 나서도록 로비를 벌였다. 이후 과테말라에서는 CIA의 지원을 받은 군부 세력이 쿠데타를 일으켜 카를로스 카스티요 아르마스의 군사 독재 정권이 들어섰다. 이 사건을 계기로 과테말라는 오랜 내전에 휩싸였으며, 유엔이 지원한 조사단의 발표에 따르면 내전 중에 마야 원주민을 대상으로 한 집단학살까지 벌어졌다.

또한 이들은 콜롬비아에서 1960년대부터 40년 넘게 내전이 벌어지는 와중에 또다시 폭력을 동원해 사업을 확장했다. 회사는 치키타로 이름을 바꾼 뒤인 1997년부터 2004년까지 100여 차례에 걸쳐 170만 달러에 달하는 금액을 콜롬비아 연합자위대AUC에 지원한 사실을 인정했다. AUC는 오랫동안 농민과 반체제 인사를 공격해 악명을 떨친 극우파 준군사조직이었다.

치키타는 최근에도 콜롬비아에서 플랜테이션 확대에 반대하는 농민을 습격한 사건에 연루되었으며, 일부 피해자는 인권변호사의 지원을 받아 회사를 상대로 소송을 벌이고 있었다.

이렇듯 치키타라는 회사는 스탤리의 저서가 출간된 1930년대부터 지금까지 꾸준히 폭력을 동원해 사업을 벌여왔으며, 우리는 어떻게 그런 일이 가능했는지 낱낱이 조사하고자 했다. 스탤리는 이 회사를 예로 들며 기업의 세력 확장은 막아도 소용없으며, 국제기구를 만들어 대중의 저항에 따른 갈등을 관리하고 예방하지 않으면 기업들이 더 큰 폭력을 동원할 거라고 주장했다. 그러나 스탤리가 제안한 국제기구들이 실제로 설립되는 동안에도 그가 예견한 평화는 찾아오지 않았다.

우리는 콜롬비아의 여러 인권 단체와 언론인들에게 연락을 취하며 콜롬비아로 떠날 채비를 했고, 여행 계획의 초안을 세워 개빈을 찾아갔다.

"또 떠나는 거야?" 우리가 노트와 콜롬비아 지도를 들고 자리에 앉자 개빈이 웃으며 말했다. 지도에는 조사에서 찾은 몇몇 장소의 위치를 표시해두었다. 폭력 사태가 벌어졌거나 자세한 이야기를 들려줄 사람들을 만날 장소였다.

첫 번째 목적지는 콜롬비아에서 두 번째로 큰 도시 메데인이었다. 스페인 제국은 스페인에 있는 작은 마을의 이름을 따 이 도시를 세웠다. 메데인은 19세기부터 금을 수출하기 시작했고, 이후에는 커피를 수출하면서 콜롬비아의 상업 중심지로 자리매김했다. 이곳은 20세기 들어 산업화와 교통망의 발달로 더욱더 성장했지만, 동시에 각종 범죄의 온상이자 마약왕 파블로 에스코바르가 만든 메데인 카르텔의 근거지라는 오명을 썼다.

우선 우리는 라틴아메리카를 취재 중인 기자 닉 맥윌리엄을 만나 함께 조사하기로 했다. 다음으로는 국제 NGO 어스라이츠 인터내셔널 EarthRights International 소속 변호사들의 지원을 받아 미국 법원에서 치키타를 상대로 집단소송을 제기한 사람들을 만날 예정이었다.

익명으로 소송을 제기한 고소인들은 당연하게도 목소리를 내는 데 불안을 느꼈다. 그들은 치키타가 준군사조직을 고용해 가족을 죽였다고 고발했다. 우리는 직접 만나 이야기한다는 조건으로 그들과 인터뷰 약속을 잡을 수 있었다.

콜롬비아에서 사업을 확장하며 폭력을 동원한 기업은 치키타만이 아니었기에 우리는 비슷한 사례 중에서도 콜롬비아에서 광산을 개발하는 회사와 온두라스에서 팜유 플랜테이션을 운영하는 회사를 함께 조사하기로 했다. 그리고 이를 위해 각 지역의 농민 지도자를 비롯해 분쟁을 직접 경험한 사람들을 만날 계획을 세웠다.

"같이 가도 될까?" 개빈이 웃으며 물었다. 진심으로 하는 말은 아니었다. 개빈의 책상에 잔뜩 쌓인 서류를 보면 그가 CIJ를 운영하며 얼마나 많은 일을 하고 있는지 짐작할 수 있었다. 그는 늘 새로운 프로젝트를 위해 기금을 모으고 협력할 사람들을 만나느라 눈코 뜰 새 없이 바빴다. 그의 농담 섞인 물음은 우리가 올바른 방향으로 가고 있다고 생각한다는 뜻이었다.

"조심해." 개빈이 한결 진지한 말투로 당부했다. "직접 조사하러 가는 건 괜찮아. 그러지 않으면 만날 수 없는 사람들이 있으니까. 하지만 그 사람들이 신중을 기하는 데에는 그만한 이유가 있을 거야. 그러니 자네들도 그만큼 조심해야 해."

"일정 하나하나를 자세히 계획하는 편이 좋을 거야. 인터뷰를 시작하기 전에 먼저 도착해서 주변을 샅샅이 살펴보고 장소의 위치, 출구, 도움을 청할 곳을 전부 정리해두도록 해."

우리는 복도 끝의 창문 없는 방으로 돌아와 일정을 더 자세히 정리하고 항공편을 예약했다. 그리고 몇 주 뒤, 콜롬비아로 가는 비행기에 몸을 실었다.

17

준군사조직의 만행

콜롬비아의 악몽

아나벨(가명)은 처음에 우리와 만나기를 꺼렸다. 며칠 동안 이야기를 주고받으며 신원을 비밀로 유지하겠다고 거듭 다짐한 후에야 그녀가 안전하다고 생각하는 곳에서 만날 약속을 잡을 수 있었다.

아나벨이 겁에 질린 건 당연했다. 그녀는 치키타가 농장을 넓히기 위해 고용한 준군사조직의 만행에서 살아남은 아프리카계 콜롬비아인 피해자 중 한 명이었다. 아나벨은 자신이 겪은 폭력을 심판하기를 원했지만, 목소리를 내다가 자칫 목숨이 위험해질까 두려워했다.

아나벨은 메데인 시내의 번화가인 엘포블라도 인근의 주소를 보내왔다. 이곳은 메데인에서도 안전하고 부유한 지역으로 손꼽히고 외국인 거주자와 관광객에게 인기가 많았다. 우리는 주소를 외운 뒤 메시지를 삭제했다. 어디로 가는지 아무에게도 말하지 않았고, 사람들 앞에서는 서로 이야기하는 것도 조심했다. 그러는 편이 안전했다.

그리하여 우리는 마침내 아나벨을 만났지만, 그녀는 한담을 나눌 마음이 없다는 듯 안부를 묻는 인사에 짧게 대답했다. 우리를 만나러 나오는 것만으로도 큰 용기가 필요했을 테니 최대한 빨리 자신의 이야기를 들려주고 자리를 떠날 생각인 듯했다.

아나벨은 먼저 그녀가 열 살이었던 1997년에 일어난 일을 이야기했다. 당시 아나벨은 아파르타도라는 작은 도시에서 부모님과 함께 살았다. 파나마와의 국경 지역에서 멀지 않은 산악지대 안티오키아에 있는 곳이었다. 콜롬비아 내전은 아나벨이 태어나기 30년 전에 시작되었지만, 어린 시절의 기억에 큰 영향을 끼쳤다. "학살이 끊이지 않았고 희생자가 셀 수 없이 많았어요. 군인들이 버리고 간 시체가 여기저기 나뒹굴었죠. 토막 난 시체도 자주 봤어요. 끔찍한 전쟁이었죠."

내전 당시 콜롬비아 전역에서는 이처럼 폭력이 난무했으며, 그 중심에는 우익 준군사조직이 있었다. 준군사조직은 내전 중 지주들이 신변 보호를 위해 조직한 사설 민병대에서 출발했고 1970년대에 그 수가 급격히 늘어났다.

내전이 벌어지고 수십 년이 지난 뒤에도 콜롬비아 곳곳에서는 준군사조직이 가치 있어 보이는 땅을 강제로 빼앗아 부유층이나 기업에 팔아넘기는 일이 벌어졌다. 하지만 인권 단체들에 따르면 준군사조직에 저항했다가는 보복당하기 일쑤였다.

아나벨은 이들이 저지른 보복 행위를 눈앞에서 목격했다. 당시 아나벨의 아버지는 바나나 농사를 지었고, 그 땅을 탐낸 준군사조직은 오랫동안 아나벨 가족에 위협을 가했다. 1997년 아나벨의 아버지는 땅을 넘기지 않겠다고 계속 거부하다가는 큰일이 벌어질 거라는 생각에 뜻을 굽혔고, 준군사조직에 땅을 팔아 최악의 사태를 피하려 했다.

그런데 일이 계획대로 풀리지 않았다. 그는 아내와 아나벨을 데리고 구매자를 만나러 갔지만, 약속 장소에 나온 구매자는 갑자기 다른 마을로 가자며 대기 중인 택시에 아나벨 가족을 태웠다.

출발한 지 얼마 지나지 않아 택시가 멈춰 서더니 구매자가 내리고 다른 남자가 차에 올라타 총을 꺼냈다. 이어 오토바이를 탄 남자들이 택시를 둘러싼 채 비포장도로가 끝나는 곳까지 데려갔고, 어른들은 차에서 내리라고 명령했다.

남자들은 아나벨의 아버지를 구타한 뒤 총을 쏘아 살해했다. 그녀의 어머니 역시 도망치려다가 총에 맞아 숨졌다. 그렇게 해서 준군사조직은 돈 한 푼 내지 않은 채 토지 문서를 챙겼고, 아나벨을 택시에 태워 마을로 돌려보냈다.

사건이 벌어진 뒤, 아나벨은 경찰서로 가서 신고했다. 이후 그녀가 사건에 가담했다고 생각한 택시 기사의 신원이 밝혀졌다. 하지만 수사 당국은 택시 기사와 살인범들을 기소하지 않았고, 아나벨은 두 번 다시 땅을 돌려받지 못했다.

"부모님이 돌아가신 뒤에는 사는 게 고통이었어요. 주변에서 괴롭힘을 당하는 일도 많아서 심리 상담까지 받으러 다녔죠." 부모님을 여읜 지 몇 년이 지났지만, 아나벨은 여전히 사람들을 쉽게 믿지 못했다. "지금도 악몽을 꿔요. 그 일이 머릿속에서 떠나질 않아요. 지금 제가 울지 않으려고 얼마나 애쓰는지 모르실 거예요. 너무 힘들어요."

우리는 아나벨과 비슷한 참극을 겪은 다른 여성도 만났다. 그녀의 가족 역시 준군사조직에 살해당했지만, 경찰은 아무런 도움도 주지 않았다. 보고타에서는 치키타에 소송을 제기한 또 다른 고소인 페르난도를 만났다. 그는 회사 측이 1990년대 초부터 '바나나 농장 노동자들을 제압하기 위해' 준군사조직과 협력하기 시작했다고 증언했다.

당시 우라바 지역이 속한 안티오키아 주의 주지사는 알바로 우리베 벨레스였는데(그는 훗날 콜롬비아의 대통령이 되었다), 페르난도는 그가 무장 조직들과 관계를 맺고 협력했다고 주장했다. "무장 조직들은 노조원들을 게릴라로 간주했지만, 우리는 노동권을 지키려 싸우는 노동자일 뿐이었어요. 우리베는 우라바에서 준군사조직 출신들을 모아 콘비비르convivir(농촌 지역에서 반군에 대항하기 위해 만든 자경단 – 옮긴이)를 만든 사람들 중 한 명이었죠."

"그놈들은 전기톱이나 마체테로 사람을 죽이고, 시체에 휘발유를 부어 불을 질렀어요. 여자들을 강간하고 집을 불태웠죠." 듣기만 해도 고통스러운 이야기였지만 콜롬비아에서는 드문 일이 아니었다. 폭력의 역사는 아직도 콜롬비아 사회를 괴롭히고 있었다.

농민과 빈민, 원주민, 흑인 사회에서는 내전으로 엄청난 사상자가 발생했다. 그러나 이제 미국에서 익명으로 치키타의 만행을 증언하기로 한 아나벨과 페르난도처럼 용기를 내는 사람들이 나오면서 조금씩 희망의 빛이 보이는 듯했다.

처벌받지 않는 가해자들

치키타는 콜롬비아 최대의 바나나 생산지인 북서부의 우라바에서 사업을 크게 확장했다. 아나벨이 부모님과 함께 살았던 도시도 우라바에 속했다.

우리가 콜롬비아를 찾을 당시 미국 교도소에는 준군사조직 AUC의 전직 지휘관 몇 명이 수감되어 있었다. 2015년 마약 밀매 혐의로 인도된 살바토레 만쿠소가 그중 한 명이었다. 그가 체포되기 몇 년 전 콜롬비아 주재 미국 대사가 미국 정부에 보낸 외교 전문(이후 위키리크스가 유출했다)에 따르면 만쿠소는 정치인, 퇴역 장성, 기업에 연줄이 있었으며, 준군사조직에 자금을 댄 기업들 중 하나로 치키타를 곧잘 언급했다.

에베르트 벨로사(약칭 'H. H')라는 전직 AUC 지휘관 역시 만쿠소처럼 미국으로 인도되었다. 그는 우라바에서 여러 건의 살인을 저지른 무장 조직 블로케 바나네로의 우두머리로 알려져 있었다. 아나벨은 벨로사가 부모님을 살해한 배후 중 하나라고 믿었지만, 그 역시 살인이 아니라 마약 밀매 혐의로 체포되었다.

치키타의 범죄에 관여했다고 의심받는 또 다른 인물로는 미국에서 자유롭게 살고 있던 존 오드먼이 있었다. 그는 치키타가 콜롬비아에서 벌인 사업 대부분에 책임이 있는 고위 임원이었다. 2016년 어스라이츠가 법원에 제출한 자료에 따르면 오드먼은 사유지를 지키기 위해 설립된 자경단 콘비비르에 '민감한' 자금을 지급하도록 승인했다.

인권 단체들은 콘비비르가 합법화된 준군사조직이나 다름없으며, 이들이 학살을 비롯한 각종 만행을 저질렀다고 주장했다. 어스라이츠가 제출한 자료에는 다음과 같은 내용도 있었다. '(오드먼은) 콜롬비아에서 치키타의 직원들과 여러 폭력 조직에 자금을 지원하는 문제를 두고 많은 대화를 했다고 증언했다.'

치키타의 관계자들이 2000년에 나눈 대화를 기록한 내부 문건에는 회사가 군에서 이전만큼 지원을 받을 수 없으므로 콘비비르와 AUC 같은 준군사조직에 계속 자금을 대기로 했다는 사실이 언급되어 있었다. 당시 준군사조직은 콜롬비아 전역에서 사람들을 살해하고 시신을 훼손했지만, 치키타는 자신들이 지원한 돈이 정확히 어디에 쓰이는지 몰랐다고 주장했다.

알바로 우리베가 대통령으로 재임 중이었던 2003년, AUC는 수만 명의 조직원을 콜롬비아 사회로 돌려보내는 동원 해제 절차를 시작했다. 그중 일부는 다시 무장 갱단으로 들어가 테러 조직의 일원으로 남았다.

몇 년 뒤, 콜롬비아에서는 선출직 정치인 139명이 준군사조직과 관계를 맺고 자금 등을 지원한 혐의로 수사를 받은 '파라폴리틱스 parapolitics(준군사조직을 뜻하는 'paramilitary'와 정치를 뜻하는 'politics'의 합성어 - 옮긴이) 스캔들'이 터졌다. 대법원에서 유죄 판결을 받고 구속된 정치인들 중에는 알바로 우리베의 사촌이자 전직 상원의원 마리오 우리베 에스코바르도 있었다.

그러나 AUC의 전직 지휘관들은 범죄 혐의가 있어도 거의 처벌받지 않았다. 그러자 지휘관들 중 일부는 자신이 어떤 일을 저질렀고 누구와 협력했는지 실토하기 시작했다. 2008년, 우리베 대통령은 치키타 소송에서 이름이 언급된 인물들을 비롯해 준군사조직의 고위급 지휘관 14명을 미국에 인도했으며, 이들은 마약 관련 혐의로 미국에서 징역형을 선고받았다. 이에 사람들은 몇몇 지휘관이 우리베와 협력했다고 주장하자 그가 자신의 안위를 지키려 이런 일을 벌였을 거라고 의심했다.

그에 반해 치키타의 관계자들 중에는 감옥에 간 사람이 한 명도 없었고, 피해자의 유족들은 아무런 보상도 받지 못했다. 그러는 와중에 2007년 어스라이츠가 콜롬비아의 희생자 유가족들을 대신해 미국 연방법원에 치키타를 상대로 집단소송을 제기했다. 어스라이츠는 미국의 다국적기업이 해외에서 벌인 활동으로 피해를 입은 당사자가 미국 법원에 인권 관련 소송을 제기할 권리를 인정하는 '해외 불법행위 피해자 구제법'을 소송의 근거로 삼았다.

이 법은 진보적인 판결의 토대로 활용될 수 있었지만, 본래 취지와 달리 콜롬비아 등지에서 소송을 제기한 사람들에게 도움을 주지 못하는 경우가 많았다. 지난 수십 년간 미국 기업을 상대로 다양한 소송이 제기되었지만, 미국 법원은 관할권을 벗어났다는 이유로 소송을 기각하곤 했다. 치키타 역시 어스라이츠의 소송을 미국 법원에서 심리하기에는 미국과의 관련성이 부족하다며 기각을 요청했다.

워싱턴 DC에서 활동하는 변호사 테리 콜링스워스는 콜롬비아의 지역사회를 대변해 치키타를 상대로 소송을 제기한 인물로, 해외 불법행위 피해자 구제법에 따른 소송을 여러 차례 맡은 경험이 있었다. 콜링스워스는 치키타 같은 기업을 상대로 한 소송은 법원에서 반드시 심리해야 하지만, 이 법을 실제로 적용한 사례는 많지 않다고 설명했다.

2013년 한 석유 회사를 상대로 제기된 소송에서 나온 판결은 이 법을 보수적으로 해석하는 판례를 남겼다. 회사 측은 자신들이 미국과 해외에서 별도로 사업을 운영 중인데도 외국인 원고들이 해외 사업을 문제 삼아 미국 법원에 소송을 제기했다고 지적했고, 소송과 관련된 모든 결정은 해외에서 내린 것이라고 주장했다. 연방대법원에서는 우파 성향의 대법관들이 미국 영토와 연관된 혐의에만 해외 불법행위 피해자 구제법을 적용해야 한다는 주장에 동의하면서 5 대 4로 회사 측의 손을 들어주었다.

콜링스워스는 이 판결이 해외 불법행위 피해자 구제법의 기능을 크게 제한했고, 그 결과 아나벨 같은 피해자들을 도와 정의를 구현하기 어려워졌다고 지적했다. 그는 이 법의 의미를 바로 세워야 한다고 보았지만, 미국 의원들이 '미국 상공회의소와 미국 국제기업협의회 같은 주요 기업 단체가 강력히 반대하는 법'을 옹호할 리 없다고 생각했다.

콜롬비아 국내의 제도 역시 폭력 피해자들에게 희망을 주지 못하기는 매한가지였다. 콜롬비아에서는 치키타를 비롯한 57개 회사가 AUC를 지원했다는 혐의를 받았지만, 우리가 만난 현지 변호사들은 정부가 그 회사들을 기소하거나 다른 방식으로 책임을 묻지 않을 거라고 전망했다.

하지만 이처럼 여러 걸림돌이 발목을 잡는 와중에도 2016년 말에는 중요한 진전이 있었다. 9년간의 법적 다툼 끝에 이 소송을 미국 법원에서 맡아도 문제없다는 판결이 나온 것이다. 그리하여 치키타 측의 방해에도 회사와 일부 임원을 상대로 한 소송이 미국에서 계속 진행될 수 있었다.

'익명의 원고 대 치키타 브랜즈 인터내셔널' 소송은 2021년에도 여전히 법원에 계류 중이었지만, 원고들은 정당한 판결이 나올 때까지 희망의 끈을 놓지 않을 것이었다.

매일같이 살인이 벌어지는 곳

2016년, 콜롬비아에서는 가장 오래된 좌파 게릴라 반군인 콜롬비아 무장혁명군FARC과 정부가 역사적인 평화협정을 체결했다. 협정에 따르면 이제 수천 명의 반군이 무기를 버리고 동원 해제 구역에서 일정 기간 생활한 뒤 사회로 돌아갈 예정이었다.

평화협정에 반대한 세력(주로 우리베 전 대통령이 속한 보수 정당 관계자들이었다)은 이 협정이 인권을 유린한 범죄자들에게 면죄부를 줄 것이라고 주장했다. 그러나 우리베 같은 사람들이 아무리 FARC의 범죄 행위에 화살을 돌리려 해도 우파 준군사조직들 역시 콜롬비아에 폭력의 유산을 남겼다는 사실에는 변함이 없었다. 그리고 준군사조직들이 저지른 잔혹 행위는 치키타 같은 미국의 다국적기업과 떼려야 뗄 수 없는 관계가 있었다.

평화협정을 두고 곳곳에서 환호성이 터져 나오는 가운데 언론과 평론가들은 폭력의 역사에서 다국적기업이 맡은 역할에 별다른 관심을 보이지 않았다. 하지만 다국적기업은 수많은 콜롬비아인에게 씻을 수 없는 상처를 남겼다. "몇몇 다국적기업은 불법 준군사조직과 직접 손을 잡았고, 다른 많은 기업은 인권 침해 행위를 묵인했어요."『콜롬비아를 파헤치다 : 마약, 민주주의, 전쟁Inside Colombia: Drugs, Democracy and War』의 저자 그레이스 리빙스턴이 말했다.

준군사조직이 수천 명을 삶터에서 내몰아 대규모 광산, 석유, 농업 개발을 진행하도록 길을 터주면 다국적기업은 손쉽게 이익을 챙겼어요. 기업들은 암살 조직이 지역의 활동가와 노조원을 제거해 반대 의견을 탄압한다는 사실을 알면서도 그곳에서 사업을 벌이죠. 그런데도 토지권 운동가와 지역사회 지도자, 그리고 대규모 광산, 석유, 농업 개발에 저항하는 사람들을 표적으로 삼는 보안군과 이들에 협력하는 준군사조직은 거의 처벌을 받지 않아요.

라틴아메리카 워싱턴 사무소Washington Office on Latin America라는 NGO의 분석가 히메나 산체스도 같은 문제를 지적했다. "노조원을 살해한 사건의 불처벌률은 95퍼센트가 넘습니다. 다른 사건들도 아마 비슷한 수준일 거예요. 수사 당국은 여론의 압박이 거세지면 수사를 시작하지만, 가해자들 중 사법 처분을 받은 사람은 극소수예요."

콜롬비아에서 준군사조직에 돈을 댄 기업은 치키타뿐만이 아니었으며, 과일 회사 돌Dole과 델몬트Del Monte도 준군사조직을 고용한 것으로 알려졌다. 이들이 지원한 자금은 준군사조직이 세력을 확대하는 데 쓰였으며, 결과적으로 기업의 자산과 사업을 지키고 키우는 것을 넘어 전쟁이 길어지는 데에도 영향을 끼쳤다.

우리가 콜롬비아를 찾아갔을 때 민중운동이 가장 격렬한 곳은 광산 인근 지역이었다. 그 무렵 네덜란드의 한 NGO는 다국적 광산 기업 드러먼드Drummond와 글렌코어가 1990년대 중반부터 10년 넘게 준군사조직과 결탁했다는 보고서를 발표했다.

우리는 '안티오케뇨 북동부의 공존과 평화를 위한 인도주의 행동 협회(스페인어 약칭 '카우코파나Cahucopana')'라는 캄페시노campesino(스페인어로 '농민'을 뜻한다) 단체의 메데인 사무소에서 26세의 활동가 욜라디스 세르파를 만났다. 세르파는 콜롬비아에서도 폭력 범죄가 특히 심각한 지역 출신이었다. "가족들은 엘바그레에 살고 있지만, 저는 사회단체에서 일하기 때문에 갈 수가 없어요. 이틀 전에는 동생이 살해당했어요. 실은 조금 전까지 엄마와 통화하고 있었어요. 가족들은 지금 묘지에 있어요."

이야기를 나누는 중에 세르파가 휴대전화를 꺼내 사진을 보여주었다. 장례식에 참석한 친척들이 동생의 관을 사진으로 찍어 메신저로 보내온 것이었다. 세르파의 말에 따르면 엘바그레 주민들은 준군사조직의 폭력으로 겁에 질려 있었다. "우리는 매일 이메일이나 전화로 협박을 받아요. 최근에는 사회단체의 지도자 한 명이 살해당하고 여러 마을의 주민이 내쫓겨났죠. 시신을 완전히 토막 내서 사람들이 떠날 수밖에 없도록 위협했어요. 엘바그레에서는 매일같이 그런 식으로 살인이 벌어져요."

세르파는 사회단체의 활동 때문에 활동가들이 표적이 되고 있다고 보았다. "사회단체들은 인권을 옹호하고 다국적기업이 농촌 지역에 들어가지 못하게 막으면서 농민들을 지키고 있어요."

엘바그레에서 인권 유린이 유독 심각한 이유는 이 지역에 묻혀 있는 금과 관련되어 있는 듯했다. 세르파는 엘바그레에 많은 양의 금이 매장되어 있으며, 한쪽에서는 기업들이 호시탐탐 땅을 노리고 다른 쪽에서는 농민들이 자신의 권리를 지키려 맞서는 중이라고 설명했다.

"엘바그레에 진출하려는 다국적기업이 또 있었지만, 농민들과 힘을 합쳐 막아냈어요. 대단한 일이었죠." 하지만 그 과정에서도 많은 사상자가 발생했다. 최근에는 농부와 영세 광부들의 인권 단체인 '과모코 농업 생태 및 광산업 종사자 협회(스페인어 약칭 '아에라미과Aheramigua')'에서 일한 윌리엄 카스티요가 숨진 채 발견되었다.

카스티요는 지역 공동체의 지도자들과 만나 주민 권리에 관한 교육을 하고 돌아오다가 총에 맞아 숨졌다.

세르파는 다국적기업에 책임을 묻기란 불가능하다고 생각했다. 하지만 그녀는 사람들이 이렇게 범죄의 표적이 되는 이유는 기업의 이익에 반하는 일을 하기 때문이라고 확신했다. "우리는 매일같이 분쟁 속에서 살고 있어요. 준군사조직이 우리를 위협하는 이유는 한결같아요. 우리가 농민과 협력하면서 땅을 지키는 법을 가르치기 때문이에요."

온두라스의 민병대

콜롬비아 북쪽에 있는 중앙아메리카의 온두라스는 환경 및 인권 단체 활동가들에게 가장 위험한 국가로 알려져 있다. 2015년, 국제형사재판소는 온두라스의 상황에 주목하며 이렇게 경고했다. '범죄 조직과 국제 마약 카르텔이 지역의 사업 깊숙이 개입하고 있으며…… 바호 아구안 지역을 장악하고 법망을 피해 사업을 운영하기 위해 토지 불법 점유, 기름야자 열매 강탈 등 인근에서 발생한 대부분의 범죄에 관여한 것으로 보인다.'

이듬해인 2016년, 바호 아구안에서는 저명한 활동가이자 '아구안 계곡 통합 캄페시노 운동MUCA'의 대표 호세 앙헬 플로레스가 경찰의 보호를 받는 중에 살해당했다. 온두라스에서는 준군사조직이나 민간 보안 조직이 이러한 폭력 사건에 연루된 경우가 많았으며, 무장 조직에서 활동하는 사람의 수는 경찰의 다섯 배에 이를 것으로 추정되었다.

어스라이츠는 콜롬비아에 이어 온두라스의 폭력 피해자를 위해 소송을 지원했으며, 소송 과정에서 몇몇 대기업이 어떤 식으로 사설 군대를 조직했는지 낱낱이 밝혀냈다.

이 소송의 중심에 선 회사는 사업가 미겔 파쿠세가 세운 디낭이었다. 파쿠세는 2015년에 90세로 사망할 때까지 온두라스에서 손꼽히는 유력자였으며, 1980년대부터 기업인과 군인들이 만든 우익 단체 온두라스 발전협회APROH의 부회장을 지냈다. 그는 1980년대에 쓴 메모에서 가난한 온두라스를 살리는 최선의 방안은 온두라스를 '외국인 투자자들에게 매각'하는 것이라고 주장한 일로도 유명했다.

식품과 청소용품을 만들어 국내외에 판매하는 디낭은 바호 아구안 계곡에 9,000만 제곱미터나 되는 기름야자 플랜테이션 농장을 가지고 있었다. 이 농장은 지역 주민의 인권을 침해한 혐의로 여러 차례 논란을 불러일으켰다.

2012년, 국경없는기자회는 파쿠세가 '경찰과 군의 지원을 받아 사설 민병대를 운영하며 강압적으로 권력을 휘두른다'고 비판했다. 한 예로 파쿠세의 민병대는 회사의 땅을 점거하며 저항하는 농장 노동자들을 살해했다는 혐의를 받았다. 이에 따라 2011년에는 독일 정부 기관이 디낭에 제공한 2,000만 달러 규모의 융자를 철회했으며, 프랑스 전력공사가 디낭의 탄소배출권을 구입하려다 계약을 취소했다.

그러나 민병대의 폭력에서 살아남은 사람들이 재판으로 정의를 실현하기까지는 갈 길이 멀어 보였다. 디낭은 폭력이 난무하는 상황에서 사업을 운영한 것은 사실이지만 폭력에 직접 관여한 적은 없다며 혐의를 부인했다. 그리고 디낭의 배후에는 우리가 앞서 조사한 국제개발기구를 비롯해 강력한 후원자들이 있었다.

세계은행은 오래전부터 바호 아구안에서 사업을 벌였으며, 1990년 대에는 대규모 플랜테이션 농장을 만들기 위해 지역의 소농들을 몰아낸 다고 비판받는 토지 개발 계획을 지원해 논란을 불러일으켰다. 그리고 2009년에는 IFC가 이 지역에서 사업을 확장하는 디낭에 1,500만 달러를 융자해주었고, 자회사인 자산관리회사AMC와 온두라스의 피코샤 은행을 통해 간접투자 형태로 추가 지원을 했다.

어스라이츠는 온두라스의 폭력 피해자들을 위해 집단소송을 지원함으로써 기업들이 어떻게 폭력을 동원해 사업을 보호하고 확장하는지를 조명했지만, 이 소송의 피고는 디낭이 아니라 IFC와 AMC였다. 우리가 만난 어스라이츠의 변호사들은 소송이 있기 전 온두라스의 농부들이 수년간 시위를 벌였으며, 온두라스 법원에 소송을 제기하려다 실패했다고 설명했다.

이 소송은 미국 법원에서 IFC를 상대로 제기된 두 번째 소송이었다. 이보다 앞선 2015년, IFC는 인도에서 석탄화력발전소 건설을 지원해 지역 주민들의 생계를 파괴했다는 혐의로 소송을 당했다. 당시 IFC는 1945년에 제정된 국제기구면책법에 따라 '절대적 면책특권'을 주장했다.

2017년 어스라이츠는 워싱턴 DC의 연방법원에서 IFC와 AMC를 상대로 두 건의 집단소송을 제기했다. 첫 번째 소송에서 이들은 '디낭의 보안 요원들이 주민들을 위협하고 겁주기 위해' 바호 아구안에 사는 파나마 출신의 공동체 구성원 200명을 대상으로 '반복적인 공격 행위'를 저질렀다고 주장했다. 그리고 주민 1,000여 명을 대변한 두 번째 소송에서는 사기, 강압, 협박, 폭력으로 얻은 토지를 활용한 기업의 이윤 추구 행위에 초점을 맞춰 IFC가 '역사적 불의에서 이득을 챙겼다'고 고발했다.

132쪽에 달하는 소송장에 따르면 원고들은 '살인, 고문, 폭행, 구타, 무단침입, 부당이득 및 기타 침해 행위'에 대한 배상을 요구했다. 또한 소송장은 수십 년에 걸친 폭력과 암살, '지금도 계속되는 반복적인 공격 행위'를 언급하면서 이 소송은 '의도적으로 살인에 자금을 지원하며 이득을 챙긴' 세계은행의 기관들을 대상으로 한다는 점을 분명히 밝혔다.

"사람들은 집이나 정원에 있다가, 자전거나 자동차를 몰다가, 농사를 짓거나 교회에서 나오다가 살해당했습니다. (……) 주민들은 사랑하는 사람을 잃었으며, 이는 무엇으로도 회복할 수 없는 피해입니다." 피해자 중에는 가족의 생계를 책임지는 가장이 살해당하면서 살길이 막막해진 사람들도 있었다. 소송장은 디낭이 차지하려는 땅에 농민들이 권리를 주장하지 못하도록 위협하는 것이 폭력의 목적이었다고 주장했다.

"우리는 가족 대대로 땅을 일구며 살았지만, 이제는 아무것도 남은 게 없어요. 우리가 원하는 건 정의입니다. (……) 그래야만 우리는 앞으로 나아갈 수 있어요." 한 원고의 증언이다. 그녀의 남편은 디낭이 고용한 보안 요원의 총에 맞아 숨졌다. 또 다른 원고는 농부들이 집에서 끌려나와 구타당하는 광경을 목격하고 자신도 총에 맞았다고 증언했다. "총에 맞아서 숨쉬기가 힘들었어요. 언제 맞았는지도 몰랐는데, 만져보니 피가 나오더군요. 다른 한 사람은 총알에 배가 뚫렸어요."

이 사건을 자세히 조사하는 사람은 우리뿐만이 아니었다. 유럽은행 정보센터라는 시민사회 감시 단체에서 활동했던 케이트 기어리는 지역사회가 끔찍한 피해를 입었다며 이렇게 말했다. "IFC의 투자는 지금까지 세계 각지에서 자행되는 인권 침해 사례와 관계있다는 혐의를 받았어요. 이제는 IFC가 법정에서 답해야 할 때죠."

디낭은 소송에 관해 문의하자 격한 반응을 보였다. 디낭에서 대외 협력 업무를 담당하는 로헤르 피네다 이사는 장문의 이메일을 보내 '디낭이 지역 주민을 상대로 한 조직적 폭력에 연루되었다는 주장은 모두 사실무근'이라고 항변했다. 그는 디낭의 토지가 있는 지역에서 여러 차례 비극적인 사망 사건이 발생했다는 이유로 아구안 계곡의 열악한 치안 상황을 회사와 연관 짓는 건 터무니없는 일이라고 주장했다.

그런가 하면 IFC의 대변인은 진행 중인 소송에 관해서는 언급할 수 없지만, '아구안 계곡에서 반복된 폭력의 역사에 안타까운 심정'이며, IFC는 '가장 어려운 환경에서도 국제적으로 인정받는 환경적·사회적 관행을 따르겠다고 약속하는 고객'에 투자한다고 말했다.

그러나 증거 자료에 따르면 IFC의 내부 감사 기구는 디낭에 대한 투자를 놓고 민원이 잇따르자 조사에 나섰고, 이 투자가 지역사회와 환경을 보호하기 위해 IFC가 세운 방침을 따르지 않았다고 결론 내렸다. 이 감사 기구는 조사 결과를 바탕으로 실천 계획을 제시하며 디낭이 인권을 확실히 보호할 수 있도록 새로운 보안 규칙을 세워야 한다고 촉구했다.

2016년, 디낭에서 나온 한 보고서는 회사가 IFC의 지침에 따라 '자사의 시설을 안전하게 보호하는 한편, 평화적인 방법으로 지역사회와 교류하고 있다'고 주장했다. 또한 보고서에서는 지역의 지도자들과 힘을 합쳐 만든 고충 처리 제도가 먼지 방지, 교통 통제 등 지역 주민의 일상을 개선할 실질적인 대책을 찾는 데 도움을 주고 있으며, 회사가 소유한 플랜테이션 농장과 온두라스의 다른 지역에 있는 보안 요원들의 총기를 전부 회수했다고 밝혔다.

그러나 어스라이츠의 변호사들은 이러한 조치가 '농민과 그 가족들을 위한 구제책이나 믿을 만한 조사로까지 이어지지 않았다'며, IFC가 매번 사람보다 이익을 우선한다고 비판했다.

어스라이츠는 소송장에서 '디낭을 위해 일하는 경비원과 보안 요원들이 지금도 바호 아구안의 주민과 농민 지도자들을 위협하고 살해한다'며 구체적인 혐의를 제기했다. 소송장에서는 또 IFC가 자신들의 행동이 원고들에 심각한 해를 끼칠 위험이 크다는 것을 알면서도 이를 도외시한 채 투자를 지원했다고 지적했다.

우리는 위험을 무릅쓰고 자신이 목격한 것을 증언한 농민과 주민들의 용기, 그리고 이들을 지원한 변호사들의 끈기와 헌신에 깊은 감명을 받았다.

이들의 투쟁은 몇 년이 지난 뒤에도 끝나지 않았다. 어스라이츠가 콜롬비아와 온두라스의 지역민들을 도와 치키타와 IFC에 제기한 소송은 2021년에도 여전히 진행 중이었다. 그리고 우리는 이후 팔레스타인과 이탈리아 등지에서 안보의 민영화를 조사하면서 폭력의 가해자들이 처벌받지 않는 문제를 다시 한 번 확인할 수 있었다.

점령의 민영화, 국경 '사업'

팔레스타인의 점령 주식회사

다음 목적지인 팔레스타인의 이스라엘 점령 지역으로 가는 동안 우리는 이스라엘의 비영리단체 예시 딘Yesh Din이 발간한 보고서를 읽었다. 이스라엘 정부가 민간 보안 조직을 활용하는 일이 점차 잦아진다는 내용이었다. 보고서에 따르면 일부 보안 조직은 이스라엘군의 무기를 갖추고 군사훈련을 받으며 수색, 구금 같은 치안 활동을 수행하고 군사력을 사용할 권한까지 얻었다.

　우리는 국제 NGO 휴먼 라이츠 워치Human Rights Watch가 낸 「점령 주식회사」라는 보고서도 인쇄해갔다. 이 보고서는 이스라엘을 비롯한 세계 여러 나라의 기업들이 어떻게 국제법을 어기고 팔레스타인에서 나날이 늘어나고 있는 이스라엘 정착촌 건설을 지원하며 자금과 서비스를 공급해 일종의 상품으로 판매하는지 자세히 설명했다. 또한 보고서는 이스라엘이 요르단 강 서안 지구에서 운영 중인 20개 산업단지와 이스라엘 정착민들이 차지한 막대한 농경지도 언급했다.

외국인 투자자들은 이스라엘 정착촌이 낮은 임대료, 이스라엘 정부의 보조금, 팔레스타인의 저렴한 노동력 등 수익을 내기에 유리한 사업 환경을 제공한다고 보고 이를 이용하고자 했다. 이에 따라 외국인들이 서안 지구와 가자 지구에 직접 투자한 금액은 2002년 950만 달러에서 2016년 3억 달러로 급증했다. 이 지역에 진출한 세계적인 기업 중에는 미국의 거대 IT기업 휴렛팩커드가 있었는데, 이들은 이스라엘의 검문소에서 사용하는 생체 인식 신분증을 개발하기도 했다.

며칠 뒤, 예루살렘 동부에 사는 오스트레일리아 출신 언론인 앤터니 로엔스틴을 만났다. 그는 이번 탐사에 합류하기로 했고, 우리는 함께 다음 일정을 계획했다. 다음 날 자정이 조금 지난 새벽, 우리는 머물고 있는 작은 호텔에서 나와 택시를 탔다.

목적지에 도착한 시간은 새벽 4시가 조금 넘은 때였다. 우리가 찾은 곳은 예루살렘과 서안 지구 국경에 있는 칼란디아 검문소였다. 허가증이 있는 팔레스타인 사람들이 이스라엘로 들어가기 위해 지나는 검문소 중 가장 붐비는 곳이었다. 달이 아직 중천에 떠 있는데도 버스를 타고 온 사람들이 검문소에서 길게 줄을 서 있었다.

서안 지구와 가자 지구는 모두 실업률이 높았으며, 특히 가자 지구는 유엔이 '세계 최고 수준'이라고 할 만큼 실업문제가 심각했기에 많은 팔레스타인인이 이스라엘의 건설, 제조업, 농업 분야에서 일자리를 구했다.

창고처럼 생긴 건물에 들어서자 외양간에서나 볼 법한 풍경이 펼쳐졌다. 팔레스타인인들(대부분은 차로 한 시간 넘게 떨어진 마을에서 왔다)이 쇠막대로 만든 좁은 통로를 따라 검문소 직원들이 서류를 확인하는 곳까지 이동했다.

예전에는 이스라엘 방위군IDF과 이스라엘 국경 경찰의 제복 요원들이 검문소를 지켰다. 그러다가 2006년부터는 총을 든 민간 경비원들이 함께 일하기 시작했다. 지금은 서안 지구의 검문소 열두 곳과 가자 지구의 검문소 두 곳에서 민간 경비원을 고용하고 있었다.

우리는 칼란디아 검문소에도 민간 경비원이 근무한다는 사실을 알았지만, 가까이서 보지 않으면 구별하기 어려웠다. 민간 경비원들은 군인이나 경찰과 뒤섞여 있었고, 그들과 별반 차이가 없어 보였다. 모두 비슷하게 무장하고 비슷한 제복을 입고 있었다. 차이점은 옷 색깔이었다. 민간 경비원이 입은 제복은 IDF의 올리브색 군복보다 색이 진했다. 그리고 자세히 보니 민간 경비원의 옷에는 '에즈라히Ezrachi'라고 적힌 배지가 붙어 있었다.

모딘 에즈라히Modi'in Ezrachi는 이스라엘 정부와 계약한 보안업체 중 규모가 가장 큰 회사였다. 우리는 이 회사 소속 경비원들이 예루살렘에서 버스와 자동차 승객의 서류를 확인하고, 이스라엘인 거주지를 지키고, '통곡의 벽' 광장에서 보초를 서는 모습을 보았다. 그해 초에는 칼란디아 검문소에서 근무하는 이 회사의 경비원들이 팔레스타인 청년 두 명을 총으로 살해하는 사건이 벌어졌다. 희생자는 23세의 마람 살리 아부 이스마일과 그녀의 남동생인 16세의 이브라힘 살리 타하였다.

이는 어쩌다 일어난 예외적인 사건이 아니었다. 검문소에서는 오래전부터 팔레스타인인들을 모욕하고 폭력을 가하는 일이 심심찮게 벌어졌다. 이스라엘의 인권 단체 베첼렘B'Tselem은 지난 몇 년간의 학대 사례를 다룬 여러 건의 보고서를 발표했다.

"군인이나 경찰관마다 달라요." 22세의 의대생 레함이 자신의 경험을 들려주었다. "어떤 때는 그냥 보내주고 말을 걸지도 않아요. 보통은 남자보다 여자가 더 못되게 굴더군요. 이유는 모르겠지만요." 우리는 칼란디아 검문소 근처에 줄을 서 있는 레함을 만나 이야기를 나누었다. 그녀는 매일 검문소를 오가며 통학하기가 너무 힘들다고 하소연했다. 하지만 군인이나 경찰 말고도 민간 경비원이 검문소에서 함께 근무한다는 사실을 아느냐고 묻자 이렇게 대답했다. "다들 복장이나 행동이 비슷해서 구별되지 않아요."

"경비원이나 군인이나 다를 게 없어요." 레함과 같은 줄에 선 일용직 노동자 이마드도 같은 생각이었다. 이마드를 비롯한 팔레스타인 사람들은 총을 들고 배지를 단 이스라엘인이라면 언제든 자신을 괴롭히거나 더 심한 짓을 할 수도 있다고 생각하는 듯했다. 군복이 아니라 제복을 입은 민간 경비원들이 검문소에서 일하기 시작한 뒤에도 달라진 것은 없었다.

실전으로 검증된 제품입니다

호텔로 돌아오자 이런 의문이 들었다. 이스라엘이 유독 민간 보안업체를 많이 이용하는 이유가 무엇일까? 이스라엘은 남성은 3년간, 여성은 2년간 군에 복무하는 징병제를 시행해 대규모 병력을 유지하는 것으로 잘 알려져 있다. 따라서 국경에 더 많은 병력이 필요하다면 군인을 더 배치할 수도 있지 않을까?

그런가 하면 팔레스타인인들은 그전에도 이미 인권을 심각하게 위협받고 있었는데, 민간 경비원이 늘어났다고 그들의 처지가 더 나빠졌다고 할 수 있을까? 우리가 만난 사람들은 민간 경비원과 군인, 경찰관을 가리지 않고 전부 무서워했다. 그렇다면 인권 단체들은 왜 민간 보안업체를 더 많이 활용하는 상황을 경계했을까?

이스라엘 국방부에 문의하자 일부 검문소에서는 보안 및 경호 전문

업체의 도움을 받는다는 답변이 왔다. 국방부 측은 자세한 사항은 IDF에 문의하라고 안내했지만, IDF는 반대로 국방부 쪽에 문의하는 것이 적절하다고 답했다. 모딘 에즈라히는 아예 문의에 답해주지 않았다.

다음으로 우리는 서안 지구에 있는 팔레스타인의 행정수도 라말라에서 당시 53세인 베첼렘의 현장 연구원 이야드 하다드를 만났다. 하다드를 만난 곳은 병원 근처의 낡은 건물에 있는 그의 집이었다. 그의 자택 사무실은 얼핏 골동품점처럼 보였다. 하지만 책상 위에 놓인 물건은 장식품이 아니라 다 쓴 탄약통, 최루탄통, 스펀지탄, 탄피 등이었다.

하다드는 지난 30년간 이곳에서 이스라엘군의 폭력 행위와 그 영향을 기록해왔다. 책상 위에 놓인 험악한 수집품들은 그동안의 조사를 보여주는 증거였다. 이 무기들은 대부분 이스라엘이 세운 장벽과 이스라엘 정착촌에 반대하는 평화시위대를 향해 발사된 것이었다.

하다드는 수집품들 사이에 서서 지난 10년간 늘어난 민간 무장 경비원을 사람들이 알아보지 못한다는 사실 자체가 문제라고 설명했다. "민간 경비원들이 아무런 책임 없이 마음대로 물리력을 행사하기가 더 쉬운 환경이 된 거죠."

하다드의 설명에 따르면 처음에는 물류, 운송, 음식 공급 같은 일상적인 사업을 한 몇몇 기업이 군대나 경찰이 수행하는 활동을 시작했다. 하다드의 사무실에 놓인 군수품은 그가 들려줄 이야기를 뒷받침하는 강력한 증거였다. 그는 이스라엘 정부가 점령지에서 기업에 점점 더 많은 역할을 맡기는 것은 인권 침해에 대한 책임을 피하는 동시에 새로운 무기를 수출하기 전 팔레스타인인들에게 '시험'하기 위한 전략이라고 보았다.

"때로는 우리한테 갖가지 무기를 쓰면서 사용법을 익혀요." 하다드는 팔레스타인인들의 시위가 무기를 시험할 기회를 제공한다며 개탄했다. "팔레스타인 사람들이 벌이는 시위는 오히려 이스라엘에 도움을 주고 있어요. 이스라엘인들은 시위를 빌미로 이 지역을 실험실 삼아 무기를 개발하고 테스트하고 상업화해서 다른 나라에 파니까요."

하다드는 차분히 설명을 이어갔지만, 목소리에는 피로가 짙게 배어 있었다. "그동안 이스라엘인들이 어떻게 각종 도구와 무기 산업을 발전시키고 어떤 식으로 팔레스타인 사회를 대하는지 지켜봤어요. 지난 30년간 (학대 행위가 벌어져도) 아무도 책임진 사람이 없었어요." 하지만 그는 조사를 멈출 생각이 없었다.

이어 우리는 라말라에서 민중투쟁위원회의 조정관 압달라 아부 라마를 만났다. 그는 10년간 매주 금요일마다 이웃들과 함께 이스라엘의 점령에 반대하는 시위를 벌였다. 그는 이스라엘의 군사 기업들이 구매자에게 자사 제품의 사용법을 어떤 식으로 홍보하는지 보았다고 말했다.

라마는 악취를 풍겨 시위대를 해산시키는 데 사용하는 스컹크 워터 skunk water를 예로 들었다. "스컹크 워터 같은 무기는 우리 마을에서 제일 먼저 쓰였어요. 가끔은 무기 회사 사람들이 시위 현장에 와서 자기네 제품이 얼마나 효과적으로 시위대를 막는지 보여줄 만한 영상이나 사진을 찍어가요."

네게브 지역에 있는 벤구리온 대학교의 정치학 교수 네브 고든도 비슷한 이야기를 했다. "점령지는 무기를 정밀하게 만들어서 실험하고, 또다시 시험할 수 있는 실험실이나 다름없어요. (……) 그러면 무기 회사는 '이 제품은 IDF에서도 사용한 것으로, 성능이 확실합니다'라는 식으로 홍보할 테니 제품 마케팅에 큰 도움이 되겠죠."

우리는 텔아비브의 국가안보연구소에서 일하는 이스라엘군의 예비역 준장 슬로모 브롬에게 이 문제에 관해 물었다. "이스라엘 기업이 팔레스타인인들을 상대로 무기를 시험하고 시험 결과를 근거로 새 사업을 따낸다는 게 사실인가요?" 그는 대답했다. "물론이죠. 안 될 이유가 있나요? 마케팅 전문가들은…… 무기체계를 시범 운영해서 잘 작동하는지 확인했다는 사실을 홍보에 활용할 수 있다면 당연히 그렇게 할 겁니다."

검문소와 정착촌 등지에서 지난 10년간 이스라엘 점령의 민영화가 진행되었으며, 특히 팔레스타인에서 2000년부터 2005년까지 제2차 인티파다(팔레스타인의 반이스라엘 민중 봉기)가 일어난 뒤에는 이러한 경향이 눈에 띄게 심해졌다고 많은 사람들이 말했다. 하지만 엄밀히 말하면 이는 '새로운' 경향이 아니었다.

이스라엘은 1948년 건국 이후 1967년 6일 전쟁(제3차 중동전쟁)이 벌어질 때까지 이스라엘을 사회주의 국가로 간주한 전 세계 좌파 세력의 지지를 받았다. 이스라엘이 점령한 지역의 팔레스타인인들은 군사 통치를 받았지만, 이스라엘은 복지국가를 건설하고 불평등 수준을 낮게 유지했다.

우리는 『이스라엘 점령 체제의 정치경제학The Political Economy of Israel's Occupation』을 쓴 시르 헤버를 만나 우파 정권이 복지국가를 어떻게 해체하기 시작했는지에 관한 설명을 들었다.

"1985년, 세계은행과 IMF가 개발도상국에 구조조정 계획을 강요하자 이스라엘 정부는 자발적으로 구조조정을 시행했어요. (……) 이스라엘 경제가 사회민주적 계획 시장에서 신자유주의 시장으로 이행하는 변혁의 순간이었죠." 이는 로널드 레이건과 마거릿 대처의 행보를 그대로 따르는 것이었다.

이후 이스라엘에서는 보건과 교육 서비스를 비롯한 전 부문에서 민영화가 진행되었다. 그와 더불어 빈부 격차는 점점 심각해졌고, 2016년에는 이스라엘 아동의 약 3분의 1이 빈곤선 이하의 생활을 했다. 이스라엘의 학자 다니엘 구트바인은 '이스라엘 특유의 사회 연대 정신이 사라지고 민영화 정신이 그 자리를 대신했다'고 지적했다.

헤버에 따르면 '정부가 소유한 무기 회사의 공장을 매각하고, 이어 보안 업무를 민간기업에 대거 위탁하면서' 국방 부문의 민영화가 시작되었다. 이렇듯 사회 전 분야에서 민영화를 주도한 것은 '신자유주의를 근거로 정부가 비효율적이라고 주장한 투자자들'이었다.

민영화의 혜택을 받은 기업 중에는 가자 지구 주변에 철망을 설치한 마갈 시큐리티 시스템스Magal Security Systems가 있었다. 이 기업은 이집트와 요르단 국경을 따라 장벽을 세우는 데 참여했고, 이슬람 극단주의 무장단체인 알샤바브의 테러에서 케냐인을 보호하려는 목적으로 진행 중인 국경 장벽 건설 사업에도 입찰했다. 회사의 대표인 사르 쿠르시는 〈블룸버그〉와의 인터뷰에서 이렇게 말했다. "사업이 침체를 겪는 시기에 ISIS가 등장해 시리아에서 분쟁이 발생했습니다. 세계정세가 바뀌면서 국경이 다시 중요해지고 있습니다."

난민 관리도 기업이 맡는다

우리는 유럽에서도 언론이 이민 위기를 대대적으로 보도하는 가운데 민간기업이 점차 국경 사업에 뛰어드는 것을 확인할 수 있었다.

보트를 타고 유럽으로 건너오는 이민자의 수는 2015년 100만 명을 넘었고, 2016년 상반기에는 23만 명에 이르렀다. 이민자들은 걷거나 자동차, 버스, 트럭 등을 얻어 타고 육로로도 들어왔다. 우리는 이탈리아와 프랑스의 국경 지역에서 팔레스타인 출신 이민자 알마(가명)를 만났다. 알마가 있는 곳은 이탈리아 리비에라 지방의 해안 도시 벤티밀리아였다. 벤티밀리아에는 날이 갈수록 이민자가 몰려들었고, 매년 많은 관광객이 찾아오는 유명 관광지에서 이민자들이 '오도 가도 못하는' 기이한 상황이 벌어졌다. 이제 벤티밀리아의 해변은 편안한 휴양지가 아니라 이민자와 경찰이 대치하는 장소로 바뀌어 있었다.

우리는 여성과 아동 이민자를 받아주는 한 교회의 안뜰에서 알마를 만났다. 남성 이민자들은 길에서 노숙하거나 적십자가 운영하는 수용소에 머물렀다. 대문과 높은 담장으로 둘러싸인 살풍경한 수용소였다. 때로는 이렇게 이민자들이 분리되면서 가족이 따로 떨어져 어린아이가 보호자 없이 방치되었다.

당시 30세였던 알마는 또래인 우리가 쉽게 공감할 만한 이야기를 들려주었다. 알마에게는 꿈과 구체적인 계획이 있었다. 그녀는 이집트와 리비아를 지나 지중해를 건너 이곳까지 왔고, 친구들이 있는 벨기에로 갈 작정이었다.

하지만 알마의 계획처럼 유럽의 다른 나라로 건너가기란 날로 어려워졌다. 프랑스는 국경을 더 엄격히 통제하기 시작했고, 이탈리아는 체포한 이민자를 이탈리아 남부와 사르데냐 섬의 '수용시설'로 이송했다.

국경없는의사회 이탈리아 지부의 현장 책임자인 토마소 파브리는 이탈리아와 프랑스 국경 지역의 상황을 두고 '유럽이 대응에 완전히 실패했다는 신호'라고 말했다. 그는 국경을 막으면 이민자들이 훨씬 더 위험한 길을 찾아나설 것이 뻔하므로 국경 폐쇄는 무책임한 결정이라고 비판했다.

가톨릭 NGO 카리타스Caritas의 벤티밀리아 지부장 마우리치오 마우로는 프랑스 국경을 건너려는 이민자들이 달리다 넘어져서 발목이나 다리가 부러지거나 국경 수비대에 구타를 당해 다친 채 돌아오는 광경을 여러 번 보았다고 했다.

인도주의 자선단체들은 이민자를 억류하고 통제한다고 해서 이민을 막을 수는 없을 거라고 경고했다. 팔레스타인에서 온 알마도 단호하게 말했다. "이곳에 머물 생각은 없어요." 그녀는 이미 국경을 건너다가 프랑스 경찰에 붙잡혀 이탈리아로 되돌아온 경험이 있었다. 하지만 알마는 곧 다시 도전할 계획이었다.

유럽의 난민 문제는 제2차 세계대전 이후 발생한 최악의 난민 위기로 일컬어졌다. 유럽 전역에는 난민수용소가 들어섰으며, 각국이 입국을 제한하고 난민을 국경 밖으로 몰아내는 정책을 펼치면서 많은 사람이 목숨을 잃었다.

유로폴은 유럽에서 수만 명의 밀입국 알선업자가 활동 중이고, 그중 60퍼센트 이상이 유럽 국가 출신이며, 호황을 맞은 밀입국 사업의 규모가 연간 수십억 유로에 이른다고 밝혔다. 하지만 합법적으로 활동하는 민간기업들 역시 난민의 유입을 막으려는 노력을 커다란 사업 기회로 여기기는 매한가지였다.

암스테르담 초국적연구소의 연구자들에 따르면 '이주 보안 시장'은 9·11테러 이후 세계적으로 호황을 맞았다. 연구자들은 이 시장의 규모가 2015년에서 2022년 사이 두 배로 커져 300억 유로에 달할 거라고 추정했다.

기업들은 이주 제한 정책에 따라 울타리, 장벽, 철조망, 망루 등 눈에 보이는 물리적 인프라를 구축하는 것은 물론 드론, 인공위성, 심장박동 감지기, 적외선 카메라 등 이민자를 감시하고 통제하는 새로운 기술을 도입하는 데에도 관여했다.

그 밖에도 유럽 전역에는 난민구금센터 운영, 난민 추방 지원, 망명 신청자 보호소 관리 등으로 돈을 버는 기업들이 있었다. 문제는 단순히 위기에서 이익을 챙기는 사람들이 있다는 것만이 아니었다. 이들의 사익 추구 행위가 위기의 형태와 지속 기간에 얼마만큼 영향을 끼치는지도 중요한 문제였다.

다국적 대기업의 구금 사업

이탈리아 북부 도시 토리노에서는 젭사Gepsa라는 회사가 신원확인추방센터CIE를 운영하는 영리 컨소시엄에 참여해 이민자 구금 사업에 뛰어들었다. 젭사는 교도소, 구금 시설, 정부 방위 시설 등 신중을 요하는 '가장 민감한 현장'의 서비스를 전문적으로 관리하는 프랑스 회사였다. 이 회사는 프랑스에서 열세 개가 넘는 교도소와 계약했으며, 이탈리아를 비롯해 다른 나라로도 사업을 확장하고 있었다.

우리는 젭사라는 이름을 처음 들었지만, 알고 보니 이들은 훨씬 더 거대한 기업 제국에 속해 있었다. 젭사는 엔지 코펠리ENGIE Cofely의 자회사였으며, 엔지 코펠리는 거대 다국적기업 엔지Engie의 자회사였다. 엔지는 2008년 가즈 드 프랑스Gaz de France와 수에즈(19세기에 수에즈 운하를 건설한 수에즈 운하 회사가 모체인 기업이다)의 합병으로 탄생했다. 2018년 엔지의 연 매출은 600억 달러를 돌파했는데, 이는 룩셈부르크와 우루과이를 비롯한 100여 개국의 GDP를 넘어서는 수준이었다. 엔지는 세계 각지에 전기를 판매하는 에너지 기업으로 잘 알려져 있었지만, 자회사를 활용해 구금 사업에도 관여했다.

이탈리아 전역의 CIE에서는 적법한 서류가 없는 사람들을 구금한 뒤, 가능하면 신원 확인을 기다리는 동안 추방했다. CIE의 시설은 감방과 철조망을 갖춘 감옥이나 다름없었다. 토리노에서 젭사가 운영에 참여한 시설은 군대의 병영으로 사용되는 건물에 있었다. 건물은 감시 카메라가 설치된 높은 콘크리트 벽으로 둘러싸여 있었다. 벽에는 이탈리아어로 'CIE를 불태워라', '반기를 든 수감자들과 연대한다'라고 쓴 그림이 그려져 있어 이곳이 현지에서 얼마나 논란이 많은지 짐작할 수 있었다.

지난 수년간 이 시설 안에서는 아프리카, 라틴아메리카 등지에서 온 구금자들이 여러 차례 시위를 벌였으며, 그 과정에서 화재가 발생해 시설이 불타고 수용 인원이 줄어들기도 했다. 본래 이 시설은 1990년대 말까지 적십자가 운영했지만, 2015년 젭사가 참여한 영리 컨소시엄이 운영권을 넘겨받았다. 이들은 시설에 180명을 수용하는 공간이 있다고 계약서에 명시하는 한편, 수용 인원이 아무리 적어도 최소 90명 수용에 해당하는 비용을 관리업체에 지급하도록 보장하는 계약을 맺었다. 따라서 다시 폭동이나 화재가 일어나 피해가 발생하더라도 관리업체는 최소한의 수익을 확보할 수 있었다.

이는 매년 수백만 유로가 오가는 대형 계약이었으며, 젭사는 아쿠아린토Acuarinto라는 이탈리아 업체와 함께 운영을 맡았다. 두 업체는 밀라노와 로마에서도 비슷한 방식으로 구금 시설 운영 계약을 따낸 적이 있었다.

인권 단체들은 이러한 거래가 구금자들에게 재앙이나 다름없다고 말했다. 이탈리아의 NGO '인권을 위한 의사회'의 마르코 잔체타에 따르면 가장 낮은 비용을 제시한 업체가 운영 계약을 따내면서 '비용을 줄일수록 경쟁에서 이기는' 구조가 만들어졌고, 구금 시설의 환경도 그만큼 열악해졌다.

예를 들어 이전에는 오락 활동이나 운동 코스, 반려견과 함께하는 활동, 영화 상영 같은 프로그램이 있었지만 이제는 전부 없어졌다. 또 시설에는 '불확실한 상황에서 구금자들이 느끼는…… 긴장과 심리적 고통'을 달래는 수단이 거의 없었고, 의료 서비스 역시 우려스러울 정도로 부족했다.

잔체타는 교도소에서는 국가가 의료 서비스를 제공하고 재소자의 건강을 책임지는 데 반해 CIE에서는 시설을 운영하는 업체가 의료 요원을 관리한다는 점도 큰 문제라고 지적했다.

잔체타는 '인권을 위한 의사회'가 토리노의 CIE를 방문했을 때 만난 두 명의 구금자를 예로 들었다. 한 명은 자살 위험이 큰 상태였지만, 정신과의사나 전문가의 적절한 처방 없이 진정제만 복용했다. 다른 한 명은 한쪽 다리의 여러 군데에 골절상이 있었지만, 제대로 치료받지 못한 채 구금 생활을 하다가 추방당했다.

우리는 토리노의 CIE에 구금된 적이 있는 나이지리아 출신의 이민자 오마분데를 만나 시설 생활이 어떠했는지 들었다. 오마분데는 커피를 마시며 구금된 당시 수년째 이탈리아에 살며 일하고 있었고, 이탈리아 시민권이 있는 나이지리아 여성과 결혼을 준비하는 중이었다고 설명했다. 그는 합법적인 거주 서류가 있었지만, 기한이 지나 갱신을 기다리는 중 경찰에 붙잡혀 CIE에 구금되었다.

당시는 겝사와 컨소시엄이 CIE의 운영을 맡은 지 얼마 되지 않은 때였다. 새로운 관리업체가 들어서면서 그러지 않아도 열악한 환경이 더 나빠졌다고 생각한 구금자들은 이 문제를 자주 입에 올렸다. 새로운 관리업체는 계약을 따낼 때 약속한 대로 비용 절감에 나섰고, 수감자들은 활동과 서비스가 줄어들고 식사로 맛없는 곤죽이 나오는 경우가 늘어났다며 불만을 터뜨렸다.

본래대로라면 구금자는 신원이 확인되어 본국으로 추방될 때까지 임시로 시설에 머물러야 했다. 따라서 대다수 구금자는 추방 명령을 받고 풀려났지만, 그중에는 시설을 몇 번씩 들락날락하는 사람도 있었다. 오마분데의 증언에 따르면 구금 시설에서는 구금자를 추방하는 데 실패하면 풀어주었다가 다시 가두는 일이 종종 벌어졌다. 이는 사람들의 삶을 불안정하고 취약하게 만든다는 점에서 그 자체로 일종의 징벌이었다.

하지만 다른 한쪽에는 구금자를 끊임없이 가두었다가 풀어주면서 이득을 챙기는 사람들이 있었다. 바로 구금자를 한 명 가둘 때마다 돈을 버는 업체였다. 게다가 구금 시설이 점차 민간 업체의 손에 넘어가면서 인권 단체의 감시나 언론의 취재도 점점 어려워졌다.

토리노 북쪽에서 알프스 산맥 방향으로 차를 타고 가다 보니 버려진 공장이 늘어선 광경이 눈에 들어왔다. 이탈리아 북부 지방은 20세기 내내 이탈리아 섬유 산업의 중심지였다. 이 지역은 명품 남성복 브랜드인 에르메네질도 제냐의 본거지였으며, 의류 브랜드 휠라를 만든 휠라 형제도 이곳에 처음 공장을 세웠다. 하지만 이제 이 지역의 섬유 산업은 쇠퇴한 지 오래였고, 공장은 이탈리아의 다른 지역이나 해외로 이전했으며, 많은 사람이 지역을 떠났다.

그러는 와중에 이 지역에서 새로운 사업이 발전하기 시작했다. 망명 신청 결과를 기다리며 임시로 지낼 곳을 찾는 사람들에게 거처를 제공하는 사업이었다. 이탈리아 전역에서 임시 보호소를 이용하는 망명 신청자의 수는 10만 명에 이르렀다. 보호소에서 보통 1인당 하루 30~35유로를 받는다고 가정하면, 이 사업의 규모는 연간 10억 유로에 달했다.

일부 업체는 로마나 밀라노 같은 대도시에서 큰 보호소를 운영했다. 하지만 국경없는의사회의 보고서에 따르면 망명 신청자는 대부분 '접근하기 어렵고, 거주자가 정상적으로 생활하기 어려운 곳'으로 보내졌다. 보고서는 '이러한 환경에서는 거주자들이 강한 소외감을 느끼기 쉬우며 각종 서비스를 이용하기 힘들다'고 경고했다. 반면 업체로서는 외딴곳에 보호소를 차리면 비용이 적게 들 뿐 아니라 면밀한 감시를 피할 수 있다는 장점이 있었다.

"어디로 가는지도 몰랐고, 아무런 설명도 듣지 못했어요." 알프스 산맥 기슭에 있는 작은 마을 근처의 교회에서 30세의 망명 신청자 사무엘을 만났다. 가나 출신인 그는 세계 각지에서 온 수십 명의 남성과 인근의 망명 신청자 보호소에 살고 있었다. 최근에 밝은색으로 다시 칠한 보호소 건물 근처에는 얕은 강이 흐르고 버려진 건물이 늘어서 있었다. 하지만 보호소는 병원이나 다른 서비스 시설과 한참 떨어져 있었다. 가장 가까운 슈퍼마켓에 가려면 인도와 가로등이 없는 구불구불한 도로를 따라 45분을 걸어야 했다.

"여기 와서는 관리자를 한 번도 못 봤어요. 직원들은 아무것도 모른다고 하고요. 회의도 열리지 않아서 물어볼 곳이 없어요. 하는 일이라곤 먹고 자는 게 다예요." 그는 도착했을 때 15유로짜리 휴대전화 선불카드를 받았지만, 그 후로는 받은 게 거의 없다고 말했다. "아프리카에서도 힘들었지만, 여기서도 지내기가 쉽지 않네요."

사무엘을 만난 교회 근처에서 망명 신청자들에게 옷과 신발을 기부하고 무료로 언어 수업을 진행하는 지역 주민들을 만났다. 주민들이 이런 활동을 한다는 것은 달리 보면 업체가 할 일을 제대로 하지 않는다는 뜻이기도 했다. 보호소를 운영하는 업체는 주민들처럼 물리적 공간 외에도 각종 물품과 서비스를 제공해야 했다. 지역 상점에서 휴대전화 선불카드 같은 물건을 살 수 있도록 소액의 지원금을 지급하는 것도 업체가 해야 하는 일이었다.

이야기를 들어보니 지원금을 늦게 주거나 아예 주지 않고 수도, 가스, 전기 같은 기본 서비스조차 제대로 제공하지 않는 보호소가 한두 개가 아니었다. 어떤 보호소에서는 1월에도 며칠 동안 난방이 안 되고 온수가 나오지 않았다. 자원봉사자들은 업체와 계약한 지방정부를 압박해 상황을 개선해보려 했다. 한 자원봉사자가 그러한 노력이 어느 정도 영향을 끼친 것 같다고 말했다. "조금 바뀌기는 했어요. 기대만큼은 아니지만요. 매번 우리가 압력을 넣어도 업체는 최소한의 조치만 해요."

우리는 다른 마을에서 다니엘이라는 망명 신청자를 만났다. 그는 리비아에서 입은 부상 때문에 서둘러 진료를 받아야 했다. "전에는 비누와 치약도 구할 수 없었어요. (……) 지금은 우리를 도와주는 자원봉사자들 덕분에 한결 나아요." 다니엘은 서면으로 진료를 요청한 지 한 달이 지났다고 했다. "여기서는 의료나 법률 지원을 받을 수 없어요."

보호소를 운영하는 업체에 여러 번 문의했지만, 대부분 답변해주지 않았다. 한 보호소 직원은 지원금 지급에 특히 어려움이 많다면서 이러한 문제를 감추는 건 '바보 같은 짓'이라고 말했다. 직원은 지역 봉사 단체와의 협력이 원활하지 않았다는 점도 인정했다. "지역에서 사업을 벌이면서 어떤 일을 하는지 제대로 설명하지 않고 주민과 대화하지도 않으면 당연히 갈등이 생기기 쉽죠."

토리노에서 본 이민자 구금 시설과 마찬가지로 망명 신청자 보호소 사업에서는 가장 낮은 비용을 제시하는 업체가 계약을 따내면서 바닥을 향한 경쟁에 불이 붙었고 서비스의 질은 갈수록 낮아졌다. 정부 당국은 일단 민간 업체와 계약하고 나면 보호소 운영에서 손을 떼는 듯했다. 우리가 본 망명 신청자 보호소의 운영 계약서에는 주정부가 '장차 발생할 수 있는 재산 및 인명 피해에 어떠한 책임도 지지 않는다'고 명시되어 있었다. 그리고 운영을 맡은 업체는 상업적 기밀 유지 조항에 따라 보호를 받았다.

그 결과 보호소 운영의 책임 소재를 따지는 것은 물론이고, 운영 실태를 자세히 조사하기도 점점 어려워졌다. 이는 비단 이탈리아만의 일이 아니었으며, 국제기구에서 일하는 공직자조차 이 문제를 조사하는 데 어려움을 겪었다. 한 예로 유엔의 보고관 루이 조이에는 이민자를 자의적으로 구금하는 문제를 조사하면서 오스트레일리아의 한 구금 시설에 운영 계약에 관해 문의했지만, '계약은 사업상 비밀이며…… 정부는 일반적인 고객과 다름없지만, 유엔은 상품 생산에 쓰이는 영업 비밀을 경쟁사에 공개할 우려가 있는 기관'이라는 답변을 받았다.

정부를 대신하고, 유모가 되고

무기를 따라가라

우리는 토리노에서 동쪽으로 이동해 밀라노와, 조지 클루니 같은 유명인의 별장이 있는 것으로 알려진 코모 호수를 지나갔다. 도롯가에는 철제 냄비와 프라이팬을 파는 할인매장과 총기 상점이 줄지어 있었다. 목적지인 이탈리아 무기 산업의 중심지에 가까워지고 있다는 뜻이었다.

토요일 아침, 우리는 함께 조사에 나선 이탈리아 언론인 조르지오 질리오네와 브레시아 지방에 있는 마을 가르도네 발 트롬피아(인구 1만 2,000명)를 찾아갔다. 마을의 한적한 거리에는 대기업이나 지역의 장인이 만든 총기를 판매하는 상점이 늘어서 있었다. 마을을 상징하는 문장에는 두 개의 소총이 그려져 있었다.

"여기서 나고 자란 사람들은 다들 총을 가지고 다니는 데 익숙해요." 마을에서 만난 젊은 여성과 이야기를 나누었다. "밖에 나가면 그제야 이 마을이 얼마나 이상한 곳인지 알게 돼요. (……) 총은 보통 사람을 해치는 데 쓰니까요." 그녀는 지역 경제가 관광업 등으로 다각화되기를 바랐지만, 그러기는 어려울 거라고 생각했다. "이곳은 앞으로도 무기를 생산하는 계곡 마을로 남을 거예요. 무기 산업은 마을의 역사에 단단히 뿌리를 박고 있어요."

작은 카페에서 만난 또 다른 여성은 예전에는 멋진 총이 '요즘으로 치면 아이폰처럼' 마을에서의 지위를 보여주는 상징이었다고 말했다. 이 지역의 무기 공장은 20세기에 호황을 누렸지만, 이제는 시대가 바뀌었다. "그때는 실업이 뭔지도 몰랐어요. 그런데 지금은 공장이 해외로 이전하거나 문을 닫았죠." 그러나 이 같은 변화에도 예외는 있었다.

수백 년간 왕과 정부가 바뀌는 와중에도 마을의 역사와 부침을 함께해온 회사는 지금도 이곳에서 굳게 자리를 지키고 있었다. 베레타 가문이 대대로 운영 중인 총기 회사 베레타Beretta였다. 카페에서 만난 여성이 말하기를, 베레타에서 일하는 직원은 지역에서 비교적 특권층에 속했다.

가르도네 곳곳에는 지역 최고의 명문가가 운영하는 총기 회사의 간판이 걸려 있었다. 베레타는 마을의 중요한 건물을 소유했으며, 가장 많은 직원을 거느렸다. 하지만 우리가 이야기를 나눈 직원들 중 베레타 가문의 일원을 본 적이 있는 사람은 한 명도 없었다. 베레타 가문의 흔적은 어디에나 있었지만, 어디서도 그들을 볼 수 없었다.

베레타는 전 세계 대부분의 국가보다도 역사가 긴 기업이다. 베레타의 역사는 누가 세계의 총기를 통제하는지, 총기를 통제하는 세력이 어떻게 바뀌었는지를 보여주는 특별한 창이라고 해도 과언이 아니었다.

16세기에 베레타는 머스킷의 초기 형태인 아쿼버스arquebus를 생산했다. 당시만 해도 이탈리아의 도시국가들은 사설 군대에 병력을 의존했다. 그런데 마키아벨리는 1532년에 출간된 대표작 『군주론』에서 용병을

'전쟁의 매춘부'라고 비난했다. 베레타가 1526년에 처음으로 베니스와 아쿼버스 공급 계약을 맺은 지 10년도 채 지나지 않은 때였다.

마키아벨리는 군주가 신뢰할 수 없는 용병에 기댈 것이 아니라 자신에게만 충성하는 군대를 만들어야 한다고 주장했다. 이후 국가가 직접 육성한 정규군은 베레타의 주요 고객이 되었다. 베레타는 나폴레옹과 헨리 8세의 군대에 총기를 공급했으며, 제1·2차 세계대전 중에는 이탈리아군의 무기 주문으로 호황을 누렸다.

베레타는 지금도 전 세계의 경찰과 군대에 무기를 공급한다. 한 예로 2017년에는 아르헨티나군에 소총과 권총 15만 정을 공급하는 계약을 맺었다. 하지만 동시에 베레타는 여러 가지 면에서 변화와 확장을 이뤄 냈다. 베레타 가문의 구성원들은 독일, 오스트레일리아, 러시아, 터키, 영국 등지에 수십여 개의 자회사를 운영하는 거대 기업의 임원이 되었다. 그중 한 자회사는 교란 및 연막 수류탄과 각종 폭죽 장치를 생산했다. 광학 장치, 조준경, 쌍안경, 레이저 조준 장치, 전술 손전등 등을 만드는 자회사도 있었다. 베레타는 또 의류와 가정용 장식품을 출시해 런던의 해로즈 백화점 등에서 판매했다.

오늘날 베레타는 그룹 전체 매출의 95퍼센트를 해외에서 벌어들인다. 2015년 지주회사 베레타 홀딩스의 매출은 6억 6,000만 유로로, 이 중 절반 이상(3억 8,500만 유로)이 북아메리카에서 발생했다. 군과 경찰의 주문은 줄어들었지만, 개인 고객을 대상으로 하는 '경량 총기' 판매가 매출의 70퍼센트를 차지할 만큼 늘어나면서 오히려 이익이 증가했다.

베레타의 매출에서 국가가 차지하는 비중이 줄어든 것은 더 광범위한 추세에 따른 변화로 보였다. 제네바 국제개발대학원의 연구 기관인 스몰 암스 서베이Small Arms Survey는 전 세계 8억 7,500만 정의 총기 중 6억

5,000만 정이 불법적으로든 합법적으로든 민간인의 손에 있다고 추정했다. 연구진은 새로운 총기는 '보통 군사용으로 개발되지만, 이후 민간 시장의 요구에 맞게 개조된다'고 설명했다.

연구진의 설명은 베레타의 역사와도 딱 맞아떨어졌다. 1985년, 베레타는 미군에 권총을 공급하는 중대한 계약을 체결했다. 그리고 얼마 지나지 않아 비슷한 '민간용' 권총이 미국 전역의 총기 상점에 등장했다. 더 최근에는 525달러짜리 반자동 권총이 미국의 총기 시장에 수출되었다. 베레타는 이 반자동 권총을 '군대와 법 집행 기관용으로 특별히 설계'했으며, '고객의 승리를 보장하는' 제품이라고 홍보했다.

미국의 비영리단체인 폭력정책센터는 '미국의 민간용 권총 시장에 혁신이 일어나 군용 총기가 주류로 자리 잡은 데에는 베레타 경영진의 계획적이고 근거가 탄탄한 마케팅 전략이 큰 영향을 끼쳤다'고 보았다. 단적인 예로 베레타의 한 임원은 1993년 일간지 〈볼티모어 선〉과의 인터뷰에서 군용 무기를 판매해 회사의 이름을 알린 뒤 소비자가 훨씬 많은 시장으로 사업을 확장하는 것이 베레타의 전략이라고 설명했다.

이탈리아의 총기 거래 감시 단체들은 민간인을 대상으로 하는 총기 사업이 투명하지 않다고 비판하면서 민간용 총기가 군용 무기보다 수출 규제를 덜 받는다고 지적했다. 이탈리아 브레시아의 소형무기상설감시단(이탈리아어 약칭 '오팔Opal') 소속 연구원들은 이러한 경향이 어떻게 나타났는지를 추적해왔다. 예를 들어 연구원들은 1990년대 코소보 내전 당시 이웃 국가인 알바니아가 코소보에 비정상적으로 많은 사냥용 총기를 수출한 사실을 지적하며 이 총기가 내전에 사용되었을 거라고 추측했다.

이들은 또 2009년 베레타가 반자동총을 비롯한 민간용 총기를 리비아에 수출한 일을 두고 '유럽연합의 허술한 총기 규제 정책과 곤경에 처한 나라에 총기를 파는 일의 위험성을 잘 보여준다'고 지적했다. 이 무기들은 무아마르 카다피 치하의 전인민회의 안보부가 구매했지만, 수출 관련 서류에는 '비군사적 품목'으로 표시되어 있었다. 이는 이탈리아의 중앙정부가 아니라 브레시아 지방정부에서 수출을 허가했으며, 다른 때보다 허가를 자세히 검토하지 않았을 가능성이 높다는 뜻이었다.

미국에서 베레타의 총기는 버지니아 주의 유아 한 명, 오하이오 주의 10대 자매 두 명, 조지아 주의 자녀 넷을 둔 여성 한 명, 워싱턴 주의 고등학생 네 명이 총격으로 사망한 사건을 비롯해 여러 건의 살인과 총격 사건에 쓰였다.

그러나 베레타가 총기 판매로 수익을 올릴 기회를 얻기 위해 어떤 활동을 했는지는 잘 알려지지 않았다. 베레타 가문은 전미총기협회NRA의 '골든 링 오브 프리덤Golden Ring of Freedom' 회원으로 이 단체에 수백만 달러를 기부했고, '총기를 보유하고 소지할 권리에 관한 주요 법적 쟁점을 둘러싼' 소송을 지원했다.

또 베레타는 총기규제법이 마음에 들지 않는다는 이유로 메릴랜드 주에 있는 공장을 폐쇄하고 테네시 주로 이전했다. 당시 한 임원은 이 결정을 놓고 베레타의 오랜 역사를 언급하며 공장의 위치를 정할 때는 적어도 수십 년 이상 그곳에 머무를 가능성을 고려한다고 설명했다.

경찰관을 압도하는 민간 경비원의 수

런던으로 돌아온 우리는 공항에서 G4S의 직원들을 보았다. G4S는 직원이 50만 명이 넘는 세계 최대의 민간 보안 기업이다. 런던에 본사를 둔 이 회사는 공항과 교도소 등에 경비 인력을 제공하며, 재소자와 직원에 대한 처우 문제로 많은 스캔들을 일으켰다. 그런가 하면 2016년에는

G4S의 직원 한 명이 미국 역사상 최악의 총기 난사 사건(플로리다 주 올랜도의 게이 클럽 '펄스'에서 발생한 사건)을 일으켰으며, G4S가 관리하는 영국 버밍엄의 교도소에서 폭동이 일어나기도 했다.

G4S는 이민자 구금 시설의 위탁 관리 사업에도 참여했다. G4S가 관리하는 시설 중에는 얄스 우드(런던 북부)라는 곳이 있었는데, 여성 이민자 410명을 수용한 이 시설에서는 주기적으로 시위가 벌어졌다. 이곳에서 벌어진 시위는 세간의 이목을 끌었지만, 인권운동가는 물론 언론인조차 관련 정보를 얻거나 구금자를 만나기 어려웠다. NGO '여성 난민을 위한 여성들'의 나타샤 월터는 구금 시설 운영이 심각할 정도로 불투명하다며 이렇게 지적했다. "민간기업이 영국 내무성의 업무를 위탁받아 수행하고 세금으로 돈을 번다면, 당연히 공공 기관과 같은 수준의 감사를 받을 의무가 있습니다."

우리는 기자로서 공식적으로 얄스 우드를 찾아가려 했지만 여의치 않았다. 시설을 찾으려다 실패한 건 우리뿐만이 아니었다. 당시 야당이었던 노동당의 예비 내각 내무장관 다이앤 애보트와 유엔의 특별보고관도 방문을 거부당했다. 하지만 우리는 다행히 인권운동가들의 도움으로 한 여성 구금자를 면회할 수 있었다. 아무런 혐의도 없이 3년 가까이 구금된 여성이었다. 그녀는 언론인들이 이곳에 들어오기가 쉽지 않다는 이야기를 듣고도 놀라지 않았다. 시설 측에서 여러 가지 방식으로 정보를 제한하고 수시로 구금자를 감시하기 때문이었다.

"늘 불안해요. 다들 시설에서 전화를 엿듣는다는 걸 알아요. 아마 이메일도 보겠죠. 항상 감시당하는 기분이에요." 끊임없이 통제와 감시를 받는다는 기분 탓에 구금자들은 자기 생각을 이야기하기를 두려워했다. 우리가 만난 구금자는 관리업체가 선을 넘으면 그에 대한 불만을 제기할 곳이 있어야 한다고 생각했지만, 현실은 그렇지 않았다. "우리는 수용소에서 가축이나 다름없는 취급을 받아요."

다국적기업이자 보안 산업을 이끄는 대표적인 업체인 G4S는 2016년 한 해에만 68억 파운드의 매출과 4억 5,400만 파운드의 이익을 냈다. 이들은 1901년 덴마크 코펜하겐의 한 경비업체에서 출발해 오랫동안 관련 사업을 해왔다. 하지만 이 분야에는 G4S 외에도 수많은 업체가 있었다. 시장 조사업체인 프리도니아 그룹은 정부와 기업, 개인에게 경비 인력, 경보 감시, 무장 운송 등의 서비스를 제공하는 전 세계 민간 보안 시장의 규모가 2016년 1,800억 달러에서 2020년 2,400억 달러까지 커질 것으로 전망했다.

오타와 대학교의 두 교수가 2010년에 쓴 『국가를 넘어선 보안 Security beyond the State』은 보안 서비스가 점차 개별 국가를 벗어나 '탈영토화'되어 '복잡한 초국가적 구조'에 편입되는 과정을 다룬 책이다. 이 책은 빈민촌 위로 경비원이 입구를 지키는 고급 호텔이 우뚝 서 있는 미얀마의 양곤이나 철조망을 친 높은 담벼락 너머로 개들이 짖어대는 남아프리카공화국 교외의 부촌 등 우리가 세계 각지에서 본 광경의 의미를 설명해주었다.

저자들에 따르면 '일상적인 보안'의 민영화는 이제 눈에 띄지도, 의문이 들지도 않을 만큼 흔해졌다. 하지만 보안의 민영화 현상은 누가 어떻게 안전을 보장받을지 결정함으로써 사회의 권력 분배에 영향을 끼쳤고, 독점적으로 물리력을 행사한 국가의 권한을 민간기업에 넘김으로써 국가의 안정성을 무너뜨렸다.

"이제는 사방에 경비원이 있어도 눈에 띄지 않아요." 우리는 저자 중 한 명인 리타 에이브러햄슨을 전화로 인터뷰했다. 에이브러햄슨은 민간 경비원, 보안용 철책과 출입문 등을 '불평등을 명확히 보여주는 물적 증거'라고 보았다.

에이브러햄슨은 보안의 민영화라는 추세와 그 영향을 자세히 분석하면서 일부 아프리카 국가에서 민간 보안 분야를 거의 규제하지 않은 이유는 심각한 실업문제를 어느 정도 해소하기 위함이었으리라 추측했다. 가령 시에라리온을 비롯한 몇몇 국가에서는 정부가 민간 보안 인력의 해외 진출을 장려해 전 세계의 보안업체들이 자국민을 채용하도록 지원하기도 했다.

에이브러햄슨은 보안의 민영화를 민주주의와 국가의 한계를 시험하는 문제로 설명하며 우리가 더 많은 물음을 던지도록 이끌었다. 보안이 돈 많은 사람만 살 수 있는 상품이 된다는 것은 어떤 의미일까? 이러한 추세에는 예외가 없을까? 그리고 보안의 민영화는 우리가 조사한 국제 제도 및 정책과 어떤 관계가 있을까?

우리는 각국의 민간 보안 인력에 관한 통계나 추정치를 샅샅이 뒤져 데이터베이스를 구축하기 시작했다. 그런 다음에는 데이터베이스에 새로운 열을 추가하고 국가별로 경찰관 수를 기록해 민간 보안업체와 경찰의 인력을 비교해보고자 했다. 전 세계에서 '일상적인 보안'이 민영화되고 있다는 말이 사실일까? 사실이라면 민영화는 어느 정도로 진행되었을까?

2011년, 제네바의 스몰 암스 서베이는 민간 보안 산업에 관한 귀중한 국제 연구와 데이터베이스를 공개했다. 연구진은 세계 70개국의 민간 보안 인력의 수가 약 1,950만 명에 이를 것으로 추정하며 다음과 같이 경고했다. '다른 상업 서비스와 마찬가지로 비용을 지불할 능력과 의사가 있는 사람만 보안 산업의 혜택을 받을 것이다. 이러한 역학 관계가 형성되면 부유층은 갈수록 정교해지는 보안 시스템의 보호를 받는 데 반해 빈곤층은 안전을 보장받기 위해 비공식적이고 때로는 불법적인 수단에 의존할 것이며, 이에 따라 빈부의 격차가 더욱 심해질 위험이 있다.'

그러면서 연구진은 공적인 규제·감독 기구가 보안 산업이 성장하는 속도를 따라잡지 못하고 있다고 덧붙였다. 보안업계에서는 자체적으로 국제 행동강령을 제정했지만, 이는 구속력이 없는 권고 사항에 지나지 않았다.

우리는 스몰 암스 서베이, 미주기구, 유럽보안서비스연맹CoESS, 유럽연합통계청, 몇몇 국가 기관 등에서 데이터를 모았지만, 전 세계 국가의 절반에도 미치지 못하는 81개국의 자료밖에 찾지 못했다. 문제는 이뿐만이 아니었다. 등록이나 공인 절차를 거치지 않고 암암리에 활동하는 보안 요원의 수는 추정치조차 드물었다. 게다가 모든 기관이 같은 방식으로 데이터를 만들지는 않으므로 국가별·연도별 자료를 비교하는 것도 쉬운 일이 아니었다.

하지만 우리가 만든 데이터베이스는 놀라운 결과를 보여주었다. 오스트레일리아, 중국, 영국, 미국을 비롯해 세계 인구의 절반 이상이 거주하는 10여 개국에는 원칙적으로 공공의 안녕을 지킬 의무가 있는 경찰관보다 특정한 사람과 장소, 물건을 보호할 목적으로 고용한 민간 경비원의 수가 더 많았다.

미국 노동부의 통계에 따르면 미국에는 110만 명이 넘는 민간 경비원이 있지만, 경찰과 보안관의 수는 66만 명에 불과했다. 경제학자 새뮤얼 보울스와 아르준 자야데브 역시 이러한 통계를 분석하면서 미국에는 '고등학교 교사만큼이나 많은 민간 경비원이 있다'고 지적했다. 나아가 이들은 불평등이 심한 주와 도시일수록 '경비 노동'(두 경제학자가 경찰, 집행관, 교도관 등 관련 분야의 종사자와 민간 보안 인력을 총칭하고자 사용한 용어)에 종사하는 사람의 비율이 높다는 사실을 밝혀냈다.

우리는 인도 벵갈루루의 아짐 프렘지 대학교에서 강의하는 자야데브에게 전화를 걸어 이야기를 나누었다. 자야데브는 민간 보안 산업의 성장은 불평등이 심해지면서 사회의 신뢰와 공동체의 유대가 무너지는 현실을 보여주는 증거라고 주장했다.

통계에 따르면 인도의 민간 보안 산업 종사자 수는 약 700만 명에 달했다. 반면에 2013년 인도의 경찰관 수는 170만 명으로 그보다 훨씬 적었다. 자야데브는 인도 내 민간 보안 산업의 성장을 '부유층과 나머지 계층의 분리'라는 거대한 흐름에 따라 일어난 변화로 보았다. 인도의 부유층은 '보안을 비롯해…… 국가가 제공해야 할 모든 것'을 '일상 전반에 침투한 민간 서비스'에 의존했다.

새로운 제국주의 혹은 신중세주의

영국 레스터 대학교의 연구자들은 민간 보안업체들이 하는 일이 수면 위로 드러나는 경우가 드문 탓에 이 분야에서 어떤 활동을 하며 실제 규모는 어느 정도인지 파악하기가 매우 어렵다고 지적했다. 그러면서 연구자들은 용병 부대가 민간 보안 회사로 탈바꿈해 다시 모습을 드러낸 것은 '(신)자유주의적 제국주의'가 날로 위세를 부리는 현실과 관계있다고 보았다. 요컨대 각국이 사회 전 영역에서 외주화를 추진한 결과 '군대의 (재)민영화'를 시행할 토대가 마련되었다는 것이다.

우리가 조사한 다른 국제 제도나 세계적 추세가 그랬듯, 현대의 민간 군사·보안 기업은 수십 년간 독립운동과 반식민 운동이 이어지며 유럽 제국들이 몰락한 '탈식민화' 시기에 급격히 성장했다. 가령 1960년대에는 워치가드 인터내셔널Watchguard International, 컨트롤 리스크스 그룹Control Risks Group 등 영국 특수부대 출신들이 세운 민간 보안업체가 우후죽순으로 등장했다.

이 업체들은 냉전 이후 수백만 명의 군인이 정규군을 떠나 새 일자리를 찾으면서 더욱 성장했고, 미국이 주도한 중동전쟁이 벌어지고 각국의 빈부 격차가 심각해지면서 다시 한 번 호황을 맞았다.

"주변 이웃들보다 훨씬 더 돈이 많은 사람이라면…… 재산을 지키고 싶어 할 거예요. 그리고 민간 업체의 보안 서비스는 재산을 지키는 확실한 방법이죠." 덴버 대학교 민간 보안 감시 프로그램의 공동 책임자 데버라 아반트의 설명이다. 아반트에 따르면 미국이 이라크와 아프가니스탄에서 전쟁을 벌이는 동안, 이 지역에는 민간인 노동자들이 몰려들어 갖은 일을 떠맡았다. 그러자 민간 보안업체들은 이들을 고용해 이전까지 군이 직접 수행한 군사 업무를 맡겼다. 당시 보안업체가 모집한 사람들 중에는 우간다에서 온 전직 소년병들도 있었다. 그리고 이때 보안 산업에서 일자리를 구한 많은 노동자는 전쟁이 끝난 뒤에도 이 분야에 몸을 담았다.

그러나 레스터 대학교의 연구자들이 언급했듯, 보안의 민영화는 처음 있는 일이 아니었다. 예를 들어 유럽의 식민 제국을 넓히는 데 앞장섰던 칙허회사들은 자체적으로 용병을 고용했다. 한 예로 동인도회사는 인도에서 인도인 용병을 고용했는데, 이들은 1857년 회사에 맞서 세포이 항쟁을 일으킨 것으로도 잘 알려져 있다. 동인도회사는 이에 대한 보복으로 반란에 가담한 혐의가 있는 수만 명을 공개 처형했다. (몇 년 뒤 동인도회사는 영국 왕실로 넘어갔고, 빅토리아 여왕은 인도 제국의 황제라는 새로운 칭호를 얻었다.)

미국의 싱크탱크 브루킹스 연구소의 피터 싱어는 용병은 저렴한 비용으로 제국을 강화하는 수단이었다고 잘라 말했다. 싱어의 설명에 따르면 용병이 무의미해질 만큼 전쟁의 성격이 바뀐 것은 제1차 세계대전에 이르러서였다. 이 당시는 정부군의 규모가 급격히 커진 시기였다. 독일의 사회학자 막스 베버는 이러한 시대 배경 아래서 강제력을 적법하게 사용할 권한을 독점하는 것이 국가의 고유한 특성이라고 규정했다.

그러나 이제 시대와 환경이 달라졌다. 민간기업들은 병사의 훈련과 무장, 정보 수집, 전략 조언 등 전쟁의 모든 단계에 점차(혹은 또다시) 발을 들여놓았다. 이들은 내전에 나가 싸우거나 반군, 폭동, 심지어 시위를 진압하는 일에도 고용되었다. 싱어는 21세기 들어 이러한 '기업 전사'들이 성장하면서 베버의 정의대로 특정 형태의 폭력을 독점했던 국가의 권한이 서서히 무너지기 시작했다고 주장했다.

민영화된 보안업계에서 활동하는 기업들은 보통 국가를 위해 일했다. 하지만 이들에게는 국가 외에도 다른 민간기업이나 부유한 개인을 비롯한 여러 고객이 있었다. 유럽보안서비스연맹의 사무총장 캐서린 피아나에 따르면 유럽에서 민간 보안업체를 이용하는 고객의 70퍼센트는 국가나 정부 기관이 아니라 다른 기업이었다.

"이제 보안업체들은 고객이 누구인지에 따라 매우 다양한 서비스를 제공합니다." 피아나의 설명이다. 예를 들어 테러 위협이 있으면 비정상적인 행동을 감시하고 보고하기 위해 주로 건물 앞에서 근무를 서는 민간 경비원들은 테러 관련 정보를 수집하는 일을 동시에 할 수 있다.

한편 싱어는 이제 범죄 조직까지 민간 보안 서비스를 구매하면서 얼마 전까지만 해도 상상조차 할 수 없는 권력을 휘두를 수 있게 되었다고 지적했다. 싱어는 이러한 변화가 가져올 결과를 다음과 같이 추측했다. '국가는 결국 백악기 말의 공룡처럼 강력하지만 몸집이 크고 무거우며, 아직 대체할 만한 세력은 없어도 주변 환경을 지배하는 독보적 지위를 위협받는 존재가 될지 모른다.'

1970년대에도 정치 이론가 헤들리 불을 비롯한 몇몇 학자는 국가 외의 다른 행위자들이 등장해 정부와 비슷한 권한을 행사하면서 이른바 '신중세주의neomedievalism'가 도래할 거라고 전망했다. 2014년에는 거대 민간 보안 기업 다인코프Dyncorp에서 일했던 외교안보 전문가 숀 맥페이트가 『현대의 용병The Modern Mercenary』이라는 책에서 같은 문제를 오늘날 일반 독자의 눈높이에 맞는 방식으로 풀어냈다.

이 책에서 맥페이트는 다인코프가 라이베리아 내전 이후 미국 국무부와 계약을 맺고 라이베리아에서 새로운 군대를 설계·모집·훈련한 과정을 설명했다. 맥페이트는 이 일을 두고 '한 주권 국가가 다른 주권 국가의 군대를 육성하기 위해 민간기업을 고용한 것은 200년 만에 처음 있는 일'이라고 지적했다.

맥페이트는 또한 여러 세력의 주종 관계가 복잡하게 얽힌 '다극적·비국가 중심적 세계 체제' 아래서는 민간기업이 분쟁의 결과를 좌우하는 '신중세적' 세계가 도래할 거라고 전망했다. 그리고 우리가 각지를 돌며 목격한 변화를 예견했던 경제학자 스탤리와 마찬가지로 맥페이트는 이러한 흐름을 막으려 해도 소용없으리라 보는 듯했다.

유모가 된 경비원

1948년 유엔 총회에서 채택한 세계인권선언은 '모든 사람은 생명과 신체의 자유와 안전에 대한 권리를 가진다', '어느 누구도 자의적으로 자신의 재산을 박탈당하지 아니한다'고 규정한다. 따라서 각국 정부는 마땅히 이러한 권리를 실현하고자 노력해야 한다.

하지만 보안이 민영화되면 돈이 많은 사람만 보안 서비스를 이용할 수 있다. 이런 일이 벌어지면 민주주의는 과연 어떻게 될까?

몇몇 국가에서는 민간 보안 산업이 커지면서 부유층은 물론 중산층까지 국가에 의존하지 않게 되었다. 유엔개발계획에 따르면 라틴아메리카에서는 사회집단에 따라 범죄에 대처하는 능력에 차이가 생기면서 불평등이 더욱 심해졌다. 민간 보안 산업의 성장은 날로 심각해지는 불평등의 원인이자 결과였다.

2016년 상류층을 대상으로 하는 미국 잡지 〈타운 앤 컨트리Town & Country〉에 실린 한 기사는 '고용인을 적재적소에 배치하는 전 세계의 상류층 가정에서는 경호원이 새로운 유모 역할을 한다'고 지적했다. 이어 기사는 '테러에 대한 공포가 커지고 정치 환경이 불안정해지고 다수의 희생으로 소수가 부를 누린다는 인식이 만연하면서 보안 문제에 병적으로 집착하는 풍조가 널리 번졌다'고 설명했다.

몇몇 보안 회사는 위기 상황 대응, 임원 신변 보호, 대형 요트 보안 등 노골적으로 부유층을 노린 서비스를 내놓았다. 한 예로 핑커톤Pinkerton이라는 회사는 자사의 숙련된 요원들이 무려 170여 년간 〈포춘〉 선정 100대 기업의 CEO와 직원, 유명 연예인, 운동선수, 고액 자산가, 왕실, 외교관을 경호한 경험이 있다고 홍보했다.

보안의 민영화는 우리가 사는 영국에도 영향을 끼쳤다. 유럽보안서비스연맹이 발표한 자료에 따르면 2015년 영국의 민간 보안 요원의 수는 경찰관보다 훨씬 많은 23만 2,000명이었다. 영국 보안산업협회는 보안 시장의 가치를 60억 파운드로 추정했다. 보안 시장을 이용하는 고객들 중에는 지역 공동체도 있었다. 예를 들어 에식스 주의 한 마을에서는 지역 경찰서가 문을 닫은 뒤 주민들이 보안 회사를 고용해 야간 순찰을 맡겼다.

상류층 고객에 집중한 또 다른 보안 회사인 마이 로컬 바비My Local Bobby는 런던에서 가장 부유한 지역 주민을 대상으로 구독 기반 서비스를 내놓았다. 전직 경찰관 출신의 설립자는 자사의 서비스를 다음과 같이 설명했다. "민간 의료보험에 가입하는 것과 비슷합니다. (……) 국가가 제공하는 것보다 더 많은 혜택을 누리기 위해 돈을 낸다는 점에서는 차이가 없죠." 이 밖에도 런던에 본사를 둔 웨스트민스터 시큐리티 Westminster Security는 군과 경찰에서 경력을 쌓은 직원들이 '고액 자산가와 그 가족, 사업체를 위한 완벽한 보안과 생활 밀착형 관리 서비스'를 제공한다고 광고했다.

영국에서도 영국군의 특수부대 육군공수특전단SAS 본부가 있는 헤리퍼드에는 열 개가 넘는 보안·군사 기업이 모여 있었다. 이 지역은 사무실 공간이 저렴하고 훈련 시설과 교육과정을 운영하기에 적합한 드넓은 시골 땅을 활용하기 쉽다는 장점이 있었다.

우리는 헤리퍼드 인근의 한적한 마을 매들리(인구 1,200명)에 있는 한 교육 시설을 찾아갔다. 마을에 들어서자 선술집 체인 레드라이온과 교구 교회, 들판에서 풀을 뜯는 소들이 있는 목가적인 시골 풍경이 펼쳐졌고, 그 너머로 헛간을 개조한 건물이 보였다. 겉보기에는 평범한 헛간 같았지만, 그 안에는 군사 장비가 갖춰져 있었다.

이 건물과 주변 지역에는 6주마다 보안 산업에 종사하려는 신병이 몰려들었다. 신병들은 동유럽, 미국, 라틴아메리카 등 다양한 지역에서 찾아왔다. 이 훈련 시설은 장차 중요한 고객과 기업의 자산을 경호할 용병들이 경력에 첫발을 내딛는 곳이었다.

"2004년 이라크에서 영국으로 돌아온 뒤, 전 재산을 털어 회사를 세웠어요." 우리는 2004년 민간 군사 기업 로닌 콘셉츠Ronin Concepts를 설립해 이 지역에서 훈련 사업을 시작한 존 게디스와 이야기를 나누었다. 그는 낙하산연대와 SAS에서 경력을 쌓은 뒤, 한 영국 회사 소속 용병으로 이라크에 파견을 나갔다. 이라크에서 게디스는 보안 회사에 들어온 신입 요원들의 자질에 실망하고 훈련 사업 쪽으로 방향을 바꾸기로 했다.

헛간을 개조한 건물 안에는 기관단총, 소총, 권총 같은 무기가 벽을 따라 걸려 있었고, 마네킹과 플라스틱 머리 모형이 바닥에 놓여 있었다. 게디스는 프로젝터로 폴란드와 미국의 훈련 시설에서 촬영한 실제 사격 훈련 영상 등 몇 가지의 교육자료를 보여주었다. 이어 그는 벽에 걸린 총을 교체하면서 영국과 헤리퍼드 지역이 어떻게 수십억 달러 규모의 보안 산업에서 성공을 거두었는지에 대한 생각을 밝혔다.

"성공 비결은 동인도회사가 등장한 수백 년 전의 역사에서 찾을 수 있어요." 게디스는 세계 각지에서 거대한 영토를 점령한 식민 시대의 칙허회사들을 언급하며 그 회사들은 대부분 제국 전역에 배치된 전직 군인 중심의 조직이었다고 설명했다.

2014년, 영국 국방부가 낸 연구보고서는 향후 30년간 기업 군대의 성장, 드론 테러, 레이저 무기가 전 세계의 안보를 위협하는 주요인이 될 거라고 전망했다. 보고서는 또 앞으로는 범죄 조직과 테러리스트를 비롯해 누구나 돈만 내면 '유능한 보안 인력'을 갖춘 거대 다국적기업을 고용하고 무인 드론 같은 신기술을 저렴한 가격에 이용할 수 있으며, 심지어는 민간기업이 운용하는 로켓에 장비를 실어 자체 감시 위성을 발사할 수도 있을 거라고 예상했다.

보고서의 전망은 터무니없게 들리지 않았다. 보고서가 기술한 내용은 이미 오래전부터 상당 부분 현실이 되었다. 세계 각지의 공항이나 정유 공장에서는 민간 경비원을 흔히 볼 수 있었으며, 전 세계에 보급된 무기는 대부분 개인의 손에 들어가 있었다. 보안 산업의 선두에 선 영국 기업들은 폭력의 위협이 만연한 상황을 이용해 각종 보안 서비스를 팔아 이익을 챙겼다.

20

핵 보안 사업도 대기업의 손에

비밀 도시

우리는 해가 진 뒤에야 미국 뉴멕시코 주의 앨버커키에 도착해 마지막 목적지까지 동행할 사진작가 브룩스 사우세도 맥퀘이드를 만났다. 그와 함께 차를 타고 북쪽으로 향하는 길에는 작은 덤불이 듬성듬성 솟은 모래사막 너머로 거대한 바위산이 늘어선 장관이 펼쳐졌다. 날씨는 구름 한 점 없이 화창했다. 이 사막지대의 풍경을 보면 뉴멕시코가 왜 '매혹의 땅'이라고 불리는지 짐작할 수 있었다. 미국의 화가 조지아 오키프는 뉴멕시코의 자연에 감명을 받고 이곳에 정착해 작품 활동을 했다. 하지만 우리는 아름다운 자연이 아니라 군사지역을 가리키는 도로 표지판을 따라 길을 가고 있었다.

우리가 이곳에 온 이유는 핵전쟁의 위협이라는 무시무시한 짐승의 배 속을 들여다보기 위해서였다. 우리의 목적지는 원자폭탄의 고향 로스 앨러모스였다. 제2차 세계대전 중 일군의 과학자들은 이곳에서 극비리에 원자폭탄을 개발하는 맨해튼 프로젝트를 진행했고, 연구소 주변에는 울타리와 경비병으로 둘러싸인 '비밀 도시'가 건설되었다. 프로젝트에 참여한 과학자들은 자신의 직업과 연구소의 존재조차 말할 수 없었다.

하지만 이제는 차를 타고 도시 안으로 들어갈 수 있었다. 우리가 도착한 평일 오후의 거리는 한산했다. 가로등에는 꽃을 심은 화분이 걸려 있고 잘 가꾼 정원과 연못, 무수한 가로수가 눈에 띄었다. 군수산업 단지보다는 콜로라도 주의 애스펀처럼 스키 리조트가 있는 부촌에 온 듯한 느낌이었다. 하지만 도시에는 원자폭탄을 떠올리게 하는 흔적이 곳곳에 남아 있었다.

예를 들어 지역 영화관이 위치한 도로는 물리학자 로버트 오펜하이머의 이름을 딴 '오펜하이머 드라이브'였다. 오펜하이머는 히로시마와 나가사키에 떨어진 최초의 원자폭탄 개발을 이끈 인물이었다. 거리를 누비는 버스들은 '아토믹시티 트랜싯'이라는 버스 회사 소속이었으며, 봄에는 '아토믹맨 듀애슬론'(트라이애슬론에서 수영을 빼고 달리기와 사이클을 반복하는 경기 - 옮긴이) 대회가, 가을에는 '멜트다운 암벽 등반 대회'가 열렸다.

지역 상점들은 폭탄이 터지는 이미지와 '1945년 이후로 최강'이라는 문구가 새겨진 아동용 티셔츠를 비롯해 원자폭탄과 관련된 기념품을 팔았다. 로스앨러모스는 전쟁과 군사 역사 마니아, 과학기술에 관심이 많은 사람, 색다른 휴가지를 찾는 관광객을 대상으로 도시를 홍보하려 애쓰고 있었다.

핵무기 연구소는 아직도 운영 중이었지만, 이제 극비리에 진행된 연구는 도시에 들어온 기업들의 손에 넘어갔다. 역사적으로 중요한 역할을 한 로스앨러모스 국립연구소는 논란을 무릅쓰고 업무를 민영화했다. 연구소와 계약한 업체들은 연구소가 내린 결정을 실행할 뿐 아니라 계획과 전략을 세우기까지 했다.

로스앨러모스는 여느 지역과 다른 폐쇄적인 도시였으며, 도시를 처음 건설할 때부터 불평등 및 권력 문제와 밀접하게 얽혀 있었다. 연구소와 인근의 비밀 도시는 원주민과 히스패닉 주민들에게서 빼앗은 땅 위에 세워졌으며, 전쟁이 끝난 뒤 이곳은 새로운 카운티(주 밑의 행정구역 단위 - 옮긴이)가 되었다. 뉴멕시코 주의 지도를 보면 로스앨러모스는 작은 점에 불과하지만, 주 전체의 카운티를 부유한 순서대로 나열한 순위표에서는 상위권을 차지했다(그에 반해 로스앨러모스 주변에 있는 지역들은 순위표의 아래쪽에 있었다). 또 로스앨러모스는 인근 지역과 달리 주에서도 손에 꼽을 만큼 좋은 학교들이 있었고, 미국에서 박사학위 소지자의 비율이 가장 높았으며, 주민 아홉 명 중 한 명이 백만장자였다.

"뉴멕시코에는 로스앨러모스 카운티보다 큰 목장들도 있어요." 우리는 로스앨러모스에서 50킬로미터 남짓 떨어진 산타페에서 척 몬타뇨를 만나 이야기를 들었다. 산타페에서 어린 시절을 보낸 그는 성인이 된 이후 32년간 로스앨러모스의 연구소에서 일했다.

몬타뇨는 연구소와 지역사회 간에 늘 마찰이 있었다고 말했다. "저처럼 연구소에서 일자리를 얻거나 혜택을 누린 사람도 있었어요. 하지만 대부분의 혜택은 로스앨러모스에 집중되었고 바깥으로까지 퍼지지 않았죠. (……) 로스앨러모스는 작고 고립된 곳이지만, 주변 지역의 정치에 휘둘리지 않도록 그렇게 만든 거예요. 로스앨러모스는 연방정부에 별도의 자금줄이 있죠."

몬타뇨에 따르면 연구소는 민영화 이전에도 문제가 있었으며, 특히 노동 문제와 관련해 논란이 많았다. 몬타뇨는 연구소의 정리해고 방식이 지나칠 정도로 모욕적이었다고 지적했다. "(정리해고는) 나이 많은 직원이나 내부 고발자를 쫓아내는 구실이었어요. 연구소는 기본적으로 노동자를 마음대로 해고할 수 있었죠." 연구소는 또 미국의 〈원자과학자회보〉

가 '기나긴 불만의 계절'이라 일컬은 시기에 여러 건의 집단소송을 당했다. 그중 한 소송에서는 연구소가 1995년에 해고한 173명이 대부분 히스패닉계였다는 이유로 인종차별 혐의를 제기했다.

몬타뇨는 연구소의 조달 부서에서 비리가 있었다는 증거를 밝혀냈고, 2015년 내부 고발자로서의 경험과 연구소를 둘러싼 논란을 담은 저서 『로스앨러모스 : 베일에 싸인 식민지와 숨겨진 진실 Los Alamos: Secret Colony, Hidden Truths』을 출간했다.

"당시에도 상황이 좋지 않았지만, 지금은 문제가 더 심각할 겁니다." 이제 연구소에는 영리를 추구하는 민간기업 출신의 관리자들이 들어와 직원 현황 같은 자료를 기밀로 전환했고, 임금 격차를 비롯한 문제들을 조사하기가 더욱 어려워졌다. "연구소가 유한책임회사가 되면서 모든 정보가 일시에 비공개로 바뀌었어요."

로스앨러모스의 사영화

로스앨러모스 국립연구소는 93제곱킬로미터의 땅에 수많은 건물이 들어선 대규모 복합연구단지로, 근무하는 직원만 1만 명이 넘고 보안이 매우 엄격한 곳이다. 이 연구소는 수십 년 동안 캘리포니아 대학에서 운영했다. 그러나 조지 W. 부시 정권은 연구소와 다른 핵시설의 운영권을 경쟁입찰에 부쳤다. 당시에 나온 입찰공고에는 민간기업만 입찰에 참여할 수 있다고 명시되어 있었다.

민영화를 추진한 근거는 민간에서 관리하면 더 효율적으로 운영할 수 있고 보안 및 안전 관련 스캔들을 방지할 수 있다는 것이었다. 민영화에 찬성한 이들은 1999년 대만계 미국인 과학자 웬호 리가 핵무기 관련 기밀 자료를 무단 복제한 혐의로 체포된 사건을 자주 거론했다. 언론에서 그가 중국 정부에 일급 기밀 정보를 넘겼다는 의혹을 제기하면서 이 사건은 미국 전역을 떠들썩하게 했다. (하지만 그는 재판에서 무혐의 판결을 받았고, 재판을 맡은 판사는 그가 받은 부당한 대우에 대해 사과했다.)

입찰 결과 로스앨러모스 연구소의 운영권은 유한회사 '로스앨러모스 내셔널 시큐리티Los Alamos National Security, LANS'의 손에 넘어갔다. LANS는 정계에 연줄이 있었던 거대 비상장 기업 벡텔이 설립을 주도하고, 다른 두 기업과 이전까지 연구소를 비영리적으로 운영한 캘리포니아 대학이 참여한 합작 법인이었다.

지금까지 조사한 많은 기업과 마찬가지로 벡텔은 엄청난 규모를 자랑하는 대기업이었다. 2016년 벡텔에 관한 책을 낸 미국의 탐사보도 기자 샐리 덴튼은 벡텔이 독자적인 외교정책을 세울 만큼 전 세계에 막강한 영향력을 행사한다고 지적했다. 책의 결론 부분에서 덴튼은 벡텔의 위상을 이렇게 정리했다. '벡텔에게 미국 정부는 공공정책을 세우는 부서에 지나지 않는다.'

벡텔은 1898년 워런 A. 벡텔이 창립한 이후 그의 가족이 계속 운영해왔으며, 지금까지도 미국에서 가장 큰 비상장 기업으로 남아 있다. 시카고에 본사를 둔 이 회사는 세금이 들어간 대규모 공사와 공공 인프라 건설 사업으로 호황을 누렸다. 벡텔은 영국과 프랑스를 잇는 채널 터널을 비롯해 세계 여러 나라의 철도, 파이프라인, 공항, 정유소, 대형 댐, 조선소 등을 건설했다. 벡텔의 주요 인사들은 미국 정부의 요직과 벡텔의 고위직을 번갈아가며 맡았다. 가령 벡텔의 임원이었던 존 맥콘, 캐스퍼 와인버거, 조지 슐츠는 각각 CIA 국장, 국방장관, 국무장관을 역임했다.

그러나 동시에 벡텔은 세계 각지에서 오명을 남겼다. 한 예로 벡텔은 볼리비아에서 세 번째로 큰 도시 코차밤바의 수도 민영화 사업에 참여했는데, 민영화 이후 코차밤바에서는 수도 요금이 폭등했고, 이에 분노한 시민들이 대규모 시위를 벌이면서 유명한 '물 전쟁'이 벌어졌다(가엘 가르시아 베르날이 주연한 2010년작 영화 「빗물마저También la lluvia」는 이 사태를 다룬 작품으로 여러 영화제에서 상을 받았다). 또한 벡텔은 이라크와 아프가니스탄 전쟁에서도 미국 정부와 계약을 맺고 굵직한 사업에 참여했다.

로스앨러모스 연구소와의 계약은 비교적 최근에 일어난 일이지만, 벡텔은 오래전부터 원자력 사업에 관여했다. 제2차 세계대전 중 맨해튼 프로젝트에 사용된 워싱턴 주 핸퍼드의 핵폐기물 처리장을 건설한 것이 대표적인 예다.

이후로도 벡텔은 이 처리장의 운영에 관여했으며 캘리포니아, 테네시 등지에 있는 다른 핵 안보 시설도 함께 운영했다. 그러나 비상장 기업인 벡텔은 다수의 주주가 있는 상장 기업만큼 많은 정보를 공개하지 않았다. 지역 주민과 연구소의 직원 등 뉴멕시코에서 만난 사람들은 연구소의 운영 현황에 관해 더 많은 정보가 필요하다고 입을 모아 말했다. 하지만 그들은 정보를 얻기 위해 싸워야만 했다.

규모는 작지만 연구소의 활동을 끈질기게 추적해온 감시 단체 로스앨러모스 스터디 그룹Los Alamos Study Group의 그렉 멜로는 로스앨러모스가 내부자조차 아무것도 알지 못하는 '비밀 기업 도시'가 되었다고 말했다. 이 단체는 앨버커키에 있는 멜로의 집을 사무실로 사용하고 있었다. 사무실 벽에는 그동안의 연구 및 활동 자료를 모아놓은 캐비닛이 늘어서 있었다.

멜로는 민간이 맡으면서 연구소의 운영비와 고위직의 급여가 치솟았다고 지적했다. 영리를 추구하는 기업이 관리자로 들어선 뒤, 연 800만 달러 수준이었던 운영비가 8,000만 달러로 급증했다.

멜로는 연구소가 뉴멕시코 주에서 워낙 큰 영향력을 행사하다 보니 지역 정치인들도 이에 관한 우려에 별다른 반응을 보이지 않는다고 비판했다. 사무실 옆방에는 지역의 하원의원들을 본떠 만든 크고 알록달록한 시위용 피냐타(멕시코에서 각종 행사에 사용하는 전통 인형 - 옮긴이)가 테이블 주위에 놓여 있었다. 인형들이 묵묵히 둘러앉아 끝없는 회의를 벌이는 듯한 우스꽝스러운 모습이었다.

2012년, 또 다른 지역 단체 뉴클리어 워치 뉴멕시코Nuclear Watch New Mexico의 활동가들은 정보자유법에 따라 정부가 작성한 로스앨러모스의 연례 성과 평가서를 공개하라며 소송을 제기했다. 몇 년간의 소송 끝에 공개된 평가서에 따르면 연구소는 무기 개발 부문에서 높은 점수를 받았지만 관리, 안전, 환경 영향 부문에서는 우려스러울 만큼 낮은 점수를 받았다.

캘리포니아 대학이 단독으로 연구소를 운영하는 동안에는 매년 성과 보고서를 발표했으며, 공공기록물법에 따라 급여, 예산, 지출, 고용에 관한 정보를 열람할 수 있었다. 하지만 이제 연구소는 그러한 자료를 '상업적 기밀'이라는 이유로 거의 공개하지 않았다. 연구소 운영에 관한 자료가 사유재산이 된 것이다.

"예전에는 과학이 연구소를 이끌었고, 다들 그렇게 생각했어요. (……) 하지만 상황이 달라졌죠." 연구소에 새로운 관리자가 들어선 지 4년이 지난 2010년, 미국 물리학회가 발행한 한 기사는 연구소에 오랫동안 근무한 기술직 직원의 말을 인용했다. 당시 연구소의 부소장이었던 테리 월러스 역시 직원들의 사기가 떨어지고 있다고 인정했다. "한쪽에는 '연구소는 우리의 것'이라고 믿는 직원들이 있고, 다른 한쪽에는 하늘에서 뚝 떨어진 것처럼 보이는 기업 출신의 새 경영진이 있어요. (……) 직원들로서는 이런 변화를 받아들이기 어려울 겁니다."

문제는 이뿐만이 아니었다. 일각에서는 영리 사업자가 운영을 맡으면 위험한 상황이 벌어질 수 있다고 지적했고, 이러한 우려는 곧 현실로 드러났다. 연구소는 치명적인 무기와 물질을 관리했으며, 이를 다루는 과정에서 인명 피해가 발생한 것이다.

2014년 2월 14일, 뉴멕시코 주 칼스배드 인근의 핵폐기물 처리장에서 방사성 핵폐기물이 든 드럼통이 터져 오염물질이 누출되는 사고가 발생했다. 이 사고로 미국 유일의 핵폐기물 지하 저장소인 이 처리장과 인근 지역이 크게 오염되었다. 조사 결과 로스앨러모스 연구소와 계약한 하청 업체들은 기록 관리와 감독을 제대로 하지 않고 여러 편법을 사용한 것으로 밝혀졌다.

2013년, 연구소의 하청 업체들은 수십 년 된 폐기물을 기한 내에 운송하고자 서두르는 중 위험을 유발할 수 있는 산성 물질을 폐기물에 첨가했다. 연구소에서는 폐기물을 처리할 방법을 결정하기 전에 미리 시험해보도록 지침을 내렸지만, 그렇게 하려면 시간이 오래 걸렸기에 하청 업체들은 편법을 동원했다. 업체들은 액체 폐기물을 흡수시키려는 과정에서 잘못된 물질을 첨가했고, 그 결과 폭발성이 있는 혼합물이 만들어졌다. 연방 조사관들은 보고서에서 연구소의 관리업체 측이 직원들의 우려에 귀를 기울이지 않았고, 폐기물 처리 과정에서 발생하는 변동 사항을 적절히 기록·검토·승인하고 환경 요건을 전부 충족하는지 확인하지 않았다며 책임을 물었다.

미국 에너지부는 이 사고를 1급 업무 실패로 간주하고 1년간 연구소의 관리 수수료를 수천만 달러 삭감했다. 그러나 사고로 벌어진 혼란을 수습하기 위해 5억 달러가 넘는 세금과 수년의 시간을 포함해 막대한 금전적·시간적 비용을 투입해야 했으며, 핵폐기물을 다른 곳에 임시로 저장하는 데에도 비용이 들어갔다. 게다가 로스앨러모스에서 우리는 폭발한 드럼통에 들어간 것과 비슷한 물질이 담긴 폐기물 용기가 더 있을지 모른다는 이야기를 들었다.

연방정부가 발표한 다른 보고서들은 오래전부터 핵 안전 관리에 심각한 결함이 있었다며 연구소 관리자들을 강하게 비판했다. 2016년의 감사에서는 연구소가 '위험을 제대로 분류하지 않았으며, 핵 안전을 비롯한 안전과 보건 문제에 적절히 주의를 기울이지 않았다'고 지적했다.

또 2015년에는 연구소의 발전소 한 곳에서 화재가 발생해 직원 아홉 명이 다쳤다. 정부 보고서는 이를 최근 20여 년간 일어난 사고 중 최악의 것으로 평가했다. '관리 통제를 제대로 이행하지 않은 결과, 직원 한 명이 전체 피부 면적의 약 30퍼센트에 3도 및 4도 화상을 입고 30일 넘게 입원하는 등 인명 피해가 발생했다.' 이어 보고서는 연구소가 위험을 식별하고 통제할 때 발생하는 문제점을 제대로 시정하지 않았다고 지적했다. 이대로 가면 비슷한 사고가 언제든 다시 일어날 수 있다는 뜻이었다.

GOCO

이는 비단 로스앨러모스만의 문제가 아니었다. 미국 정부는 핵 보안 시설을 대부분 '정부 소유-민간 계약자 운영Government Owned, Contractor Operated, GOCO' 방식에 따라 민간 업체에 위탁했다. 이제 우라늄을 농축하고 플루토늄을 생산하는 시설부터 폭탄을 설계·제조·유지·보수하는 연구소와 공장, 폐기물 처리 시설에 이르는 대부분의 산업 기반이 기업의 손에 넘어갔다.

그 결과 미국의 핵 보안 사업은 벡텔을 비롯한 소수의 대기업이 장악했으며, 이들은 미국의 핵전략을 수립·실행하고 다른 하청 업체를 감독하는 등 관련 분야의 모든 활동을 책임지기에 이르렀다.

우리가 뉴멕시코 주를 방문할 때 이용한 앨버커키 공항은 활주로 일부를 샌디아 국립연구소가 있는 커틀랜드 공군기지와 함께 사용했다. 샌디아 국립연구소는 거대 방위산업체인 록히드마틴이 운영하는 곳으로, 원자폭탄의 비핵 부품을 생산했다. 록히드마틴은 벡텔과 함께 '콘솔리데이티드 뉴클리어 시큐리티Consolidated Nuclear Security, CNS'라는 컨소시엄에도 참여했는데, 이 컨소시엄은 텍사스에 있는 핵무기 조립·해체 공장과 테네시 주에 있는 우라늄 처리 시설을 운영했다. 또 미국의 다국적기업 하니웰Honeywell이 운영하는 미주리 주의 공장에서는 핵폭탄의 점화장치를 비롯한 여러 부품을 제조했다(하니웰은 가정용 온도조절장치와 가습기 같은 소비재도 판매했다).

이처럼 미국 전역에 있는 보안 시설이 민영화되자 시설의 노동자와 지역 주민들은 과학과 안전보다 생산과 이윤을 중시하며 납세자에게 비용을 전가하는 MBA식 경영에 의문을 제기했다.

캘리포니아 주 샌프란시스코 외곽에는 로스앨러모스와 비슷한 방식으로 핵무기를 연구하고 설계해 종종 자매 연구소로 여겨지는 로렌스 리버모어Lawrence Livermore 연구소가 있다. 이곳 역시 수십 년간 캘리포니아 대학이 운영했지만, 지금은 벡텔을 비롯한 몇몇 기업과 대학 측이 공동으로 설립한 '로렌스 리버모어 내셔널 시큐리티LLNS'에 운영권이 넘어갔다.

벡텔은 홈페이지에서 로스앨러모스, 로렌스 리버모어 연구소와 별도의 계약을 맺었지만 '두 사업을 동시에 맡으며 규모의 경제를 달성하고 양 연구소에 도움이 될 만한 모범 사례를 공유하고 있다'고 주장했다. 그러나 한 기업이 비슷한 두 연구소의 운영권을 동시에 따낸 일은 비판을 피하기 어려웠다. 로스앨러모스에서도 일한 적 있는 로렌스 리버모어의 물리학자 제프 콜빈은 이렇게 지적했다. '산업에 시장 경쟁을 도입하겠다는 민영화의 핵심 공약은 한 법인이 두 연구소의 관리자로 선정된 순간 공염불이 되었다.' 대학전문기술직원노조UPTE의 대표이기도 한 콜빈은 '새로운 사업 모델이 연구소가 추구해야 할 과학 임무를 위태롭게 한다'고 경고했다. 그의 설명에 따르면 연구소가 더 적은 수의 대형 프로젝트를 추진해 수익을 내는 데 집중하면서 좋은 과학에 필요한 열린 토론과 논의를 용인하지 않는 분위기가 형성되었다.

로렌스 리버모어의 새 경영진은 지출을 큰 폭으로 줄이겠다고 공언했지만, 운영비는 오히려 급증했으며 정리해고가 잇따랐다. 2008년에는 해고당한 직원 129명이 연령 차별을 호소하며 소송을 제기했다. 7년 뒤, LLNS는 3,700만 달러를 지급하고 분쟁을 끝내기로 합의했다.

워싱턴 주 핸퍼드의 핵폐기물 처리장 역시 민간 관리자가 운영을 맡은 뒤 비용이 급증했으며, 동시에 안전과 보안에 대한 불만도 커졌다. 2011년, 이 처리장에서 일하던 선임 과학자 월터 타모사이티스는 방사성 폐기물을 고체 유리 상태로 만들어 매립하려는 계획에 의문을 제기했고, 정부 당국은 조사 끝에 이 계획이 연방의 안전기준을 충족하지 못한다고 결론 내렸다. 2013년 핸퍼드 처리장은 계획을 중단했지만, 타모사이티스는 좌천되어 지하에 있는 사무실로 자리를 옮겼고 그해 말 해고 통보를 받았다.

이 처리장을 운영한 업체는 엔지니어링 전문 회사 URS였다(이후 애콤AECOM에 인수되었다). 타모사이티스는 부당 해고를 이유로 URS에 소송을 제기했고, 410만 달러의 합의금을 받았다. (회사의 대변인은 5년 전에 일어난 사건과 관련된 소송으로 비용과 혼란이 발생하는 것을 막고자 합의했으며, 회사는 그에게 어떤 식으로든 보복을 가했다는 혐의를 결코 인정할 수 없다고 주장했다.) 2013년에는 핸퍼드 처리장에서 일한 또 다른 URS

직원 도나 부시도 안전성 문제에 우려를 표한 뒤 보복을 당했다며 소송을 제기했다.

텍사스 주 애머릴로 외곽에 있는 공장 팬텍스에서는 민간 업체가 운영을 맡은 뒤 직원의 의료 혜택과 퇴직수당을 대폭 삭감했다. 핵무기를 전문적으로 조립·해체하는 이 공장은 무기체계를 '현대화'하고 정밀유도폭탄을 소형화하려는 미국 정부의 계획에서 중요한 역할을 맡은 곳이었다. 2015년, 팬텍스의 직원 1,000여 명은 복지 혜택을 줄이겠다는 회사 측의 제안에 반발해 한 달 넘게 파업을 벌였다. "핵무기 공장에서 핵물질을 다루는 사람에게 무엇보다 중요한 건 의료 혜택입니다." 파업에 참여한 기술자 로저 리처즈의 말이다.

그해 말 노사는 합의에 도달했다. 노동자들은 의료보험과 병가, 퇴직연금을 유지하는 대신 향후 임금 인상 폭을 낮추는 데 동의했다. 그러나 신입 사원에게는 이 같은 합의가 적용되지 않았다. 우리가 조사한 다른 기업들이 그랬듯, 이윤을 내는 데 혈안이 된 팬텍스의 경영진은 직원들을 최대한 쥐어짜려는 듯했다. 이러한 상황에서는 핵무기의 위협을 종식할 방법은 무엇인지, 어떻게 하면 핵무기가 없는 세상으로 나아갈 수 있을지와 같이 전 세계의 시민들이 궁금해하는 질문을 던질 여지조차 없었다.

핵폭탄이 처음 터진 곳

무기체계를 현대화하려는 미국 정부의 계획은 1조 달러가 넘는 비용이 들어갈 예정이었으며 논란의 여지도 많았지만, 핵 보안 분야의 기업들에는 큰 호재였다. 그리고 소형 정밀유도폭탄을 개량하고 늘리려는 현대화

계획의 바탕에는 가공할 무기체계를 갖춤으로써 핵무기 사용을 막을 수 있다고 주장하는 '핵 억지' 이론이 있었다.

핵 억지 이론은 새로운 발상이 아니었다. 냉전 시대에는 유진 스텔리가 시카고 대학교에서 공부할 당시 그를 지도한 경제학자 제이콥 바이너를 비롯해 여러 인물이 억지 이론을 주창했다. 이 이론은 오랫동안 논란의 대상이 되었지만, 세계 주요국의 정상과 참모 중에는 여전히 억지 이론을 지지하는 이들이 있었다. 그리고 이 이론은 민간기업에 점차 많은 이익을 가져다주었다.

미국의 핵무기 인프라는 이미 상당 부분 민간기업의 손에 넘어갔으며, 그 결과 각종 사고와 인명 피해, 내부 고발자를 향한 가혹한 보복, 급격한 비용 증가 등 우려스러운 문제가 잇따랐다. 이제 국가는 날이 갈수록 다양한 활동과 책임을 외부에 위탁했으며, 핵무기 인프라의 민영화는 이러한 경향을 보여주는 사례 중 하나였다.

2015년 말, 칼스배드의 방사성 폐기물 유출 사고와 발전소 화재 사고가 벌어진 뒤, 벡텔이 이끄는 컨소시엄은 다른 기업들이 로스앨러모스 연구소 운영권 공개입찰에 참여할 것이라는 통보를 받았다. 새로운 관리업체의 선정에는 몇 년이 걸릴 예정이었다. 하지만 운영권을 민간에 넘기는 것이 과연 바람직한 방안인지를 두고서는 다시 한 번 논란이 벌어졌다.

우리가 이야기를 나눈 사람들 중 몇몇은 로스앨러모스의 병폐는 관리업체를 바꾼다고 해결될 수준이 아니므로 정부가 연구소 운영권을 도로 가져와야 한다고 주장했다. 또 다른 이들은 연구소 운영 계약에 입찰할 만큼 경험과 전문성을 쌓은 회사가 많지 않은데다 그마저도 대부분은 문제를 일으킨 전례가 있다고 꼬집었다.

그에 반해 연구소를 영리 업체의 손에 맡겨야 한다고 주장하는 쪽에서는 운영권을 가진 컨소시엄이 뉴멕시코 주와 로스앨러모스 카운티에 매년 수천만 달러의 총수입세GRT를 내며, 캘리포니아 대학이 단독으로 연구소를 운영할 때는 이만한 세금 수입이 없었다는 점을 지적했다.

로스앨러모스 카운티 의회 의원인 피트 쉬히에 따르면 로스앨러모스는 연구소가 거액의 세금을 낸 이후 '제휴를 통한 발전'이라는 프로그램을 시작했으며, 이 프로그램은 푸에블로 원주민 거주 지역을 포함한 뉴멕시코 주 북부에 무료 버스를 도입하는 등 여러 정책을 지원했다. 쉬히는 연구소의 경영진이 지역의 교육을 비롯한 여러 정책에 많은 지원을 했지만, 새로운 업체는 비용을 절감해야 한다는 압박을 받을 것이므로 이러한 지원이 사라질지 모른다고 우려했다.

하지만 쉬히 역시 영리 업체가 연구소 운영을 맡은 이후에도 민영화 지지자들이 기대하거나 주장한 만큼 비용을 줄이지 못했으며, 몇몇 분야에서의 성과는 용납하기 어려운 수준이라고 인정했다.

로스앨러모스에서 한 시간쯤 떨어진 에스파뇰라에 사는 패트리샤 트루히요는 연구소가 마련한 지역사회 지원 계획을 탐탁지 않게 여겼다. 지역에 만연한 불균형 문제를 해결하기에는 턱없이 부족하다는 이유에서였다.

에스파뇰라는 리오아리바 카운티의 작은 마을로, 연구소에 출퇴근하는 육체노동자가 많이 사는 곳이었다. 이곳은 헤로인 과다 복용률이 높은 것으로 악명이 높으며, 뉴멕시코 주뿐만 아니라 미국 전체로 보아도 가난한 편에 속했다.

에스파뇰라에 있는 노던 뉴멕시코 대학교의 문학·치카노학 교수이자 공정·다양성 프로그램 책임자인 트루히요는 이렇게 비판했다. "낙수효과는 전혀 없었어요. (……) 연구소는 인종차별이 어떤 형태로 제도화

되는지를 보여주는 사례입니다. '당신네 땅을 빼앗고 오염시키더라도 우리는 최소한의 비용만 내면 된다'는 태도가 드러나죠."

트루히요는 지역 학교의 과학 커리큘럼 개발 등을 지원하는 것으로는 구조적인 문제를 해결할 수 없다고 지적했다. "그런 지원책은 '우리는 지식을 가지고 있으니 그 지식을 당신들에게 전해주겠다'는 것이나 다름없어요. 북반구의 선진국이 남반구의 개발도상국을 지원한다는 투의 단편적이고 문제가 많은 사고방식을 답습하고 있죠."

우리는 마을의 작은 식당에서 트루히요를 만났다. 식당 밖으로 나오자 트루히요는 지역을 할퀴고 연구소를 위협한 화재의 흔적이 남아 있는 언덕을 가리켰다. 그녀는 화재가 언제, 어떻게 발생했고 로스앨러모스 연구소 사람들이 어떤 식으로 대처했는지 이야기했다. "언덕에서 사람들이 말 그대로 쫓기듯 몰려왔어요. 에스파뇰라 주민들은 대피소를 만들어 따뜻하게 맞아주었지만, 위험한 순간이 지나가자 다들 로스앨러모스로 돌아갔죠."

2000년에는 세로그란데 화재로 불리는 대형 산불이 발생해 연구소 단지 근처까지 번지는 바람에 오래전부터 위험한 폐기물이 담겨 있는 수천 개의 컨테이너를 황급히 옮겨야 했다. 벡텔이 운영을 맡은 지 5년이 지난 2011년에도 라스콘차스 화재라는 큰 산불이 발생했다. 이때는 산불이 연구소의 폐기물 저장 구역에서 멀리 떨어진 곳으로 방향을 바꿨지만, 원주민 거주지인 산타클라라 푸에블로에서는 숲의 80퍼센트가 불탔다.

원주민 여성 단체인 테와 여성연대Tewa Women United의 환경운동가 베아타 초시 페나는 산타클라라 푸에블로 출신이다. 우리는 트루히요를 만난 다음 페나를 찾아갔다. 페나는 민간기업이 로스앨러모스 연구소를 이전보다 더 방만하게 운영하는 것처럼 보이지만, 연구소는 수십 년 전부터 지역에 악영향을 끼쳤다고 강조했다. 그녀는 이곳에서 핵무기 개발을 계속하는 것 자체가 진짜 문제라고 지적했다.

"핵폭탄이 처음 터진 곳은 히로시마, 나가사키가 아니라 뉴멕시코였어요." 페나는 1945년 7월 16일 로스앨러모스에서 320킬로미터 떨어진 트리니티 실험장에서 최초로 원자폭탄을 실험한 사건을 언급했다. 일본에 원자폭탄이 투하된 것은 그로부터 몇 주 뒤였다.

페나는 로스앨러모스 연구소가 인근 지역에 가하는 위협을 조목조목 나열했다. 가령 연구소 주변 지역에는 암 발생률을 높이는 유독성 화학물질인 6가 크롬이 지하로 흘러 들어갔다. 오래전부터 폐기물을 저장해온 처리장은 뉴멕시코 북부 지역에 식수를 공급하는 대수층(지하수를 함유한 지층 - 옮긴이) 위에 자리 잡고 있었다.

페나는 연구소가 지역에 어떠한 해도 끼치지 않는다는 원칙을 세우고 이전과는 근본적으로 다른 임무를 맡아야 하며, 과학자들은 핵무기가 아니라 시급한 환경문제를 해결하는 데 집중해야 한다고 주장했다. "지금도 우리는 무기 산업이 가져온 부수적인 피해에 시달린다고 실감할 때가 많아요."

이번에는 현지에서 사진기자와 함께 조사에 나선 덕분에 생생한 사진을 가지고 돌아갈 수 있었다. 우리는 개빈을 만나 사진을 한 장씩 건네며 로스앨러모스 연구소에서 발생한 화재가 지역에 남긴 상처와 연구소 인근 지역의 극심한 불평등, 민간 업체가 연구소를 운영하면서 생긴 문제를 보여주는 흔적들, 연구소의 비밀을 파헤치려 애쓰는 활동가들의 얼굴과 자택 사무실의 풍경 등을 보여주었다.

"무서운 일이야." 사진을 끝까지 본 개빈이 말했다.

하지만 언제나 그렇듯, 개빈은 조사하면서 떠오른 굵직굵직한 의문을 더 고민해보라고 권했다. 그는 우리가 이만하면 충분하다고 생각할 때에도 더 많은 것을 요구했다.

　"세부적인 문제에서 한발 물러서면 뭐가 보이지? 자네들이 들려준 이야기는 하나하나가 특별하지만, 전부 모아놓고 보면 어떤 의미가 있을까?"

추악한 진실과 희망의 불씨

우리는 기업을 위한 사법 및 복지제도와 기업이 활개 치는 유토피아, 기업이 운용하는 군대가 어떻게 세상을 바꿔놓았는지 조사할수록 또 다른 분야에 실망했다. 바로 우리가 몸담은 언론계였다.

　민주주의는 대중이 자신의 운명을 직접 결정하며, 세상을 이해하고 결정을 내리는 데 필요한 정보를 이용할 수 있을 때 비로소 의미가 있다. 하지만 유권자가 선출한 대표자가 생각만큼 권한을 가지고 있지 않고 언론이 제대로 정보를 전달하지 않는다면 민주주의는 어떻게 될까?

　우리는 이번 조사로 다국적기업과 투자자가 어떻게 국가의 행위를 제한하거나 없던 일로 만들고, 기후변화와 핵전쟁처럼 인류의 존립을 위협하는 문제에 제대로 대응하지 못하게 하는지를 밝혔다. 정부가 에너지 정책을 바꾸거나 환경 보호 조치를 시행해 기업의 이익을 해친다는 이유로 소송을 당한다면 우리는 무엇을 할 수 있을까? 핵무기를 만들어 돈을 벌며 관련 사업을 중단할 생각이 조금도 없는 민간 업체가 핵무기 개발 계획을 좌우한다면 어떻게 될까?

오늘날 세계 각국은 투자 조약을 맺어 국제사법제도가 기업의 이익을 보호하도록 보장한다. 개발도상국에 원조를 제공하는 국제복지제도는 기업이 이익을 얻고 사업을 확장하도록 돕는다. 경제특구처럼 민간의 손에 맡겨진 구역은 우리가 사는 세상을 잘게 쪼개놓았다. 그리고 기업은 군대와 안보에까지 지배력을 행사한다. 오늘날 이러한 역학 관계에서 자유로운 국가는 어디에도 없다.

이 이야기의 한쪽에는 부유한 권력층과 그들이 고용한 엘리트 조언가, 변호사, 로비스트가 있으며, 반대쪽에는 대다수의 평범한 사람들이 있다. 보통은 이미 어려운 처지에 있는 사람들이 가장 큰 타격을 입는다. 예를 들어 국제기구들의 설명에 따르면 경제특구의 공장 노동자 대부분이 더 '유순'하고 통제하기 쉬운 여성인 것은 우연이 아니었다.

우리의 조사 결과는 대체로 암울했다. 한 국가 안에서 정치적 논의와 선거를 통해 이룰 수 있는 일은 흔히 생각하는 것보다 훨씬 적으며, 언론을 장식하는 스캔들은 민주주의를 위협하는 소리 없는 쿠데타에 비하면 지극히 사소한 문제로 보였다.

그러나 아직 희망의 불씨는 남아 있었다. 우리는 세계 곳곳에서 (그리고 역사적 기록에서) 이러한 흐름에 저항하고, 더 안전하고 건강하며 민주적인 미래를 추구하는 사람들을 직접 만나거나 알게 되었다. 많은 사람이 우리의 멘토 개빈처럼 진지하면서도 희망에 찬 태도로 이야기를 들려주었다.

개빈은 2016년 말 우리가 이 이야기를 충분히 받아들이고 이해하기도 전에 세상을 떠났다. 하지만 그는 이후로도 우리 자신과 우리의 작업에 많은 영향을 주었다. 그리고 이야기의 퍼즐 조각을 짜 맞추는 동안 우리는 세상을 보는 시각이 달라졌음을 깨달았다.

이제 우리는 새롭게 찾은 렌즈를 통해 세상을 바라볼 수밖에 없었다. 그러자 기업들이 민주주의에 얼마나 많은 제약을 가하는지가 눈에 들어왔다. 한 예로 몇몇 기업은 코로나19가 기승을 부리는 와중에도 ISDS를 활용해 국민을 보호하려는 정부 정책에 이의를 제기했다. 2021년, 칠레 산티아고 국제공항을 관리하는 컨소시엄의 프랑스 주주들은 항공편 감소에 따른 손실을 보상하라며 칠레 정부에 소송을 걸었다. 그들은 공항이 위생 조치를 강화할 것을 요구하는 정책에도 불만을 터뜨렸다.

그리고 이제는 리들 매장을 지날 때면 이 거대 유통업체가 국제개발 제도의 막대한 자금 지원 덕분에 유럽 전역으로 사업을 확장했다는 사실이 떠오른다. 치키타의 상표가 붙은 바나나를 보면 현지 농부들의 땅을 빼앗아 키운 게 아닐까 하는 의심이 들어 구매를 망설이게 된다. 우리 사회가 늘 이치에 맞게 돌아가지는 않는다고 생각하는 건 잘못된 태도가 아니다. 우리는 막강한 힘을 가진 세력이 보이지 않는 곳에서 중요한 결정에 관여할 때 부당함을 느낀다.

오늘날 사람들이 의회와 언론을 비롯한 민주적 제도를 믿지 못하는 것은 이상한 일이 아니다. 민주주의와 독립성은 이제 공허한 구호처럼 들릴 때가 많다. 지난 수십 년간 기업들의 전략적인 계획과 로비 활동, 새로운 인프라가 그러한 제도를 무의미하게 만들었기 때문이다.

이처럼 모든 것이 위태로운 지금, 전 세계의 민주주의를 위협하는 소리 없는 쿠데타에 맞서려면 그에 걸맞은 야망과 조직력, 장기적 관점을 갖춰야 한다.

우리는 사료에서 20세기 중반 라틴아메리카의 몇몇 국가가 ISDS에 반대하며 이 제도가 국가의 주권을 위협할 거라고 경고한 사실을 확인했다.

라틴아메리카의 일부 국가는 우리가 조사를 벌이는 동안에도 기업의 권력과 이익을 확대해온 제도와 시류에 맞섰다. 예를 들어 엘살바도르는 투자자-국가 소송에서 다툼을 벌인 뒤 세계 최초로 광산 개발을 전면 금지했다.

한편 아르헨티나의 수도 부에노스아이레스에서 우리는 날이 갈수록 사유화되는 주거·업무 공간의 대안을 발견했다. 아르헨티나의 수많은 회생기업empresas recuperadas(도산하거나 소유자가 방치한 사업장을 노동자들이 인수하거나 재건해 운영하는 기업 - 옮긴이) 중 하나인 호텔 바우엔이었다. 이 호텔의 노동자들은 사업자가 파산을 선고한 뒤 건물을 점거하고 다시 문을 열었다. 당시 이곳에서 일한 66세의 웨이터 아르만도 카사도는 이렇게 말했다. "전에는 여느 직업과 다르지 않은 일이었지만⋯⋯ 이제는 자유를 얻었어요."

몇 년 뒤, 우리는 볼리비아 최초의 원주민 출신 대통령 에보 모랄레스를 아마존 깊숙한 곳에 있는 그의 자택에서 만났다. 가장 가까운 도시인 코차밤바에서도 버스로 네 시간이 걸리는 거리였다. 그의 집은 이렇다 할 특징 없이 평범했고, 우리가 앉은 거실에는 소파 두 개만 덩그러니 놓여 있었다. "우리는 다국적기업과 대화하고 협상하더라도 굴복하지 않는다는 정치적 입장을 확고히 세웠습니다." 모랄레스가 재임 시절을 회상하며 말했다. 모랄레스 정부는 볼리비아에서 전례 없는 경제성장을 이루고 빈곤율을 낮춰 세계은행의 찬사를 받기도 했다.

"그건 우리가 만든 경제 모델을 무너뜨리려는 쿠데타였습니다. (⋯⋯) 우리는 다른 볼리비아가 가능하다는 사실을 보여줬어요." 모랄레스는 2019년 그가 정권에서 축출당한 일을 그렇게 평했다. 영국의 관료들은 볼리비아에 새 정권이 들어서면 영국 기업들이 배터리에 쓰이는 리튬을 비롯한 볼리비아의 자원으로 돈을 벌 기회가 생긴다며 열렬히 환영했다. 모랄레스는 개발도상국이 공산품을 만드는 선진국에 원자재를 수출하는 기존의 제국주의적 역학 관계를 끊어내려 애썼다. 그는 볼리비아가 리튬을 수출할 뿐만 아니라 리튬으로 배터리를 만들어 파는 나라가 되기를 바랐다.

"이건 볼리비아와 라틴아메리카를 넘어 전 세계에서 벌어지는 투쟁입니다. 천연자원은 누구의 것이죠? 국가의 통제를 받는 민중의 것일까요? 아니면 민영화를 추진해 우리의 자원을 약탈하려는 초국적 기업의 것일까요?" 그는 우리 시대가 '군주제나 계급제, 과두제가 아닌 민중'의 시대여야 한다고 힘주어 말했다. "이것이 바로 우리가 벌여야 할 투쟁입니다."

이러한 투쟁이 성공하려면 우리가 스스로 운명을 결정할 수 없게 만드는 각종 제도와 전략을 해체해야 한다. 이는 하루아침에 이룰 수 있는 일이 아니며, 수많은 사람이 국경을 넘어 연대하여 용감하게 맞서 싸울 때 비로소 가능한 일이다.

그리고 언론은 최전선에서 벌어지는 투쟁을 우선적으로 보도해야 한다. 우리는 세계를 돌며 기업 제국의 팽창과 그들이 끼치는 영향을 낱낱이 파헤치며 저항하는 사람들을 만났다. 그중 대다수는 우리를 만나기 전까지 언론인과 이야기를 나눈 적이 없었다. 언론인들은 워싱턴 DC와 런던에 본부를 둔 세계은행과 유럽부흥개발은행 등 주요 국제기구를 면밀히 감시하고 조사해야 한다.

많은 신문사가 각국 대법원에 특파원을 두고 있지만, 투자자-국가 소송을 판결하며 전 세계의 대법원 역할을 하는 중재재판소를 자세히 취재하는 언론인은 드물다. 게다가 투자자-국가 소송을 다루는 언론사들은 대개 변호사와 투자자를 대상으로 하는 전문 간행물의 유료 페이지에 기사를 싣는다. 언론사들은 이러한 관행을 바꾸고, ISDS를 비롯한 국제 제도를 감시하기 위해 최선을 다해야 한다.

개빈은 민주주의 사회에서 저널리즘은 고통받는 사람들을 위로하고 부족함을 모르는 사람들을 괴롭혀야 한다고 믿었다. 하지만 주류 언론은 이를 정반대로 행하며 권력을 가진 계층을 지키는 데 앞장선다. 우리는 이 책을 씀으로써 개빈이 10여 년 전에 심어준 원칙을 충실히 따르고자 했다. 그러나 정보란 대중이 이용하지 않으면 아무것도 바꿀 수 없다(개빈은 이 사실을 잘 알았고, 우리 앞에서도 곧잘 강조했다).

개빈은 '우리에게는 무엇보다 진실을 말할 책임이 있다'고 입버릇처럼 말했다. 그는 진실에, 그것도 '그럴듯한 진실'이 아니라 '추악한 진실'에 매달렸다. 이 책은 추악한 진실을 다루지만, 미래는 얼마든지 아름다울 수 있다. 모든 것은 우리 손에 달렸다.

먼저 두 사람에게 특별히 감사를 전한다. 그들이 아니었다면 이 책은 세상에 나오지 못했을 것이다. 첫 번째는 개빈 맥페이든이다. 개빈이 우리를 런던 탐사보도센터의 회원으로 받아들이면서 우리의 경력과 인생은 완전히 달라졌다.

두 번째는 우리가 탐사보도센터의 회원으로서 조사를 진행하도록 비용을 지원한 버사 재단Bertha Foundation의 토니 타바츠닉Tony Tabatznik이다. 개빈과 마찬가지로 토니는 세상에 밝은 기운을 퍼뜨리는 사람이다. 견고한 권력에 맞서며 세상을 바꾸려 하는 프로젝트를 선뜻 후원하는 곳은 거의 없다. 버사 재단은 그런 활동을 후원하는 몇 안 되는 단체다. 그리고 토니에게는 개빈처럼 어떤 일을 하든 늘 주변 사람을 웃게 만드는 힘이 있다.

세계 각지에서는 활동가와 인권변호사를 비롯한 많은 사람이 각종 국제 제도와 정책을 활용해 횡포를 부리고 민주주의의 잠재력을 제한하는 기업에 맞서 싸우고 있다. 그들 모두에게 감사를 전한다. 그들은 계란으로 바위 치기나 다름없는 상황에서도 저항을 멈추지 않는다. 우리는 그들의 용기에서 힘을 얻어 이 책을 쓸 의지를 다졌다. 그들의 이야기와 지혜는 훨씬 더 널리 알려져야 마땅하다.

수년 동안 이 프로젝트를 진행하며 조사와 글쓰기에 매진하도록 지원을 아끼지 않은 편집자와 가족, 친구들(특히 시몬과 애나)에게도 감사를 전한다. 마지막으로, 늘 열린 마음으로 사랑과 영감을 주는 오르넬라 마오레Ornella Maoret와 앤 페이지Ann Page, 그리고 다음 세대에도 우리의 희망을 이어갈 딜런Dylan과 로사Rosa에게 고맙다는 말을 전하고 싶다.

| 옮긴이의 말 |

우리는 기업이 없는 세상을 상상할 수조차 없다. 기업은 제품과 서비스는 물론 일자리와 교육, 정보 등 수많은 편익을 제공하며, 사람들은 대부분 세상에 태어나 죽음을 맞는 순간까지 기업이 만든 재화와 서비스에 의존한다. 그렇다면 우리는 과연 기업이 우리의 삶에 어느 정도까지 영향을 끼치도록 용인할 수 있을까? 기업이 경제를 넘어 사회의 전 영역을 장악하기에 이른다면 우리의 삶은 어떻게 될까? 이 책은 언론인인 두 저자가 전 세계를 누비며 이러한 물음에 답을 찾는 탐사보도다.

차례를 보면 한눈에 알 수 있듯, 이 책은 오늘날 기업의 권력이 어디까지 침투하고 있는지를 사법, 복지, 영토, 군사 등 네 영역으로 나누어 살펴본다. 기업들은 사업을 가로막는 정책이 있으면 국제법 소송으로 정부를 압박하며, 개발도상국의 복지를 증진하고 발전을 돕는다는 명분을 내세워 정부나 국제기구에서 막대한 지원을 받아낸다. 그런가 하면 각국 정부는 영토 안에 경제특구와 같은 별도의 구역을 만들어 기업에 특혜를 제공하며, 국가의 전유물로 여겨진 군사·안보 분야까지 민영화해 기업의 손에 넘기고 있다.

저자들은 이처럼 기업이 국가와 민주주의를 이루는 핵심 요소에 어떤 방식으로 영향력을 행사하는지, 그 과정에서 시민의 권리가 어떻게 축소되는지를 집요하게 추적한다. 주목할 점은 기업 권력이 국가와 민주주의의 근간을 뒤흔드는 일이 정치가 후진적이거나 민주주의가 제대로 정착하지 못한 개발도상국뿐만 아니라 미국, 유럽 같은 선진국에서도 벌어지고 있다는 것이다. 이 책은 이러한 현상이 특정 지역에서 일어나는 문제가 아니라 전 세계에서 확산 중인 구조적 문제임을 잘 보여준다.

기업과 민주주의는 본질상 서로 부딪힐 수밖에 없다. 민주주의는 시민의 참여와 공정한 의사 결정을 기반으로 하지만, 기업은 이윤 극대화를 핵심 가치로 삼는다. 따라서 우리는 민주주의 체제 아래서 기업의 힘이 강해질수록 두 시스템 간의 충돌을 어떻게 조정할 것인지를 고민해야 한다. 기업이 이윤을 추구하는 과정에서 막대한 편익을 가져다주는 건 사실이지만, 그 대가로 민주주의의 핵심 가치를 희생해야 한다면 우리는 어떤 선택을 해야 할까? 더군다나 기업은 주주에게만 책임을 지며, 일반 시민들에게는 책임을 지지 않는다. 시민들은 투표로 정부를 심판할 수 있지만, 기업의 경영진을 직접 바꿀 수는 없다. 이 같은 구조적 차이는 기업의 정치 개입이 민주주의를 위협하는 방향으로 흐를 수밖에 없는 이유를 설명한다.

이와 관련해 또 하나의 흥미로운 문제는 책에 등장하는 여러 사례에서 기업과 투자자, 기업을 지원하는 기관들이 내세우는 논리다. 그들은 약속이나 한 듯 하나같이 '효율성'을 근거로 기업의 영향력이 커지는 현실을 정당화한다. 효율성이란 마법 같은 힘을 가진 단어다. 우리는 누구나 비효율적인 것보다 효율적인 것을 원한다. 따라서 기업이 어떤 정책이나 결정을 효율성과 연결하면, 그것을 올바르고 당연한 일처럼 포장하고 반대 의견을 비합리적인 것으로 만들어 그와 관련한 논의 자체를 무력화하는 효과가 있다. 여기에 더해 기업들은 정부나 공공 부문에 관료적이고 비효율적이라는 딱지를 붙이면서 자신들만 효율성을 달성할 수 있는 것처럼 이야기한다.

그러나 이러한 논리에는 중대한 결함이 있다. 우선 효율성이란 절대적인 개념이 아니다. 기업이 강조하는 효율성은 대개 비용 절감과 생산성 증대를 의미하지만, 이는 종종 환경 보호, 노동자의 권리, 공공의 이익 같은 사회적 가치와 충돌한다. 예를 들어 공공 의료 시스템은 기업의 운영 방식보다 '비효율적'으로 보일 수 있지만, 공공 의료는 숫자로만 평가할 수 없는 사회적 안전망의 역할을 한다. 기업이 내세우는 효율성은 이윤 극대화라는 특정한 목표를 위한 것이므로 언제든 공공의 이익과 충돌할 가능성이 있으며, 민주주의적 관점에서는 불평등을 줄이고 지속 가능한 발전을 이루는 것이 더 효율적일 수 있다.

게다가 기업들은 효율성을 최우선 가치로 삼는다고 주장하지만, 정작 내부를 들여다보면 비효율적으로 운영되는 경우가 허다하다. 우리는 규모가 큰 기업들이 경직된 구조 탓에 잘못된 의사 결정을 내리거나 경영진에 과도한 보수를 지급하고, 단기적 성과에 치중하다가 실패하는 경우를 심심찮게 목격한다. 기업이 정부보다 더 효율적이라는 주장 역시 얼마든지 반례를 찾을 수 있다. 이 책에서 언급한 볼리비아의 수도 민영화 사례에서도 알 수 있듯, 공공서비스를 민영화한 이후 비용은 상승하고 접근성은 낮아져 사회적 불평등을 심화시키는 일은 전 세계 곳곳에서 되풀이되어왔다.

그런데도 기업의 권력이 커지는 사이 기업이 내세우는 효율성 논리는 사회 전반으로 깊숙이 침투해왔다. 도널드 트럼프가 미국 대통령으로 재선된 뒤 일어난 변화는 이를 잘 보여주는 사례다. 본인 또한 기업가 출신인 트럼프는 취임 직후 테슬라의 CEO 일론 머스크를 정부효율부의 수장으로 앉혔다. 정부효율부는 이름 그대로 규제 철폐, 비용 절감, 인력 축소 등을 통해 정부 기관을 효율화하겠다는 목표를 가진 부서다. 정부 효율부의 주도하에 트럼프 행정부는 집권 한 달여 만에 국제개발처를 사실상 해체하고, 10만 명에 달하는 연방 공무원을 해고하는 등 급격한 구조조정을 추진하고 있다. 이 책에서 다루는 경제특구나 민간 도시가 특정 지역의 운영을 기업의 손에 맡기려는 시도라면, 이제는 정부 자체를 기업처럼 운영하려는 움직임이 현실화되고 있는 것이다.

기업이 가진 힘은 앞으로도 더욱 강해질 가능성이 높다. AI 기술이 급격히 발전하면서 기업들은 방대한 데이터를 활용해 사회 전반에 더 큰 영향력을 행사할 수 있는 기반을 마련했다. 이미 AI는 SNS의 알고리즘과 맞춤형 광고 등을 통해 기업이 원하는 방향으로 소비자와 유권자를 유도하는 데 쓰이고 있다. 나아가 정부와 공공 기관에서도 AI를 기반으로 의사 결정 과정을 자동화한다면, 기업이 만든 알고리즘이 효율성을 기준으로 제도와 정책, 법률을 만드는 시대가 올지도 모른다.

이 책을 번역하면서 무엇보다 놀란 점은 책에서 다루는 사례가 대부분 이전까지 들어본 적 없는 이야기라는 것이다. 덕분에 저자들이 말하는 민주주의의 위기가 정말로 소리 없이 눈앞에 닥쳐왔음을 실감할 수 있었다. 책에서 제기하는 문제를 깊이 생각해본 것처럼 글을 썼지만, 이 책을 읽지 않았다면 최근 미국에서 일어나는 일들을 보고도 '그럼 그렇지' 하며 혀를 끌끌 차고 말았을지 모른다. 그런 만큼 이 책을 번역하면서 미처 알지 못한 사실을 알게 되어 즐거웠고, 언론인으로서 의무를 다하려는 저자들의 태도에 감탄하고 또 감사했다. 번역자에게 독서의 즐거움과 생각할 거리를 잔뜩 안겨준 이 책이 여러분에게도 즐겁고 유익하기를 바란다.

소리 없는 쿠데타

초판 1쇄 인쇄 | 2025년 4월 11일
초판 1쇄 발행 | 2025년 4월 18일

지은이 | 클레어 프로보스트, 매트 켄나드
옮긴이 | 윤종은
펴낸이 | 박남숙

펴낸곳 | 소소의책
출판등록 | 2017년 5월 10일 제2017-000117호
주소 | 03961 서울특별시 마포구 방울내로9길 24 301호(망원동)
전화 | 02-324-7488
팩스 | 02-324-7489
이메일 | sosopub@sosokorea.com

ISBN 979-11-7165-024-8 03300
책값은 뒤표지에 있습니다.